“十二五”高职高专院校港口与航运管理专业任务驱动式规划教材

国际船舶代理实务

陈　静　张明齐　主　编
闫高杰　张　敏　徐红星　副主编
王学锋　主　审

中国财富出版社

图书在版编目（CIP）数据

国际船舶代理实务/陈静，张明齐主编．—北京：中国财富出版社，2013.9
（2020.1 重印）
（“十二五”高职高专院校港口与航运管理专业任务驱动式规划教材）
ISBN 978－7－5047－4804－1

Ⅰ.①国…　Ⅱ.①陈…②张…　Ⅲ.①国际运输—船舶管理—代理—高等职业教育—教材　Ⅳ.①F551.4

中国版本图书馆 CIP 数据核字（2013）第 206884 号

策划编辑	张　茜	**责任印制**	梁　凡
责任编辑	颜学静	**责任校对**	梁　凡

出版发行	中国财富出版社（原中国物资出版社）		
社　　址	北京市丰台区南四环西路 188 号 5 区 20 楼	**邮政编码**	100070
电　　话	010－52227588 转 2098（发行部）		010－52227588 转 307（总编室）
	010－52227588 转 100（读者服务部）		010－52227588 转 305（质检部）
网　　址	http://www.cfpress.com.cn		
经　　销	新华书店		
印　　刷	北京九州迅驰传媒文化有限公司		
书　　号	ISBN 978－7－5047－4804－1/F·2011		
开　　本	787mm×1092mm　1/16	**版　　次**	2013 年 9 月第 1 版
印　　张	17.75	**印　　次**	2020 年 1 月第 3 次印刷
字　　数	378 千字	**定　　价**	36.00 元

前　言

2009年以来，全球航运市场一路走低，全球贸易量不断下滑，各大航运企业不断调整经营管理模式，以应对惨淡的航运市场。此时的各大航运企业面临着重新洗牌的命运，市场竞争十分激烈。同时，按照国务院对转变政府职能、取消及下放部分行政审批的要求（参见《国务院关于取消和下放一批行政审批项目等事项的决定（国发〔2013〕19号）》），交通运输部已取消国际船舶代理业务审批，改变以往船舶代理行业的市场准入方式，这将对未来我国船舶代理市场竞争格局产生重大影响。因此，船舶代理企业面临着生存与发展的双重考验。这就要求船舶代理企业对公司员工的知识、能力及素质均提出更高的要求，以适应激烈的市场竞争环境，求得更好的发展机遇。本教材在建设伊始就强调“知识、能力、素质”三位一体，内容以船舶代理从业人员的实际工作与任务为线索，根据船舶代理企业主要工作岗位的不同划分教学单元，以提高学生的职业技能为本位，结合项目导向、任务驱动等教学模式，合理设计“教”与“学”的活动，重视学生对教学的参与和教学内容的实践性。

本教材共分为七个模块，分别阐述了船舶代理业务中的国际船舶代理市场营销、国际船舶代理进出口计划、国际船舶代理调度、国际船舶代理外勤业务、国际船舶代理结算、集装箱管理代理和国际船舶服务代理。本书不仅可以作为高职院校港航物流类专业的国际船舶代理课程的教材，也可以作为国际船舶代理业务从业人员的工作指导材料。

本教材由天津海运职业学院航运经济系的多位教师共同编写。具体分工如下：陈静负责拟定全书的编写大纲，撰写任务一、任务四及附录一，并负责全书的统稿；张明齐负责撰写任务六及附录二至附录六；闫高杰负责撰写任务二、任务五、附录七；张敏负责撰写任务三、任务七；王晶参与了任务二、任务三的部分编写工作。交通运输部科学研究院的罗凯、天津电子信息职业技术学院的关剑老师、沧州职业技术学院的姚玉兵老师、福建船政交通职业学院的吴闽真老师、大连航运职业技术学院的陈芸芸老师、深圳职业技术学院的张兆民老师、芜湖职业学院的孙磊老师、泉州海洋学院的郑小金老师、南通航运职业学院的郭海涛老师也参与了本教材的资料收集、整理和部分内容的编写工作。上海海事大学王学锋教授欣然接受本书的主审邀请，并在百忙之中抽出时间对书稿进行认真审核。在此向他表示衷心的感谢！此外，天津海运职业学院武莉副教授对本书的教学体例设计提出很多宝贵的建议，使本书教学体例设计更合理、内容呈现更顺畅，在此也向她表示衷心的感谢。

在本教材编写过程中，得到了中国外轮代理有限公司秦皇岛分公司、大连威兰德国际船舶代理有限公司、天津港星船舶代理有限公司、大连中远物流有限公司等多家企业的领导及一线专家的指导与帮助。特别是中海集装箱运输天津有限公司船务部经理徐红星及箱管部经理刘建国、东方海外货柜航运深圳分公司操作部孙燕舞等对本教材的编写给予了大力帮助，在此一并表示衷心感谢！

本教材在编写过程中参阅和应用了国内外有关的论著和资料，在此对这些文献的作者表示衷心的感谢。由于编者水平有限，书中不妥之处在所难免，恳请专家和读者给予批评和指正。

编　者

2013 年 6 月

目 录

任务一　国际船舶代理市场营销

教学目标

知识目标：

1. 熟悉租船运输、班轮运输等相关的专业知识。
2. 掌握船舶代理营销的业务流程。
3. 掌握船舶代理关系的分类。
4. 熟悉船舶代理合同。

技能目标：

1. 能够利用所掌握的业务知识和营销技巧向客户推介本公司。
2. 能够从事市场调研工作，搜集有效的市场信息。
3. 能够与客户顺利洽商，促成船舶代理关系的建立。

教学实施建议

教学方法：

讲述；启发；讨论；案例引导；情景模拟。

教学手段：

板书；课件演示；图片、视频展示。

学生活动：

模拟船代营销的情景，由学生扮演销售人员完成整个营销过程。

建议课时：

8课时。

岗位介绍

一、船代营销员岗位职责

(1) 从公司的效益角度出发，以为客户提供优质的服务为宗旨，致力于开拓船舶代理市场。

(2) 积极掌握市场信息，在最短时间内快速反应，全力以赴的为公司获取船舶代理业务。

(3) 协助船务部及其他部门的工作，使公司船代业务操作水平保持在最佳状态，为促进市场部业务的进一步开拓提供有效的保障。

二、船代营销员工作流程

1. 市场开发

(1) 市场宣传。市场宣传是扩大企业的市场影响范围，提高企业知名度的有效手段。

(2) 市场信息搜集与管理。市场营销人员应该清楚客户的需求和期望，清楚本公司的地位和优势，了解竞争对手情况。为此，营销人员应该搜集准确、完善的市场信息，在获得相关信息的同时，与潜在的客户接触，进一步了解客户需求，并充分利用公司优势向客户推介公司的服务，以期获得客户的最终认可。

2. 业务促成

在获取相关信息的基础上，市场部应会同公司船务部、业务部等作业部门的人员在最短时间内根据客户具体要求提出最合理、有效的操作方案及各部门详细的实施计划，同时，应会同公司财务部根据交通部及本口岸的有关规定制定初步报价。在得到公司主管人员批准后，由市场部向客户报价，并负责协调各部门具体运作，以促进业务的达成。

3. 建立代理关系

在报价和操作方案上得到客户认同后，营销员应对客户保持有效的跟踪，掌握客户的动态，及时解决出现的各种问题，并最终力争与客户确立委托—代理关系。

4. 业务跟踪与反馈

在与客户建立委托—代理关系之后，营销员应注意协调客户与各部门的合作关系。在业务完成后，营销人员还应定期回访客户，了解客户满意度，并根据客户不同时期的要求，及时通报公司各部门，以便调整操作方案，满足客户要求。对于客户的不满及投诉，应及时分析原因，提出解决方案。

子任务1　船舶代理市场开发

任务导入

你作为中国国际船务代理公司天津分公司市场部的一名营销员，为提高公司效益，需要进行市场开发。请你做好市场宣传，并提前搜集、掌握相关信息，顺利完成向潜在客户的推介工作。

任务分析

市场营销是船舶代理业务的起点，是代理业务最重要的方面之一。船代市场营销的目的是在满足客户需求的同时，获得船舶代理权，达到双赢的目的。市场开发是营销工作的重点，要做好市场开发工作，要求营销人员必须具备良好的业务素质，掌握一定的销售技巧，并熟悉以下业务知识。

相关知识

一、船舶代理的概念

（一）国际船舶代理人的定义

国际航行船舶在世界各港口之间进行客货运输时，当船舶停靠于船舶所有人或船舶经营人或船舶承租人自己不能提供船舶服务或办理有关船舶手续的港口的情况下，船舶所有人或船舶经营人或船舶承租人可能无法亲自照管船舶和办理船舶在港口的营运业务，这就需要委托当地的国际船舶代理人照管船舶和办理船舶在港口的营运业务。

《国际海运条例》及《国际海运条例实施细则》对我国的国际船舶代理经营者给出了定义。国际船舶代理经营者，是指依照法律设立的中国企业法人，接受船舶所有人或者船舶承租人、船舶经营人的委托，经营下列业务：办理船舶进出港口手续，联系安排引航、靠泊和装卸；代签提单、运输合同，代办接受订舱业务；办理船舶、集装箱以及货物的报关手续；承揽货物、组织货载，办理货物、集装箱的托运和中转；代收运费，代办结算；组织客源，办理有关海上旅客运输业务等。因此，可以将国际船舶代理人表述为：接受船舶所有人或船舶承租人、船舶经营人的授权，在授权范围内代表委托人办理船舶进出港及与船舶有关的其他业务的中国企业法人。

（二）国际船舶代理人的作用

1. 桥梁作用

船舶代理人可以在委托人、货方和口岸机构等之间传递信息，起到桥梁作用。如在船舶到港前，船舶所有人或船舶经营人或船舶承租人等将船舶到港装卸货物的情况和预计船期等信息告知船舶代理人；船舶代理人根据船方提供的信息和口岸管理规定，将相关信息转告海关、边防、检验检疫和海事局、港口装卸公司、理货公司、船舶供应公司等口岸各有关单位；船方和各相关单位可以根据船舶代理人提供的信息作好船舶抵港前的准备工作。船舶在港期间，船舶代理人及时将船舶在港的动态，如船舶进港、靠泊、移泊、装卸、修理等情况，告知委托人；在船舶离港后，船舶代理人及时告知委托方船舶离港的情况；使委托方及时掌握船舶动态等信息。

2. 协调作用

在船舶运输的各项工作中，或者当发生争议时，船舶代理人可以协助船方、港方、货方等各方妥善解决问题，起到协调作用。如当船舶在船期、装卸作业以及其他服务上有特殊要求时，船舶代理人能够在委托方和港方及其他相关单位之间进行协调，并尽可能使问题得到圆满解决。如果船方和货方对装卸货物数量、质量存有争议，或者船舶在港期间发生船舶碰撞、火灾等事故，船舶代理人能够运用自己的专业知识和工作经验来协助船方妥善解决相关事宜。

3. 专业服务作用

船舶代理人能够及时、正确、高效地完成委办事项，起到专业服务作用。国际船舶代理人的本职工作是利用自身知识、经验和资源，为委托人办理船舶进出港口手续，办理船舶、集装箱以及货物的报关手续，代收运费和代办结算，组织货源等。国际船舶代理人熟悉相关法律和港口惯例，通过代办船舶在港事宜，为委托人提供专业服务。

4. 降低成本作用

在完成委办事项的过程中，船舶代理人能够合理安排各项工作，减少委托人不必要的支出，起到降低成本作用。

（三）国际船舶代理人的业务范围

根据《国际海运条例》第 8 条规定，国务院交通主管部门可以按照船舶代理公司的规模、资金、能力、条件和有关规定来核定其经营范围。国际船舶代理人在交通部核定的经营范围内接受委托，可经营下列部分或全部代理业务：

（1）联系安排船舶进出港口、靠泊和装卸；

（2）受船东或船长的委托代签提单、运输合同，代签船舶速遣、滞期协议；

（3）办理国际水上旅客运输；

（4）组织货载，为货主洽订舱位；

（5）联系水上救助，洽办海商海事处理；

（6）代收代付款项，代办结算；

（7）办理其他的船舶代理、服务事项。

由于不同船舶、不同航次的运输任务不同，因此在不同航次的具体情况下，国际船舶代理人所办业务不完全相同。我国有些国际船舶代理公司的“业务章程”中所规定的业务范围比《国际海运条例》规定的业务范围更具体。以下是我国某国际船舶代理公司“业务章程”中所规定的业务范围：

1. 船舶进出港业务

包括：海关申报和办理口岸有关检验检疫手续；办理船舶引航、靠泊、拖带；船船检验、修理、扫舱、熏舱；海上救助；洽办海事处理、买卖船舶和租船在港交接手续等。

2. 货运业务

包括：联系安排货物装卸、货舱检验、理货、交接中转、储存、理赔；代船方承揽货载；同港方签订滞期/速遣协议和结算；代船方签发提单、计收运费、代付各种款项和费用；代货主租船订舱和缮制货物运输单证等。

3. 供应方面业务

包括：办理燃料、淡水、物料、伙食供应；代购、转送船用备件、物料等。

4. 其他服务性业务

包括：办理船员调换、遣返、出入境手续、就医、参观游览、船员家属探望、信件传递，以及其他船上临时委托办理的事项等。

（四）国际船舶代理行业的特征

国际船舶代理行业相比很多大的行业来说是一个较小的行业。它之所以能独树一帜，成为一个行业，是由它的行业性质和特征决定的。

1. 服务性

国际船舶代理行业的价值在于船代公司在服务好委托方的同时起到了成为船方（包括船东、租家、船舶经营人、无船承运人、船员公司等）、港方（包括港口当局、监管和检验部门、检查单位、装卸公司、供应和修理及其他服务单位等）和货方（包括进出口商、收发货人、货物代理人等）之间的桥梁和纽带的作用。很难想象缺少船代公司的服务，船舶能顺利进出口岸、港口能顺利装卸货物、国际贸易能顺利进行。因此，船代服务直接关系到船、货、港的利益和国家外贸政策的推行，这在我国外贸占国民经济比重日益增大的今天尤为重要。

2. 专业性、业务性

国际船舶代理行业的专业性和业务性表现在它是专门为国际贸易和国际航行船舶服务的、在委托之下进行的、独特而无可替代的等方面。国际船舶代理是为国际海上运输服务的，而国际海上运输来源于国际贸易，所以国际船舶代理也是为国际贸易服务的。国际贸易量的80%～90%是通过海上运输实现的，因此国际船舶代理工作对国际贸易的促进作用是显而易见的，而对国际航行船舶的进出港口、船舶及货物的报关、货物的装卸速度、船期的缩短、效率的提高等，更是起着直接的重大作用，甚至是决定性作用。其对国际航行企业和国际贸易企业起着至关重要的作用，也是其他的工作所无法替代的。

3. 国际性

国际船舶代理企业所代理的是航行于国际航线的各类船舶，即国际贸易货物运输船舶、国际旅游船舶及其他航行于国际航线的特种船舶。这些船舶所载的货物是国际贸易货物，所载的旅客是旅行于国与国之间的旅客，所进行的活动也是国家（地区）与国家（地区）之间的活动，其船员也来自世界上大多数国家（地区）。因此，国际船舶代理业务不仅涉及本国，还涉及他国；不仅涉及有关国家的经济利益，还涉及政治利益；不仅涉及有关国家的法律，还涉及很多国际条法。这项业务的开展不仅直接影响有关企业间的经济利益和关系，还直接或间接影响国与国之间的关系。

二、船舶营运方式

（一）班轮运输

1. 班轮运输的概念

班轮运输（Liner Shipping）又称为定期船运输，它是指船舶按照事先制定的船期表，在特定的航线上，以既定的挂靠港口顺序，经常性地从事航线上各港口之间的船舶运输。

20世纪60年代后期，随着集装箱运输的发展，班轮运输又进一步分化为传统的杂货船班轮运输和集装箱船班轮运输。由于使用集装箱船进行运输装卸方便快捷，货运质量高，而且便于开展多式联运，于是，越来越多的集装箱船班轮运输已经逐渐取代了传统的杂货船班轮运输。

2. 班轮运输的基本特点

（1）在货物装船之前，船货双方通常不书面签订运输合同或租船合同，而是在货物装船以后，由船公司或其代理签发提单，并以此为依据处理运输中有关的问题。

（2）承运人在装货港指定的码头仓库接收货物，并在卸货港的码头仓库向收货人交付货物。

（3）承运人负责包括装货、卸货和理舱在内的作业及相关费用。

（4）承运人与货主之间不规定装卸时间，也不计算滞期费和速遣费。

（二）租船运输

1. 租船运输的概念

租船运输（Tramp Shipping或Shipping of Chartering）又被称为是不定期船运输。它是一种既没有确定的船期表，也没有固定的航线和挂靠港口，而是根据货源情况，安排船舶就航的航线，组织货物运输的船舶营运方式。

租船运输是通过船东（Shipowner）与租家（Charterer）之间签订运输合同来进行海上货物运输的基本营运方式。在这种运输方式下，船东提供给租家使用的可以是整条船，也可以是部分舱位。

2. 租船运输的基本特点

（1）依据租船合同明确船东与租家的权利、义务、责任与风险。船东与租家要先须签订租船合同才能安排船舶营运。租船合同中除了需规定船舶就航的航线、载运的货物种类及停靠的港口外，还需具体订明双方的权利、义务、责任与风险。

（2）租船运输的运费或租金水平的高低，直接受租船合同签订时航运市场行情波动的影响。世界的政治经济形势、船舶运力供求关系的变化，以及通航区域的季节性气候条件等，都是影响运费或租金水平高低的主要因素。

（3）没有确定的航线、船期和挂靠港。船东对于船舶的航线、航行时间和货载种类等按照租家的要求来确定。

（4）租船运输中的有关船舶营运费用及开支取决于不同的租船方式，由船东和租家分担，并在租船合同中订明。

（5）特别适合整船或整舱大宗散货的运输。租船运输主要服务于专门的货运市场，承运大宗类货物，如谷物、油类、矿石、煤炭、木材、砂糖、化肥、磷灰土等，并且一般都是整船装运的。

3. 租船运输的方式

（1）航次租船。航次租船（Voyage Charter）又称为程租，是指船东提供船舶，在约定的港口之间，运送合同约定的货物，进行一个航次或数个航次的租船方式。船舶的经营及经营费用均由船东自己负责，只向租家收取定额的运费的租船方式。船东提供给租家使用的可以是整船，也可以是部分舱位。

（2）定期租船。定期租船（Time Charter）又称为期租，是指船东把船舶租给租家，在预定的期限内，按合同约定的用途使用，并由租家支付租金的租船方式。在租期内，租家根据租约规定的航行区域自行安排挂靠港口、货载及调度。租期一般以月或年来计算。租金以每天或载重吨为单位按月支付。

（3）光船租赁。光船租赁（Bareboat Charter）又称为光租，是指船东向租家提供不配备船员的空船，在约定的期间内，由租家占有、使用和营运，并向船东支付租金的租船方式。

严格地讲，光船租赁方式并不具有承揽运输的性质，而是一种财产的租赁。租期内，租家从船东那里租用一艘空船，占有并负责船舶的营运、管理，承担全部的营运费用和航次费用。同时，租家要负责船长、船员的配备、补给，发放工资、补贴等。所以，光船租赁也称船壳租赁。

三、营销人员销售技巧

（一）面谈的技巧

面谈的目的大致有三个：引起客户的注意、引起客户的兴趣和顺利转入面谈。

1. 提示面谈法

营销员采用语言对客户进行暗示、建议、启发、示意等的面谈方法。比如营销员对客户说：“×××公司委托了一条船给我们，他们对我们上一航次的代理非常满意。”

2. 请求成交法

比如营销员对客户说："您刚才提到的问题都解决了，请问什么时候可以委托我们呢?"

3. 小点成交法

先从小船代理开始，可以减轻客户的心理压力，小船代理做好了，争取大船代理便容易了。

4. 从众成交法

比如营销员对客户说："最近几家船公司新开辟的班轮航线都委托了我们公司，他们对我们的服务很满意，请问贵公司什么时候提供给我们一个服务机会?"

（二）与客户交往的技巧

1. 交友要有长远的眼光

营销员平时要常同一些大客户沟通交往。此外，对客户身边的其他人员也要多留意，与其保持良好关系，一旦他们晋升成重点人物，对今后开展业务是很有益的。

2. 亲近客户要循序渐进

与客户亲近应遵循一个法则："一回生，二回半生不熟，三回才全熟。"这是因为人人都有戒心，在与人交往的过程中应用真诚的态度逐步接近客户，打破客户的戒心，这个过程不能操之过急。

亲近客户的方法主要有：了解客户的兴趣爱好；多与客户聊天；多肯定客户的行为；使用恰当表情表现出你的投入；找出与客户的共同点；多征求客户意见；表现出自己关心对方；记住客户"特别的日子"；选择让客户家人高兴的礼物等。

3. 对付拒绝的策略

（1）如果客户犹豫不定或未经深思熟虑就拒绝我方，改变这种情况的有效办法是多接近他们，让对方充分和全面了解我方。

（2）如果客户对我方有比较深入的了解，经过分析、对比、反复权衡利弊后选择拒绝，可能是由于我方提供的服务有缺陷或给对方造成了较大损失，或是由于客户的某种固执的偏见。假如客户是出于固执的偏见而拒绝我方，则可以解释清楚并用真诚的行动去感动对方，使之改变偏见。

（3）如果客户拒绝我方是出于某种心理需要，而不愿把真正的原因说出来，用某些不真实的理由搪塞我方。对方不愿说出真实的理由，其情况是复杂的，可能是因为我方提出的要求对方无法满足，但又羞于说出己方能力的不足，也可能是因为对方对我方当事人不放心、拿不准，但又不好意思说出来。还可能是决策人意见不一致，觉得没必要把"内政"告诉你。对于这种客户，营销员要尽可能弄清其拒绝的真正原因，然后再采取相应的对策，或解释说服，或等待时机。

4. 要重视承诺

我方可以说："不能保证一定没问题，但我方保证竭尽全力地去做和为您服务。"做不到的事千万不能打保票。

5. 应注重商务礼仪

（1）对初次见面的客户，一般立于其旁边的位置能增进亲近感。谈话时，相距50厘米通常能给对方留下好印象（当客户来访时，最好在会客室有会议桌的条件下接待）。

（2）坐椅子时，浅坐的姿势会令人感到积极性。

（3）说话时注视客户的眼睛。这一点既能让对方感受到你对他的尊重，又能提高对客户的说服力。当与两人以上的人谈话时，不要只注视一人，要让每位客户都感觉到你是在与他们一起谈话。

四、船代拜访新客户的英文会话范例

Agent's Visit to a New Customer in His Company

(Conversation between Agent and Customer)

Agent: Good morning, sir.

Customer: Good morning, sit down, please.

Agent: Sorry to interrupt your work.

Customer: Oh, never mind, welcome to our company.

Agent: First, may I introduce our shipping department manage, Mr. Li and the planner Mr. Wang to you? My name is Liu. We three have come here today to talk with you about our future business cooperation.

Customer: That's good. I'm very glad to know you here, my name is Crosen, I am in charge of the job to nominate ship agent in some port for our chartered ships. All right, let's begin our discussion. Well, by the way, what would you like to drink, coca-cola or mineral water?

Agent: We think mineral water is better, but the cold one, please.

Customer: All right, no problem.

Agent: Yes, Mr. Crosen. Shall we give you a brief introduction about our company first?

Customer: Quite good. I'd like to hear about it.

Agent: Thank you very much. The name of our company is "China International Shipping Agency Tianjin Branch". Our head office is in Shanghai. Our agency was established in 1997, and it now employs around a hundred people, nearly half of whom are graduates from Dalian and Shanghai Maritime University. The company has 7 departments, the container department, the shipping department, the cargo forwarding department, the commerce department, the finance department and so on. Our business scopes roughly contain container operation, ship's arrangement for loading and unloading, container control, cargo canvassing and commercial activities. It's a jointly owned and operated shipping agency, overseen by both the Tianjin Port Group and the China International Shipping Agent Head Office. This partnership enables us to make favorable arrangements for ship's berthing and handling.

Customer: Interesting! I'm deeply impressed by what you say about your company's background, thank you very much. In particular, you mentioned that you have an advantage in arranging for the ship's berthing and handling, is it like this?

Agent: Yes, correct.

Customer: Would you please give more details? Because it interests me very much.

Agent: That's easy. As I mentioned a moment ago, our company is invested and operated by both China International Shipping Agency Head Office and the Tianjin Port Group. For this reason, some staff including some department managers and the top leaders of our company come from Tianjin Port. They are not only familiar with the port business, but also have good relations with the port people. You know, this is a very important advantage for agent, ship, owner and charterer.

Customer: Oh, I see. If so, do you think we can ask you for help when we have some difficulty in ship's dispatch later?

Agent: Certainly, we will try our best to give you hand then without failure.

Customer: It's really great. In such case, I'll consider the possibility to appoint your agency as the shipping agent for our ships in the future.

Agent: Many thanks for your kindness, we are waiting eagerly to hear from you. By the way, please accept this little gift as a token of our appreciation. Hope to see you later.

Customer: Oh, thank you very much! I'll give you a reply next week. Good-bye.

Agent: Good-bye.

New Words

1. mineral water　矿泉水

2. employ　*vt.*　雇用
3. establish　*vt.*　建立
4. scope　*n.*　范围，区域
5. canvass (cargo)　*vt.*　揽（货）
6. jointly　*adv.*　共同，一起
7. overseen　*adj.*　监督的，监视的
8. partnership　*n.*　伙伴关系
9. background　*n.*　背景
10. advantage　*n.* 优势，优点
11. staff　*n.*　员工
12. eagerly　*adv.*　渴望地
13. token　*n.* 纪念品
14. appreciation　*n.* 欣赏，感谢
15. favourable　*adj.* 有利的
16. interruption　*n.*　打断

Patterns and Phrases

1. to be established in 1987　建于 1987 年
2. to enable sb. to do sth.　使某人能做什么
3. to be jointly owned and operated by sb.　由某人共同拥有及经营
4. to be deeply impressed by sb/sth.　被某人、某事深深打动
5. to be invested by　由某人投资的
6. to be familiar with sb/sth. 对某人、某事熟悉
7. to have good relations with sb. 与某人关系好
8. to give sb. a reply　给某人答复
9. to ask sb. for help　请求某人帮助
10. in particular　特别是

资料来源：《国际船舶代理业务实用英语会话》（袁洪林编著）。

任务实施

一、市场宣传

宣传产品是进行市场营销的重要手段。船代公司常用的宣传形式如下：

（1）利用网络、光盘或有关航运杂志来介绍公司的服务。

（2）召集潜在客户，召开座谈会。

（3）登门拜访客户。

在上述三种方式中，登门拜访客户是最有成效的营销手段。在拜访客户之前，营销员一般需要做好以下几项准备工作：

（1）要根据货类、租家、船东等情况筛选潜在的客户。

（2）要确定推销的地点和时机。

（3）要准备好详尽的资料，如泊位作业情况、航道水深、潮汐表等。

（4）客户档案中的相关信息。

（5）船代公司的宣传材料。

（6）名片、纸张、文具、小礼品。

（7）笔记本电脑和演示材料。

在登门拜访客户时，营销员首先要给客户一个良好的印象，赢得对方的注意和好感。在必要的寒暄过后，要逐渐进入主题，根据客户的需求和意图进行有针对性的推介宣传，并随时回答或消除客户的提问或疑虑。在与客户交谈的过程中，营销员要留心观察客户在委托—代理方面的疑虑和不清楚的问题，并用真诚的态度、巧妙的语言给客户解释和咨询，消除客户心理上的各种障碍。

在拜访客户后，还应向客户发电子邮件、传真或信函致谢，并针对客户提出的问题或要求尽快予以回复。

二、信息收集与管理

（一）信息分类

1. 内部信息

公司管理和经营的业绩、经验和教训，业务统计资料，收入和成本分析资料，客户信息，市场占有率分析资料，营销宣传资料，半年和年终工作总结。

2. 外部信息

相关法律法规和国家政策，与运输和贸易有关的信息，竞争对手信息，港口信息，客户反馈信息，国际航运规则。

（二）信息收集渠道

1. 收集客户信息

（1）日常业务接触中收集信息，如电话销售、询价信息等。

（2）通过港口、运输、仓储单位、行业协会等提供的进出口货物流向落实进出口货物经营单位。

（3）通过查阅舱单、配载清单等资料寻找客户信息。

(4) 通过媒体如因特网、电视、报纸杂志等了解客户信息。

(5) 通过区域性或全国性的销售活动获取信息。

(6) 通过内外的自身渠道获取销售信息。

(7) 通过合作伙伴、其他客户推荐获取信息。

(8) 通过查阅企业内部和外部的各种资料寻找潜在客户，如《业务谈判记录》等。

(9) 通过查《Lloyd's Maritime Directory》查船舶的 Inmarsat No.，联系船长、找原船东或船舶经营人的通信情况，通过他们可以找到船舶的经营人。

2. 收集服务信息

(1) 在寄送船舶使费账单时或船舶开航后，应随使费账单或单独向委托方寄送"客户意见征询表"，并将委托方的反馈意见交业务部门。

(2) 向船长发送书面征询建议表，或登轮征询船长对港口操作和代理服务的建议。

(3) 定期给客户发送征询意见表。

(4) 通过拜访客户，收集客户对代理服务的建议。

(5) 组织交流研讨会议。

(6) 设立客户投诉渠道。

3. 收集货物信息

(1) 通过拜访客户得到货物信息。

(2) 通过各种交易会、贸易展览会、客户座谈会等形式收集货物信息。

(3) 通过政府管理部门等了解项目审批、立项、合同订立、执行情况。

(4) 通过海关了解国内和地区的货物进出口情况。

(5) 从货主的计划和合同中了解货主的货源情况。

(6) 从船东、租家、船舶经纪人、货主之间签订的海上运输合同和租约中了解货运业务量等情况。

(7) 根据港口全年各种货类完成的情况收集货物信息。

知识链接

中国船舶代理行业协会

中国船舶代理行业协会（China Association of Shipping Agency，CASA）是经交通部批准从事国际海运船舶代理的企业组成的行业组织，于 2001 年 6 月 8 日在北京成立。它是按照中华人民共和国国务院颁布的《社会团体登记管理条例》规定，在中华人民共和国民政部注册登记的全国性社会团体，依法享有社团法人资格，接受交通部的业务指导和民政部的监督管理。

一、CASA 成员与机构

截至 2005 年 12 月 7 日，中国船舶代理行业协会会员 381 家，其中，理事单位 72 家，常务理事单位 42 家。协会目前的会员都是单位会员。其会员有国有企业，也有私营企业，还有中外合资企业。会员中既有专门从事船舶代理业务的企业，又有既从事船舶代理业务又从事货运代理业务的企业，还有从事现代物流的企业。协会的秘书处为日常办公机构，设有办公室、行业事务部、对外联络部和信息资料部四个部门及无船承运业务专业委员会，并在上海、山东、广州设立办事处。

二、CASA 的宗旨

中国船舶代理行业协会的宗旨是在政府与企业间起桥梁、纽带作用，反映会员的愿望，维护会员的正当权益，维护公平竞争的市场环境，受政府委托，协助政府进行行业管理，协调船舶代理人及无船承运人的经营活动，帮助会员提高管理水平，提供优质服务，促进我国航运事业的发展，以适应国家发展经济和开展对外贸易运输的需要。

三、CASA 的职能

交通部在 2001 年 658 号文件中赋予 CASA 下列职能：

(1) 协助交通部对申请设立国际船舶代理企业的资信情况及相关材料进行初步审核，根据行业发展状况及实际需求提出初审意见。

(2) 配合交通部开展国际船舶代理企业年检年审的组织工作，整理年检资料，出具年检基本情况报告。

(3) 在交通部的指导下，做好国际船舶代理企业从业人员的专业培训、法律服务、信息咨询及经验交流，努力提高国际船舶代理企业管理人员的整体素质和行业服务质量。

(4) 协助交通部进行行业重大问题调研，收集国内外有关信息，分析船代市场状况，协助政府做好行业发展战略、发展规划，对行业的发展问题提出建议，为政府制定政策和法律法规提供依据。

(5) 承担交通部委托办理的其他事项。

四、CASA 的活动

1. 规范船舶代理费收行为

1994 年交通部曾经发布了《航行国际航线船舶代理费收项目和标准》，当时我国的国际船舶代理行业由国家确定费收标准。2003 年 12 月 2 日，《航行国际航线船舶代理费收项目和标准》被废止，国际船舶代理行业价格由国家定价改由市场定价。由于船代市场竞争的需要，个别船舶代理公司采用低价进行竞争，船舶代理费率变化很大。2004 年 6 月，为了使国际船舶代理费率在相对稳定的范围内变化，规范船代市场价格行为，保证船舶代理行业的健康有序发展，CASA 公布了《航行国际航线船舶代理费收项目和建议价格》。这一建议价格的推出，为规范我国目前尚不成熟的船舶代理市场价格行为起到了积极作用，建议价格在实践中起着指导性的作用。

2. 换发《国际船舶代理经营资格登记证》（以下简称《登记证》）

船舶代理公司必须在有效期截止前换发新的《登记证》，逾期没有换发的，视为自动放弃经营资格，不得继续经营国际船舶代理业务。对不符合《国际海运条例》及其实施细则规定条件的企业将不予换发新的《登记证》，并依法对国际船舶代理经营活动的违规行为进行处罚。

CASA 所做的换证工作是贯彻《国际海运条例》及其实施细则的重要内容，是加强对国际船舶代理企业监督和管理的重要环节，对了解国际海运企业经营现状和评估相关法律制度具有重要意义。

3. 行业咨询

CASA 提供行业新闻，如船舶代理行业新闻，也提供航运、经贸新闻。协会还公告相关政策，会员通过协会可了解相关的信息及发展动向。

子任务 2　建立船舶代理关系

任务引入

中国国际船务代理公司天津分公司现将要与阳光航运公司建立长期代理关系。作为该船代公司的营销员，请你与阳光航运公司洽谈签订长期代理协议的相关事宜，并顺利完成代理协议的签订。

任务分析

船舶代理市场营销的最终目的是获得代理权，与委托方建立代理关系。由于船舶代理关系有多种类型。因此，为完成此任务，营销员需要掌握代理关系的概念和分类，理解班轮运输和租船运输的相关概念，并具有一定的与客户进行英语商务会谈的水平。

相关知识

一、国际船舶代理关系

（一）国际船舶代理关系的概念

船舶代理关系就是委托方为其船舶到抵达港办理进出港和在港一切业务手续而寻

找港口代理人，并经双方商定，以一定的书面形式为依据，而建立的一种代理关系。代理关系的建立可采取双方谈判后签订书面合同的形式，也可以由委托方通过函电的形式（包括电报、电传、传真、电子数据交换和电子邮件），将委托事项告知代理，双方就委托事项和代理费达成一致，经代理确认后生效。

船舶代理公司得到委托方明确或隐含的授权表示是建立代理关系的必要条件。我国《合同法》中指出：委托合同是委托人和受托人约定，由受托处理委托人事务的合同。委托人可以特别委托受托人处理一项或者数项事务，也可以概括委托受托人处理一切事务。对受托人义务论述如下：受托人应当按照委托人的指示处理委托事务。需要变更委托人指示的，应当经委托人同意；因情况紧急，难以和委托人取得联系的，受托人应当妥善处理委托事务，但事后应当将该情况及时报告委托人。受托人应当按照委托人的要求，报告委托事务的处理情况。委托合同终止时，受托人应当报告委托事务的结果。

（二）国际船舶代理关系的分类

1. 长期代理关系

长期代理关系是指委托方根据船舶运营需要，事先与代理人充分协商，以书面形式签订一次委托长期有效（一年或几年）的代理关系。在合同的有效期内，委托方只须在每航次船舶抵港前，通知代理到船时间、船名、船舶规范和载货情况，不须要逐船逐航次委托。委托方应建立往来账户，预付适当数量的备用金，供船舶逐航次使用。

班轮公司与代理公司一般都签订长期代理协议（一年或两年），到期后双方再商定是否续签。除更换船舶、班期调整等情况外，班轮公司不需要每航次给代理公司发通知，代理公司应根据班轮公司的船期表和船长的预计抵港电按时安排好相关工作。国际上较大规模的船东经营定期班轮航线，一般逐步趋向于在主要挂靠港成立专门的自营代理公司来负责港口的船舶代理业务。我国外代系统的长期代理协议都是由总公司出面签订，分公司不能直接对外签订长期代理协议。

不同的国家有不同的代理协议范本，一般都是由该国的船舶代理协会征求各会员单位意见后公布，供协会成员参考和选择使用。长期船舶代理协议范本见附录二。

2. 航次代理关系

航次代理关系是指委托方在船舶到港前，用函电向抵港代理提出该航次船舶委托，在代理回电确认后，本航次代理关系即告成立。航次代理关系的建立通常以航次代理委托函和代理接受委托的复函代替代理协议。

采用航次代理委托的船舶一般有下列几种：承运 CIF 进口货或 FOB 出口货的国外派船；承运 CIF 出口货或 FOB 进口货的国内派船；办理买卖、起租、退租的船舶；专程来港进行修理、供应、就医、避难的船舶；旅游船或其他特殊船舶。这些船舶所属公司一般与船代公司未签有长期代理协议，采取单船单航次的代理委托方式。

3. 第二委托方代理关系

除了第一委托方（一般是发出委托电，并汇付港口使费和代理费的一方）以外，对同一艘船舶要求代理代办有关业务的其他委托者，统称为第二委托方。第二委托方可以是船方（船舶所有人、经营人或管理公司），也可以是租方或货方，还可能是其他有关方。一艘船只能有一个委托方，但同时可以有一个或几个第二委托方。第二委托方与第一委托方的主要区别在于：第一委托方支付港口使费，第二委托方不支付港口使费；第一委托方支付正常的代理费，而第二委托方支付的第二委托方代理费则大大低于正常的代理费。

第二委托方与代理建立代理业务，应有书面委托依据，并提供有关资料，汇寄备用金，同时支付第二委托方代理费。

第二委托方代理委托一般都是单船单航次的代理委托。委托办理的业务一般有：①期租合同下船东的事项。如办理船员调动、船舶备件、物料调拨、加淡水、上伙食、非装卸损坏的船舶修理，协助海事处理等。②程租合同下租家的事项。如提供船舶在港动态，提供装卸准备通知书和事实记录、船长宣载书，提供船舶各类装货单证，结算船舶有关在港费用等。③第二委托方关心的其他事项。

4. 保护代理

船舶有关方为保护自身的正当利益不因委托方代理的行为遭受损害，而找另一家能够信任的代理公司对船舶在港的代理业务进行监督，则另一家代理被称作保护代理或监护代理。例如，在租船合同下，当船舶代理由合同一方（船东或租家）指委时，合同另一方为保护自身利益而另外指委的代理。如租船合同规定由船东指委代理，租家可能指委保护代理在装/卸港保护自身利益。

保护代理主要监督委托方代理的业务安排、业务进程及安排是否符合当地规定、是否合理，相关代理人是否按章办事，是否有损害委托方利益的情况等。保护代理费由双方协议确定，一般使用单船包干费或月度包干费。保护代理委托也有长期和航次之分。例如某公司就曾经在某些阿拉伯港口及其他港口委托过港口保护代理。因为这些港口存在船期长、装卸速度慢、常常无理由地移泊、代理工作效率低、乱收费等情况。因此需要有另外一方去督促、检查，以防损害委托方利益的事情发生，或处理已发生的事情。保护代理一般是单船单航次委托的，但也有长期委托的，比如某船公司在某港口有定期班轮或不定期班轮，由于代理不力，但又无法更换或即使更换也不能解决问题，这时船公司就有可能委托长期保护代理，有可能是半年或几年，直至情况好转时再取消。

二、长期代理协议商谈范例

Talk about Long-term Shipping Agency Agreement

(Conversation in Guest Room between Agent and Ship Owner)

Owner: Good morning sir, we are from "Sunlight Shipping Company" . My name is Peter. On this visit today we' d like to discuss our long-term agency agreement with you.

Agent: Hello! Peter, good morning, a warm welcome to you from our company, please sit down. Yes, since both of us have contacted for a period of time and laid a good foundation for mutual cooperation, I hope that this meeting today will be very pleasant and fruitful.

Owner: I think so, thank you.

Agent: Well, how about the draft of the agreement? We sent you last week, anything to be corrected further?

Owner: Yes, I would say that most of the terms are acceptable. There are only two points which need to be discussed between us this time. One is the discount percentage of the agency fee, the other is the time for us to remit you the ship disbursement.

Agent: Oh, I see. But could you please say this more concretely?

Owner: OK, Frankly speaking, is it possible for your kind company to give us 40 percent agency fee discount instead of 30 for each ship?

Agent: Well, it seems somewhat difficult. In my opinion, 30 percent discount is quite generous. Our income is very limited even if we get 70 percent agency fee. Another reason is that we are afraid we would be punished by the shipping agency association, if it were known by our competitors that we cut the agency fee so much.

Owner: Yes, you're right. It is understandable.

Agent: Well, what if we both compromise a little, say 35 percent is it workable?

Owner: Umm, yes, a fine idea! I am agree to it.

Agent: If so, that's solved.

Owner: My second question is the time for us to remit you the ship disbursement. Do you think we can remit it according to the final practical invoices and other payment bills after each ship's departure?

Agent: Well, it is really a hard nut for us. As you know, our company is a big one. In each month, we usually pay various kinds of charges for about 120 ships, the total amount of the port charges is quite high. Providing that we can only receive the ship disbursement after each ship's sailing, that is to say we have to firstly pay all the port departments concerned with our own money, we'll greatly suffer financially. I hope you can understand.

Owner: Yes, it is logical, I understand. OK, as your good friend and partner, we should also think of your situation, not only ours, therefore we will punctually pay you the disbursement before our ship's arrival at your port later.

Agent: Thank you very much indeed for your kindness. Since there are no other questions, I believe we can sign the agreement this afternoon. Now let's go to a restaurant for lunch.

Owner: All right, thanks a lot.

Agent: OK, let's be off now.

New Words

1. guest room　客厅，会客室
2. sunlight　*n.* 阳光
3. long-term　*adj.* 长期的
4. foundation　*n.* 基础
5. fruitful　*adj.* 有成果的
6. draft　*n.*　草稿
7. logical　*adj.*　符合逻辑
8. suffer　*vt.*　遭受痛苦
9. providing　*conj.*　假如
10. discount　*n.*　打折
11. remit　*vt.* 汇款
12. punctually　*adv.*　准时地
13. generous　*adj.*　大方的
14. income　*n.* 收入
15. competitor　*n.*　竞争对手
16. various　*adj.* 各种各样的
17. association　*n.* 协会

Patterns and Phrases

1. to lay a good foundation　打下好基础

2. to be afraid of sth.　害怕什么

3. the total amount of　……的总数

资料来源：《国际船舶代理业务实用英语会话》（袁洪林编著）。

任务实施

船代营销员在答复接受委托之前，应将委托信息交由指定的专人进行合同评审。如果委托事项合法可行，可以接受委托，建立代理关系。如果委托事项违反港口当局的规定或因港口条件限制不宜接受，则应向客户明确答复并说明原因。

长期代理关系的建立一般需有书面协议，如委托代理协议或委托代理合同。协议或合同须明确委托人和被委托人、委托事项、委托期限、双方商定的各自的职责和义务、适用费率和结算方式、适用法律和仲裁地等主要内容，由双方法人代表或法人委托的代表签字确认。建立长期代理关系也可以以传真或电子邮件方式进行。由委托方发出委托函电，将委托事项告知代理，代理明确接受委托并对业务、费用及其他事项作出回盘，内容与书面协议相同。

长期代理协议一般由双方法人代表或全权授权代表来签署，在协议签署前应先弄清对方签署人的身份，查明其是否有权代表公司来签署协议。代理应事先准备好自己的长期代理协议范本，一旦需要签订代理协议，应尽量争取采用自己的范本，这样有利于加速谈判进程和保护自己的利益。

在与委托方签订长期代理协议时，应注意以下内容：

（1）要约定合同的有效期。

（2）代理费支付标准参照目前国务院交通主管部门的规定。一旦政府调整费率，可以据此修改协议。

（3）如果对委托方实行代理费优惠的策略，优惠比例最好依据公司代理费的净收入来定。

对于已经签署的长期代理协议要管理好，以备到期续签使用。

实训活动方案设计

船代市场开发模拟

活动时间	80 分钟
活动地点	教室
教学资料	港口、客户及公司宣传的资料（打印稿和演示文稿）；名片、小礼品等道具；业务背景资料
教学目标	通过模拟与客户的面谈，使学生熟悉船代营销员进行商品销售时需要掌握的信息以及与客户沟通的技巧，并具备用英语与客户交流的意识

续　表

活动要求	通过角色扮演的方式，要求全体学生参与，并尽可能使用英语进行会话。活动结束后，学生应写出：①船代营销员在与新客户沟通前应准备的资料有哪些；②双方用英语沟通时的一些常用语句；③从哪些方面可以提升客户对营销员的好感度
活动程序	(1) 每班分 A、B 两个组，分别扮演船代营销员和客户； (2) 船代营销员扮演者根据假设的业务情景，准备好相关推介材料； (3) 船代营销员扮演者向客户扮演者展示公司宣传材料，并讲述公司概况与优势。双方尽可能用英语进行交流； (4) 面谈结束前交换名片、小礼品等道具物品
评价方式	学生互评，教师点评

任务二　国际船舶代理进出口计划

教学目标

知识目标：

1. 掌握常见的港口使费费收项目。
2. 熟悉进口放货业务和载货出口业务。

技能目标：

1. 能够估算港口使费。
2. 能够准确索取备用金。
3. 能够制作相关进出口货运单证。
4. 能够办理国际航行船舶进出口岸的申报。

教学实施建议

教学方法：

讲述；启发；讨论；案例引导；情景模拟 。

教学手段：

板书；课件演示；图片、视频展示。

学生活动：

估算港口使费，索取备用金。

建议课时：

12 课时。

岗位介绍

一、进出口计划岗位职责

（1）负责答复有关方的问询，业务函电的处理。

（2）负责港口使费的估算、备用金的索取。

(3) 负责接受进出口货物船舶代理，并向口岸相关部门申报及对外签署提单和相关业务单证。

(4) 负责船舶离港后单证的转送工作。

二、进出口计划工作流程

(一) 进口计划

1. 代理委托

国外或国内的船公司或船舶经营人以书面形式（电子邮件或传真）委托船舶代理公司为其即将来港进行货物装卸等办理船舶进出口业务的正式委托。

2. 确认委托

收到船公司委托电后应立即回电予以确认，确认电通常以传真或电子邮件形式发出，内容包括：报港口使费预算；告知本公司全称、地址、通信联络方式及银行账号（美元或人民币），以便对方汇款；回复对方咨询或要求等。

3. 办理国际航行船舶进出口岸申报手续

接受委托，在船舶资料齐备后即可办理“国际航行船舶进口岸申请书”，在海事局批准后，分别呈送海关、边防、检验检疫、港口业务处、货主等单位。

(1) 海事手续电子申报。船舶抵口前七天内向海事机构发送“国际航行船舶进口岸申请书”。在确认各项船舶资料后，登录船务管理系统的港监申报页面，按要求准确录入船舶信息，等待批复。

(2) 海关手续电子申报。在确定船舶来港，核对完问询报及相关船舶资料后，负责申报的人员应将船长提供的船舶概况、证书、船员名单及物品等一系列申报相关资料录入船务管理系统（对资料中有异议或不清楚的地方要重新找船长确认，以确保申报准确无误）。资料录入后，申报人员在规定时间及时向海关进行电子申报。

①船舶抵口前3～7天，需向海关发送船舶预报及电子舱单。

②船舶抵口前24小时内，需向海关发送船舶确报。

③船舶抵口后，需向海关发送“船舶进境申报单”。

④船舶动态发送。在船舶抵口之后，如有进港、移泊、离港动态，需向海关申报电子动态（进港时间、停靠泊位、移泊时间、移泊泊位、离港时间、下一挂港）。

⑤船舶有离港动态时，向海关发送“船舶出境申报单”。

(3) 卫检申报。船舶抵口前1～3天向卫检发送“进境健康申报单”及船员健康卡。如船舶有离港动态，须跟外勤人员核对船舶离港资料，并向卫检发送“出境健康申报单”。

(4) 边检申报。船舶进港前两小时内，核实船员名单、船舶资料、预靠港区等是否填写完整正确，确认无误后发送“边检进口申报单”。发送成功后及时接受回执，如有错误回执，及时修改并重新发送。

4. 办理超限制船舶申请，索要船舶相关证书资料

资料主要包括：国际船舶安全证书、安全管理体系符合证明、船舶安全管理证明，此外，还有卫生检疫所需的：免予除鼠证书、卫生证书、前两周的挂港记录。

5. 处理相关业务函电

确认委托代理关系后，从船舶抵港下锚、靠泊、开始装卸、结束装卸到开航，整个船舶的动态委托方均十分关注。一般来讲，从委托到靠泊前，其关注重点在货物是否备妥、船舶排队等泊情况（LINE-UP）、何时能靠泊等。这时代理计划或调度的工作就是将每天港口安排的靠泊计划以及备货等情况告知委托方（以 LINE-UP 形式）。对于船舶抵港到开航这段时间的动态，主要通过抵、靠、离三电告知委托方。对于某些单项事情的委托、咨询大多以电话或电子邮件予以及时处理，比如安排船长借支、船员遣返就医、安排航修等。

6. 船舶相关货运单据的处理

船舶货运文件主要包括：提单、进出口舱单、装卸准备就绪、通知书、装卸时间事实记录/时间表、货物积载图/船图。

（二）出口计划

1. 函电处理

答复有关方涉及国家法律法规、本港码头规范、装卸设备、吞吐能力等情况的问询。

2. 船舶港口使费备用金

（1）向第一委托方催收港口使费备用金。

（2）向第二委托方催收港口使费备用金。

3. 催索汇款

4. 港口使费未到情况的处理

（1）暂时安排进港作业，继续催汇。

①船舶所属委托方有较久的长期代理关系、经常派船来港，且历来信用较好，如一时使费不足或未能及时汇达；

②进口有到付运费的船舶；

③急需卸载的进口船舶；

④友好国家首次来港的有特殊任务的船舶。

（2）边安排开航，边续催索。

①有代收进口运费尚未汇出，经洽委托方，可在运费内中抵销的；

②国内有关单位有委托方结算存款项并同意代付的，且经委托方确认并授权国内单位代付的；

③备用金已汇到，临时发生少量的超支；

④友好国家首次来港的特殊任务船舶。

5. 记录委办事项及核办事宜

记录委托方委办事项，核办吨税事宜。

6. 与发货人确认各项事项并通知

与发货人联系，确认来港任务、贸易条款、信用证、许可证、货种、货量、包装形式及验货情况。通知发货人有关船舶情况，包括船名、预抵时间等。

7. 船舶动态及其他业务的处理

掌握各种信息，如备货和验货情况、报关时间、出口许可证、信用证、泊位情况、船舶预计抵港时间、预计靠泊时间和预计离港时间等。

8. 订舱委托的评审

评审的内容有：船期、目的港的要求是否能够满足；是否有舱位；同一装货单列有两种以上货名时，是否分别注明了件数、重量、规格；运费支付方式是否相符；注意危险品、鲜活货、超长、超重件等特殊货物的危险品名称、等级、国际危规编号、危险品说明、鲜活货温度要求、重大件规格等内容，并征求委托方确认（如委托方有要求）；不同国家的同名卸货港是否注明国别；中转货是否能得到委托方/中转港的确认。

（1）接受货载申报单。发货人送交的装货联单后，仔细审核各条款，同时查阅信用证（如发货人能提供）及船公司的委托电，确保承运条款、货种、货量及增减幅度相符。

（2）缮制装货清单和预录舱单。

9. 提单签发

进出口计划员审核货主呈送的大副收据的内容签发提单，做到提单、舱单、大副收据三单一致。

10. 船舶离港后单证转送

应委托方要求，整理出装卸时间事实记录、装卸准备就绪通知书、提单副本、出口载货舱单、预配船图和装货船图等寄送给委托方。

子任务1　备用金的管理

任务导入

山东某国际船务代理有限公司日前接到马耳他籍的“曼娜”号船在日照港的委托代理业务，该轮19000净吨，船长189.99米，预计于2013年3月10日10：00抵达日照港卸下54100吨铁矿砂，假如你是该船代的计划人员，请代为预估该轮在日照港的港口费用，以便向委托方索取备用金。若委托方给予回复并汇付 30000 美元，那么将如何对这笔备用金的使用进行管理呢?

任务分析

备用金（Advance Disbursement）是指委托方或第二委托方预付给船舶代理人，用于支付船舶在港期间所发生的费用、船员借支、代理费，以及处理有关特殊事项的备用款项。船舶在港口发生的费用一般是通过船舶代理人支付给口岸各有关单位。备用金一般采取预付形式，在班轮船舶代理中，船舶代理人通常不要求委托方预付备用金，双方约定一段时间结算一次，但在不定期船代理中，除另有协议或特殊情况外，委托方或第二委托方在指定时间内电汇至船舶代理人指定的银行账户中才意味着代理关系的正式建立。备用金的管理主要包括：估算备用金、向委托方索取备用金，使用备用金时的管控等方面的工作。

要完成上述工作任务，进出口计划人员需要了解所代理的船舶概况，掌握港口有关行业规定，熟悉委托业务所涉及的港口使费项目和费收规则，熟悉船务英语函电，具有较强的语言沟通能力及协调公关能力。

相关知识

一、船舶相关知识

1. 船舶构造

船舶结构随着船舶类型的不同而不同，对于钢结构船舶来说，全船结构分为主船体和上层建筑两部分。

主船体由船首部、中部、尾部组成，每一部分都是由船底、舷侧、上甲板形成水密的空心结构。在空心结构内部又用水平和垂直的隔壁分隔成许多舱室。其中，首尾贯通的水平隔壁称下甲板，垂直的隔壁称为舱壁。安装在船宽方向的舱壁称为横舱壁，安装在船长方向的舱壁称为纵舱壁。为了加强船体首尾端结构，在首尾端设置有首尾柱。

上层建筑是指上甲板原始的各种围壁建筑物，上层建筑部分有首楼、尾楼、桥楼、甲板室及各种围壁建筑物。船首楼的主要作用是减少船首部上浪（浪花进入船上），同时还可以作为储藏室。船尾楼的主要作用是减少船尾部上浪，保护机舱，同时可以作为船员的居所。桥楼是位于船中部的上层建筑，通常作为驾驶室和船员居所。甲板室设在露天甲板上，有利于甲板操作。

2. 船舶尺度

船舶尺度是用以表达船舶大小的度量，包括船的长度、宽度、深度、吃水等。它是计算船舶各项性能的主要参数，是衡量船舶大小，收取各种费用，检查船舶能否通过船闸、运河等限制航道的依据。船舶的主要尺度都遵循统一的度量规定。

根据船舶主尺度的用途不同，主尺度可分为三类：型尺度、最大尺度和登记尺度。型尺度是从船体型表面上所量取的尺度，它是理论尺度，主要用于船舶设计及性能计算。型尺度主要包括型长、型宽、型深和型吃水；最大尺度是包括船体构件及固定在船上的附属突出物在内所丈量得到的尺度。它可以决定船舶停靠码头泊位的长度。最大尺度包括总长、最大船长、最大船宽和最大高度。登记尺度是根据《船舶丈量规范》的规定进行丈量所得到的尺度，是船舶登记、吨价计算及交纳费用的依据。登记尺度包括登记长度、登记宽度和登记深度。

型尺度包括型长、型宽和型深

型长：根据具体的使用目的，有几种不同的表示方法：总长（Loa）、垂线间长（Lbp）和设计水线长（Lwl）。

型宽：一般是指船舶中央部分的宽度，用 B 表示。

型深：从上甲板边缘最低处量至船底基线的垂直距离为型深，记为 D 或 H。

最大尺度包括最大长度、最大船宽和最大高度

最大长度：是船舶最前端与最后端之间的水平距离，用 L_{max} 表示。

最大船宽：是包括船舶外板和永久性固定突出物在内的最大宽度，用 B_{max} 表示。

最大高度：船舶的最大高度是自设计水线沿垂线量到船的最高点的距离。在船舶空载进入内河航行，并需要通过桥梁时，最大高度是衡量船舶能否顺利通过的重要依据，用 H_{max} 表示。

登记尺度包括登记长度、登记宽度和登记深度

登记长度：一般用 LR 表示，是船舶上甲板上的首柱前缘到尾柱后缘（若无尾柱，则量至舵杆中心线）的水平距离。

登记宽度：为船体最大宽度处的水平距离（包括两舷外板，不包括固定突出物），用 BR 表示。

登记深度 Dr：为中纵剖面上登记长度 Lr 中点处，量至设计水线上面的垂直距离。

船舶吃水：船舶吃水是船舶浸沉深度的一个度量，它随载货重量的不同而变化。这个尺度只有型尺度，即型吃水。型吃水即设计吃水，又称满载吃水，是指船舶装载至设计要求的货物后（一般为满载状态）的浸水深度。当船首吃水和船尾吃水不相等时，型吃水值表示首尾吃水的平均值。

3. 船舶吨位

(1) 重量吨位（Weight Tonnage）。船舶的重量吨位是表示船舶重量的一种计量单

位。船舶的重量吨位，又可分为排水量吨位和载重吨位两种。

排水量吨位是船舶在水中所排开水的吨数，也是船舶自身重量的吨数。排水量吨位又可分为轻排水量、重排水量和实际排水量三种。轻排水量（Light Displacement），又称空船排水量，是船舶本身加上船员和必要的给养物品三者重量的总和，是船舶最小限度的重量。重排水量（Full Load Displacement），又称满载排水量，是船舶载客、载货后吃水达到最高载重线时的重量，即船舶最大限度的重量。实际排水量（Actual Displacement），是船舶每个航次载货后实际的排水量。

在造船时，依据排水量吨位可知该船的重量；在统计军舰的大小和舰队时，一般以轻排水量为准；军舰通过巴拿马运河，以实际排水量作为征税的依据。

载重吨位（D. W. T.）表示船舶在营运中能够使用的载重能力。船舶载重吨位可用于对货物的统计；作为期租船月租金计算的依据；表示船舶的载运能力；也可用作新船造价及旧船售价的计算单位。载重吨位可分为总载重吨和净载重吨。

总载重吨（Gross Dead Weight Tonnage）是船舶根据载重线标记规定所能装载的最大限度的重量，它包括船舶所载运的货物、船上所需的燃料、淡水和其他储备物料重量的总和。

净载重吨（Dead Weight Cargo Tonnage）是指船舶所能装运货物的量大限度重量，又称载货重吨，即从船舶的总载重量中减去船舶航行期间需要储备的燃料、淡水及其他储备物品的重量所得的差数。

（2）容积吨位（Registered Tonnage）。容积吨位是表示船舶容积的单位，又称注册吨，容积吨位的计算是：

1 容积吨＝2.83 立方米＝100 立方英尺

容积吨又可分为容积总吨和容积净吨两种。

容积总吨（GRT）又称注册总吨，是指船舱内及甲板上所有闭合场所的容积总和。容积总吨的用途很广，它可以用于表明船舶的大小；用于船舶登记；用于政府确定对航运业的补贴；用于计算保险费用、造船费用以及船舶的赔偿等。

容积净吨（NRT）又称注册净吨，是船上可以用来装载货物的容积折合成的吨数。容积净吨主要用于船舶的报关、结关；作为船舶向港口交纳的各种税收和费用的依据；作为船舶通过运河时交纳运河费的依据。

4. 船舶载重线（Ship's Load Line）

船舶载重线标志绘制于船舶两舷中间，表明载重线位置以限制船舶最大吃水，确保船舶最小干舷的标志。（干舷：满载水线以上未被水浸湿的舷侧板。船舶的营运实践表明：干舷不足，常常是发生海难事故的一个重要原因。因此，船舶必须具有足够的干舷）

载重线标志包括：甲板线、载重线圈和各载重线。甲板线：又称干舷甲板线，是一条表示干舷甲板位置的线。该线的上边缘应与干舷甲板的上表面相交。载重线圆环：由一个圆圈和一条水平线相交组成，其圆圈的中心在船舶中部，水平线与夏季载重线平齐。水平线上的字母代表船舶检验机构的名称，如“CS”为中国船级社英文缩写，“ZC”为中华人民共和国船舶检验局。如图 2－1 所示。

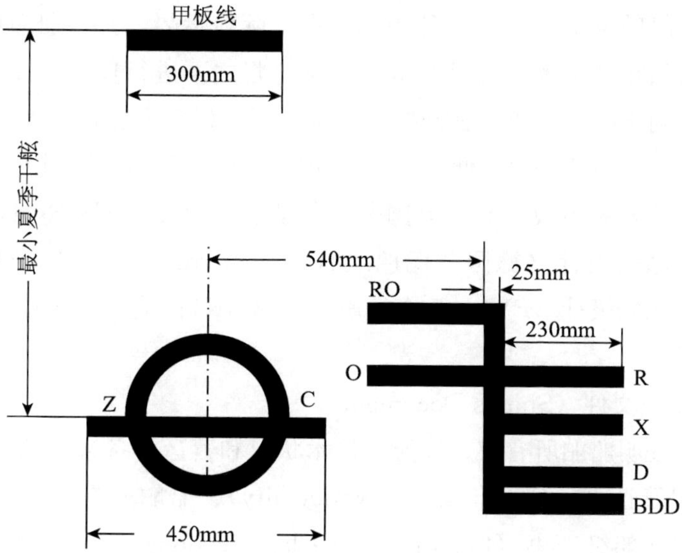

图 2－1　国际航行船舶载重线标志

TF（Tropical Fresh Water Load Line）表示热带淡水载重线，即船舶航行于热带地区的淡水中，总载重量不得超过此线。

F（Fresh Water Load Line）表示淡水载重线，即船舶在淡水中行驶时，总载重量不得超过此线。

T（Tropical Load Line）表示热带海水载重线，即船舶在热带地区航行时，总载重量不得超过此线。

S（Summer Load Line）表示夏季海水载重线，即船舶在夏季航行时，总载重量不得超过此线。

W（Winter Load Line）表示冬季海水载重线，即船舶在冬季航行时，总载重量不得超过此线。

WNA（Winter North Atlantic Load Line）表示北大西洋冬季载重线，指船长为100.5 米以下的船舶，在冬季月份航行经过北大西洋（北纬 36°以北）时，总载重量不得超过此线。

标有 L 的为木材载重线。我国船舶检验局对上述各条载重线，以汉语拼音首字母为符号。即以“RQ”、“Q”、“R”、“X”、“D”和“BDD”代替“TF”、“F”、“T”、“S”、“W”和“WNA”。

5. 船籍和船旗（Ship's Nationality and Flag）

船籍指船舶的国籍，通常是在船东所在国家登记船籍。船旗是指商船在航行中悬挂其所属国的国旗。

6. 船级（Ship's Classification）

船级是表示船舶技术状态的一种指标。在国际航运界，凡注册总吨在100吨以上的海运船舶，必须在某船级社或船舶检验机构监督之下进行监造。船舶入级可保证船舶航行安全，有利于国家对船舶进行技术监督，便于租船人和托运人选择适当的船只，以满足进出口货物运输的需要，便于保险公司决定船、货的保险费用。

世界上比较著名的船级社有：英国劳埃德船级社（Lloyd's Register of Shipping，LR）；德国劳埃德船级社（德国劳氏船级社）（Germanischer Lloyd）；挪威船级社（Det DNV）；法国船级社（BV）；日本海事协会（NK）；美国船级社（ABS）；中国船级社（CCS）等。

7. 船舶的主要文件（Ship's Documents）

船舶文件是证明船舶所有权、性能、技术状况和营运必备条件的各种文件的总称。主要有：船舶国籍证书（Certificate of Nationality）、船舶所有权证书（Certificate of Ownership）、船舶船级证书（Certificate of Classification）、船舶吨位证书（Tonnage Certificate）、船舶载重线证书（Certificate of Load Line）、船员名册（Crew List）、航行日志（Log Book）等。

8. 船舶主要设备

（1）主要安全设备。

①主要航海仪器：磁罗经（是一种测定方向基准的仪器，用于确定航向和观测物标方位。它是在中国古代的司南、指南针基础上逐步发展而成）、六分仪（一种用来测量远方两个目标之间夹角的光学仪器。利用六分仪可以测量某一时刻太阳或其他天体与海平线或地平线的夹角，以便迅速得知海船或飞机所在位置的经纬度）、天文钟（既能表示天象，又能计时）。

②主要助航仪器：GPS、雷达、APAR（主动相位阵列雷达：Active Phased Array Radar）、测深仪、计程仪、航向记录仪。

③通信设备：组合电台（GMDSS）、自动船位报告系统（AIS）、船舶保安报警系统（SARS）、气象传真仪等。

④三机一炉：主机、副机、锚机和锅炉。

⑤其他：舵机、空压机、各种泵辅、装卸设备和甲板机械（包括开盖舱设备和绞缆等）。

（2）主要应急设备（不经常使用的设备）。船舶主要应急设备包括应急发电机、应急空压机；消防泵和应急消防泵；大型灭火系统（泡沫或二氧化碳灭火系统）、手提灭火器；消防员装备、火灾逃生面罩；救生艇、救生筏、救生衣；应急电源（应急电瓶）；手提双向甚高频无线电话、应急卫星示位标、雷达应答系统、船舶航行数据记录器；应急舵、速闭阀等。

二、港口使费费收项目

港口使费（Port Charges），是指船舶进出港口及在港停泊期间，因使用港口水域、航道、泊位（码头、浮筒、锚地）等，装卸和申请港口有关机构提供的各项服务，如引航、拖轮等，按规定要支付的各种费用。港口使费是航运企业运输成本中的一项重要内容，有些船公司港口使费的支出，占总成本的1/4以上，仅次于燃油费和船舶修理费。

港口使费是航运公司所经营的船舶在营运期间在装卸港口所发生的各项支出和费用。船舶从事运输生产，不论在起运港或目的港，都要通过港口的水域、航道，使用港口的泊位（码头、浮筒、锚地）和港口的各种机械、仓库、堆场，用以停靠船舶和进行货物装卸和堆存。同时还需要港口提供燃料、物料、淡水及其他各种服务，使船舶具备继续营运的必要条件。为此，船舶需要向有关部门缴纳和支付一定的费用。

1. 港务费（Harbor Dues）

（1）船舶港务费（Harbor Dues on Ship）。船舶港务费是向使用港口水域、航道的船舶和在港内装卸货物的船舶征收的费用，船舶每进港一次或出港一次，分别按船舶净吨（拖轮按功率）各征收一次船舶港务费。港务费主要用于港口防波堤、航道、锚地等港口公共基础设施的建设和维护，其中的50%返还码头所属单位（租用或使用单位），用于码头及其前沿水域的维护。

船舶港务费的收费标准是：每净吨（马力）收0.71元/次。避难船舶、非运载旅客或货物的船舶免征，进港船舶没有卸货、下客行为，免征进口船舶港务费，出港船舶没有装货、上客行为，免征出口船舶港务费。对进出港口的旅游船需要照样征收船舶港务费。进口或出口船舶的客、货运费收入在船舶港务费两倍以下并持有证明者免征船舶港务费。

（2）货物港务费（Harbor Dues on Goods）。货物港务费是以由港口吞吐的国内外的进出口货物为对象征收的港口费用，随货物的分类和计费吨重量征收港务费。按规定征收的货物港务费，向码头所属单位（租用单位或使用单位）返回50%，用于码头及其前沿水域的维护。货物港务费一般均向收、发货人收取，由船东支付的情况很少见。

凭客票托运的行李、船舶自用的燃物料、本船装货垫缚材料、随包装货物同行的包装备品、随鱼鲜同行的防腐用的冰和盐、随活畜、活禽同行的必要饲料、使馆物品、联合国物品、赠送礼品、展品、样品、国际过境货物，集装箱空箱（商品箱除外），均免征货物港务费。

按《港口收费规则（外贸部分）》的规定，经由港口吞吐的外贸进出口货物和集装箱，依据外贸进出口货物港务费率表（如表 2－1 所示），以进口或出口分别征收一次货物港务费。

表 2－1　　外贸进出口货物港务费率

编号	货类	计费单位	每计费吨（箱）费率（元）	
			进口	出口
1	煤炭、矿石、矿砂、矿粉、磷灰土、水泥、纯碱、粮食、盐、沙土、石料、砖瓦、生铁、钢材（不包括废钢）、钢管、钢坯、钢锭、有色金属块锭、焦炭、半焦、块煤、化肥、轻泡货物	W	1.40	0.70
		M	0.90	0.45
2	列名外货物	W	3.30	1.65
		M	2.20	1.10
3	一级危险货物、冷藏货物、古画、古玩、金器、银器、珠宝、玉器、翡翠、珊瑚、玛瑙、水晶、钻石、象牙（包括制品）、玉刻、木刻、各种雕塑制品、贝雕制品、漆制器皿、古瓷、景泰蓝、地毯、壁毯、刺绣	W	6.60	3.30
		M	4.40	2.20
集装箱	装载一般货物的集装箱、商品箱	20 英尺	40.00	20.00
		40 英尺	80.00	40.00
	装载一级危险货物的集装箱、冷藏箱（重箱）	20 英尺	80.00	40.00
		40 英尺	160.00	80.00

注：①货物港务费的计费吨按装卸费的计费吨计算。

②编号 1 中的“化肥”，系指农业生产用的化肥、其他用于化工原料的不在此限。

③编号 3 中的“一级危险货物”，不包括农业生产用的化肥农药。

④原油按编号 2 中的“列名外货物”计费。

⑤其他集装箱的货物港务费，以其内容按与表列相近箱型集装箱内容积的比例计算。

⑥“石料”是指“碎石（包括块石）”，加工成形的石料不包括在内。

2. 船舶吨税（Tonnage Dues）

船舶吨税是海关代交通部向国际航行船舶征收的一种税，征收对象是外籍船舶、外商租用的中国籍船舶、中外合营企业使用的中外籍船舶，但以下列船舶免征吨税：应纳税额在人民币 50 元以下的船舶；自境外以购买、受赠、继承等方式取得船舶所有权的初次进口到港的空载船舶；吨税执照期满后 24 小时内不上下客货的船舶；非机动船舶（不包括非机动驳船）；捕捞、养殖渔船；避难、防疫隔离、修理、终止运营或者拆解，并不上下客货的船舶；军队、武装警察部队专用或者征用的船舶；依照法律规定应当予以免税的外国驻华使领馆、国际组织驻华代表机构及其有关人员的船舶；国务院规定的其他船舶。

船舶吨税设置优惠税率与普通税率。中华人民共和国籍的应税船舶，船籍国（地区）与中华人民共和国签订含有相互给予船舶税费最惠国待遇条款的条约或者协定的应税船舶，适用优惠税率。目前世界上大部分航海国基本上都与我国政府签订了海运协定或贸易协定，协定中规定双方给予对方国家船舶优惠吨税待遇的都适用优惠吨税税率。其他应税船舶，使用普通税率。

吨税按照船舶净吨位和吨税执照期限征收。应税船舶负责人在每次申报纳税时，可以按照 2012 年 1 月 1 日起施行的《中华人民共和国船舶吨税暂行条例》中的“吨税税目税率表”（如表 2－2 所示）选择申领一种期限的吨税执照。应税船舶在进入港口办理入境手续时，应当向海关申报纳税领取吨税执照，或者交验吨税执照。应税船舶在离开港口办理出境手续时，应当交验吨税执照。代船方申请购买的新吨税执照要及时送交船方，以供船舶在效期内挂靠其他中国港口时继续使用。

表 2－2　　吨税税目税率

税目（按船舶净吨位划分）	税率（元/净吨） 普通税率（按执照期限划分） 1 年	90 日	30 日	优惠税率（按执照期限划分） 1 年	90 日	30 日	备注
不超过 2000 净吨	12.6	4.2	2.1	9.0	3.0	1.5	拖船和非机动驳船分别按相同净吨位船舶税率的 50% 计征税款
超过 2000 净吨，但不超过 10000 净吨	24.0	8.0	4.0	17.4	5.8	2.9	
超过 10000 净吨，但不超过 50000 净吨	27.6	9.2	4.6	19.8	6.6	3.3	
超过 50000 净吨	31.8	10.6	5.3	22.8	7.6	3.8	

3. 引航、移泊费（Pilotage Inward/Outward，Pilotage on Shifting）

我国对外国籍船舶实行强制进出港引航和移泊引航。引航费根据各港口的实际引航距离实行分类（10 海里为界），按船舶净吨位（拖轮按马力）计收。超出锚地以外的引航，其超出部分按标准加收 30%。大连、营口、秦皇岛、天津、烟台、青岛、日照、连云港、上海、宁波、厦门、汕头、深圳、广州、湛江、防城、海口、洋浦、八所、三亚港以外的地方港口，但最高不超过每净吨 0.30 元。引航费按第一次进港和最后一次出港各一次分别计收，期间的港内引航作业都按照移泊费率收取。引领船舶过闸要以次加收过闸引领费。拖带船按拖轮马力和被拖船净吨相加计算，引航和移泊的起码计费吨为 500 净吨（马力）。引航和移泊所需拖轮使用费由拖轮提供者另外收取。因船方原因产生引水员在船等候，另外收取引航员滞留费。节假日、夜班附加费按基本费率的 50%计收，节假日的夜班附加费按基本费率的 100%计收。夜班每日以 8 小时计算。节假日及夜班的工班起讫时间，由港务管理部门自行公布执行。具体船舶引航移泊费用如表 2－3 所示。

表 2－3　船舶引航移泊费用

编号	项目	计费单位	引领种类	费率（元）		说明
1	引航费	净吨（马力）/次	10 海里内	A	0.5	锚地外引领部分加收 30%
		净吨（马力）/海里	超过 10 海里的部分	B	0.005	锚地外引领部分加收 30%
		净吨（马力）/次	过闸引领	C	0.16	过闸引领
2	移泊费	净吨（马力）	移泊引领	0.22		各港港内移泊
3	引航员滞留	每人每小时	引水员滞留	20		船方原因

船舶靠离码头或移泊引领作业所使用的拖轮马力大小和数量一般都由引水员根据气象、水面航道情况决定并直接联系安排，航道条件复杂的港口引航费用会很高。

4. 拖轮费（Tuggage）

拖轮费以拖轮的功率和使用时间计算。使用时间按照实际作业时间加上辅助作业时间得出。实际作业时间为拖轮抵达作业地点开始到作业完毕为止的时间，由船方签字确认后按实计算。辅助作业时间为拖轮驶离基地至作业地点和驶离作业地点返回基地所需时间，我国港口目前实行包干制，即由各港根据各作业地点距离远近测算并确定包干时间后报交通部备案实施。

拖轮费的现行费率是每马力小时 0.48 元。使用时间不足 1 小时的，按 1 小时计算。超过 1 小时的尾数，不足半小时的按半小时计算，超过半小时的按 1 小时计算。拖轮费在船舶港口使费中往往占相当大的比重，夜间作业和节假日作业都要加收 50%的附加费，节假日夜间要加收 100%的附加费。

由于使用拖轮的数量、马力大小和拖轮作业的日期时间不能事先选择确定，作业次数、作业场所的远近、所用时间长短都很难预料和控制，加上尾数进整，拖轮费用常常超出代理估计。此外，港口查验机构使用拖轮当交通工具上船并让船方签字确认负担拖轮使用费，船方临时使用拖轮作为交通艇上下船等情况也会经常出现。为委托方控制节省拖轮费用开支，代理需要与相关单位达成拖轮费用包干协议。

5. 系、解缆费（Mooring and Unmooring Charge）

由港口工人进行船舶系、解缆，每系缆一次或解缆一次，各收取一次、系解缆费。

船舶在港口停泊期间，每加系一次缆绳，计收一次系缆费，现行费率如表 2－4 所示。节假日、夜班附加费按基本费率的 50％计收，节假日的夜班附加费按基本费率的 100％计收。夜班每日以 8 小时计算。节假日及夜班的工班起讫时间，由港务管理部门自行公布执行。

表 2－4　　系、解缆费费率

编号	项目	计费单位	费率（元）		说明
1	系解缆费	每次	A	107.00	2000 净吨及 2000 净吨以下船舶在码头
2			B	159.00	2000 净吨及 2000 净吨以下船舶在浮筒
3			C	213.00	2000 净吨以上船舶在码头
4			D	318.00	2000 净吨以上船舶在浮筒

6. 停泊费（Wharfage，Berth /Buoy/Anchorage Charge）

停泊在港口码头、浮筒的船舶，由码头、浮筒的所属部门按规定费率征收停泊费，停泊在锚地的船舶，由港务管理部门按规定费率征收锚地停泊费，停泊以 24 小时为 1 日，不满 24 小时的按 1 日计算。船舶在同一航次内，多次挂靠我国港口，停泊费在第一港按实征收，以后的挂靠港给予 30％的优惠。

停泊在港口码头的下列船舶，由码头的所属部门按非作业停泊费率征收停泊费：装卸或上、下旅客完毕 4 小时后，因船方原因而继续留泊的船舶；非港方原因造成的等修或检修的船舶（等装、等卸和装卸过程中的等修或检修除外）；加油、加水完毕继续留泊的船舶；非港口工人装卸的船舶；国际旅游船舶。港方原因造成船舶在港内留泊的，免征停泊费。系靠停泊在港口码头、浮筒的船舶上的船舶，视同停泊码头、浮筒的船舶征收停泊费。停泊费费率如表 2－5 所示。

表 2－5　　停泊费费率

类型	停泊地点	计算单位	费率（元）	时间计算单位
生产性停泊	港口码头、浮筒停泊	净吨（马力）/日	0.23	按日计收
	港口锚地停泊	净吨（马力）/日	0.05	按日计收
非生产性停泊	港口码头停泊	净吨（马力）/小时	0.15	按小时计收

需要注意的是，码头非作业停泊的费率不是按天而是以小时计费的，停泊时间长会产生很高的费用，应注意尽量避免。

7. 开、关舱费（Hatch Opening/Closing Charge）

由港口工人开、关船舶舱口，不分层次和开、关次数，按规定相关标准，分别以卸船计收开、关舱费各一次，装船另外计收开、关舱费各一次。单独拆、装、移动舱口大梁，视同开、关舱作业，收取开、关舱费。大型舱口中间有纵、横梁的（不分固定或活动），按两个舱口计收开、关舱费。设在大舱口外的小舱口，按 4 折 1 计算，不足 4 个按 1 个大舱口计算。使用集装箱专用吊具进行全集装箱船开、关舱作业，不分开、关次数，按相关规定费率，分别以卸船计收开舱费一次，装船计收关舱费一次，只卸不装或只装不卸的，分别计收开、关舱费各一次。开关舱费率如表 2－6 所示。

节假日、夜班附加费按基本费率的 50％计收，节假日的夜班附加费按基本费率的 100％计收。夜班每日以 8 小时计算。节假日及夜班的工班起讫时间，由港务管理部门自行公布执行。

表 2－6　　开、关舱费费率

费用名称	计费单位	适用船舶类型	费率（元）
开关舱费	每舱口	2000 净吨及 2000 净吨以下船舶	264.00
		2000 净吨以上船舶	530.00
	每块舱盖	全集装箱船适用集装箱专用索具	75.00

8. 装卸费（Stevedorage）

根据货物的性质，现行港口货物装卸费率表中将货物分成 20 个类别（计费级别），对于船舱至船边或者是船边至船舱条件的卸货/装货作业，在根据货物装卸作业过程中是使用港方起货机械还是船方起货机械、是一般货舱还是冷藏舱或非货舱，再分成为四个类别，各自设定了不同的费率。对船边至库、场、车、船或者库、场、车、船至船边条件的卸货/装货作业，另外按照 20 个货物类别设定了相应的费率，计费单位也根据货物种类规定了有的以重量（吨）为单位，有的以重量或体积（立方米）两者中取大的为单位。对超长货物根据长度另外要加收一定百分比的附加费，对一些特种货物另设有特别费率和计费单位折算办法等。因为费率表过于复杂且有很多相关说明和解释，在此很难展开来讲。代理在估算装卸费时需要提前落实清楚装卸条款，是一类货（LINER TERM 条款）还是二类货（FI/FO/FIO 条款），在装卸作业开始前要以书面方式通知装卸公司，事先明确船方是否承担装卸费用的支付责任。

集装箱货物另外订有相应费率，现行标准集装箱的装卸包干费率如表 2－7 所示，对非标准的集装箱装卸包干费需要面议，对汽车、火车、驳船的集装箱装卸及集装箱搬移、翻装，另外有规定费率。

表 2－7　　集装箱的装卸包干费率

箱型	箱子种类	包干费（元/箱）	过境包干费（元/箱）
20英尺标准箱	装一般货物的箱	425.50	659.50
	空箱	294.10	503.00
	装一级危险货物的箱	467.90	725.20
	冷藏重箱	467.90	725.20
	冷藏空箱	324.10	502.40
40英尺标准箱	装一般货物的箱	638.30	1000.20
	空箱	441.10	768.60
	装一级危险货物的箱	702.00	1088.20
	冷藏重箱	702.00	1088.20
	冷藏空箱	486.10	753.40

注：外国通过中华人民共和国港口以下列方式转往其本国或第三国的货物，为国际过境货物：水路转水路；水路转铁路；铁路转水路；水路转公路；公路转水路。散油、一级危险货物、鲜活、冷冻货物及家禽、牲畜、野生动物，不办理国际过境业务（集装箱货物除外）。

9. 理货费（Tally Charge）

目前我国对外贸进出口件杂货和集装箱货物仍然实行强制理货，由中国外轮理货公司和中联理货有限公司两家垄断经营外轮理货业务。根据交通部公布的“航行国际航线船舶理货费率表”的标准收费，计费项目包括基本理货费（又细分为件杂货理货费、集装箱理货费、集装箱拆/装箱理货费等十项费收）、计量费、交通费、附加费、超尺码理货费和其他等。一般普通未列名件杂货的基本理货费率是 3.45 元/吨，标准集装箱的基本理货费率是 12 元/箱。节假日、夜班附加费按基本费率的 50%计收，节假日的夜班附加费按基本费率的 100%计收。夜班每日以 8 小时计算。节假日及夜班的工班起讫时间，由港务管理部门自行公布执行。件杂货理货费费率如表 2－8 所示，集装箱理货费费率如表 2－9 所示。

表 2－8　　件杂货理货费费率

计费类别	货物名称	费率（元）	计费单位
1	危险货物、冷冻、冷藏货物、有色金属	4.28	W/M
2	每 1 重吨不足 2 立方米的列名外件货	3.45	W
3	橡胶、电解铜	3	W/M
4	金属制材、原木、纯碱、水泥、鱼粉	2.1	W/M

续 表

计费类别	货物名称	费率（元）	计费单位
5	每 2 重吨不足 2 立方米、不足 4 立方米的列名外件货	1.65	M
6	盐、化肥、糖、粮、枣	1.5	W/M
7	棉花、麻、烤烟	1.05	W/M
8	每 1 重吨满 4 立方米的各类货物	0.83	M

表 2-9　　　　集装箱理货费费率

箱型		费率（元）
标准集装箱		12.00
带有底盘车		15.00
非标准箱	45 英尺	30.00
	58 英尺	36.00

10. 口岸入出境检查检验机构的收费（Service Charge for Officials）

卫生检疫费和卫生处理费用包括：检疫费，按船舶大小，每次收取 100 元、170 元、260 元或 330 元，进出口分别收取；检疫用的交通艇费用（联检时各联检单位共同上船所用交通艇是由港务监督来安排，费用是从向船方收取的港务费中支出的）；对来自疫区船舶所载压舱水进行消毒的消毒费（每吨压舱水收 0.46 元）以及因消毒发生的交通艇费用；对有鼠、虫患的船舶进行灭鼠、灭虫投药或熏蒸（对进口二手船实行强制熏蒸）的费用；与船舶熏蒸相关的船员上岸食宿及交通费用；新办、更新或展期船舶各类卫生、除鼠或免予除鼠等证书的费用；办理船员体检、防疫针注射的费用等。船舶来自地是否属于疫区由卫检确定，代理应经常联系当地卫检，掌握相关信息。此外，油轮一般吨位较大，出于维护港口和船舶安全目的，海事局和引水对油轮空载进港或引航引领操作时船舶的压舱水数量有严格要求（至少达到船舶载重吨位的 1/4），压舱水的数量往往较大，压舱水消毒的总费用相对会比较高，代理需要尽可能地准确预估。

其他口岸入出境检查检验机构原则上都不收费，但对提供的相应服务项目仍需要收费，如边检为船员、旅客办理登陆证要收取 8 元/人，向官方机构进行电子申报时船方要负担相关通信网络机构的传送费用，海事局办理海事签证收费等。相对数额较大且较难控制的是船方需要承担的官员进行相关查验时所产生的交通费（交通艇或车辆费用）。另外，如果外籍船舶停靠在非监管区时，根据有关规定，船方需要承担相关查验人员的往来交通、食宿、人工、加班补贴等费用，也有采用包干费的办法来处理的。

11. 交通费（Traffic Charges）

交通费主要包括代理和相关口岸检查检验官员及船员使用交通工具（车、船）所发生的费用；代理接送换班船员的交通费用。一般情况下都是凭船方签字确认的发票来向委托方实报实销，也有通过签订协议实行交通费包干的（主要是班轮和有长期代理协议关系的委托方或船东）。由于按票报销很难控制实际发生费用的真实性，船舶在港时间的长短和所停泊的位置不同，单船交通费数额会相差很大，有时单船交通费会达到很大的数额，引起委托方的不满。因此，代理必须对交通费开支进行严格控制、审核和把关。有的委托方还会要求代理对交通费实行航次包干，超额部分由代理自己承担，节省部分则归代理所有。

12. 通信费（Communication Charges）

通信费包括代理与船方联系所使用的卫星通信和 VHF 通信费用，与委托方及装卸港代理联系所用的长途电话、传真、E-mail 等费用，与口岸查验部门联网进行申报、传送相关单证的网络通信费用，船长使用代理电话或租用代理手机与国内外进行联系的国际国内长途电话费用等。通信费大都采用实报实销的办法（但需提供每次通信时所填写的计费单作为收费的凭证），有的船东嫌麻烦或感到无法通过审核且收费过高，则要求代理采用航次包干的办法来结算通信费。

13. 其他可能产生的港口使费项目

(1) 码头工人工时费和杂作业费（Labor Charge）。港方派装卸技术指导员在船上指导组成车辆、危险货物、超长货物、笨重货物（钢坯、钢锭除外）的装卸作业，装卸作业过程中港方派遣的装卸指导员是按人/工时收取费用的。船方有时还需要雇用码头工人进行扫舱、拆/装货物绑扎加固材料、铺垫货舱、搭/拆隔舱板或防动板、特殊平舱、拆包和倒包、灌包和缝包、分（货）票、挑（货）票等工作，除杂项作业费率表上已经列出的项目以外，按人/工时收费标准来收取工时费。应船方或货方的委托进行下列作业，按“港口收费规则”的规定，以实际作业人数，向申请方计收工时费。

①在装卸融化、冻结、凝固等货物时，进行的敲、铲、刨、拉等困难作业；

②除本规定另有规定的外，进行捆、拆加固，铺舱、隔票、集装箱特殊清洗，以及其他杂项作业。

上述作业所需材料由委托方供给，使用港口机械的，另收机械使用费。节假日、夜班附加费按基本费率的 50%计收，节假日的夜班附加费按基本费率的 100%计收。港口作业工时费费率如表 2-10 所示。

表 2-10　　港口作业工时费费率

项目		计费单位	费率（元）
装卸指导员工时费		每人每小时	17.2
其他作业工时费	普通工	每人每小时	9.2
	技术工	每人每小时	13.7

（2）浮吊或其他岸上设备租用费（Rental of Floating Crane or Other Shore Facilities）。船舶运载超重、超大货物，有时需要租用港口浮吊进行装卸作业，浮吊费用是根据实际作业时间加上驶离基地和返回基地的时间之和乘以浮吊的有效安全负荷吨位再乘以费率得出来的。基本费率如表 2-11 所示，计费单位为：浮吊的负荷吨/小时，夜间、节假日作业和节假日夜间作业还要分别收取 50%和 100%的附加费，拖带浮吊所使用的拖轮需另按拖轮收费标准收费。因此，租用浮吊的费用往往很难预测和控制。为控制浮吊租赁费用总额，代理在代表委托方联系租用浮吊时，一般应尽量联系租用合适负荷吨位的浮吊，还应尽量以包干费的方式来与出租方进行谈判。

船方有时还需要租用港方相关设备，如起重机、吸扬机、岸梯、岸电、岸线电话或防雨设备、靠垫等，来进行装卸作业和满足其特殊需要，港方根据设备租用费率标准来收取相关设备的租赁费或使用费。

表 2-11　　租用船舶、机械、设备和委托其他杂项作业费费率

项目		计费单位	费率（元）
拖轮		马力小时	0.48
起重船	50 吨以内	负荷吨时	9.30
	超过 50 吨满 100 吨	负荷吨时	8.30
	100 吨以上	负荷吨时	6.30
起重机		负荷吨时	4.20
吸扬机		台时	31.10
拆包和倒包费		每项每吨	1.40
灌包和缝包费		每项每吨	1.40
分票费		每计费吨	5.00
挑样费		每计费吨	2.00

续　表

项目	计费单位	费率（元）
一般扫舱	每个舱口	429.00
拆隔舱板（防动板）	每个舱口	824.20
特殊平舱	按平舱舱口时装货物吨数的 30%计费（每吨）	3.70
装卸用防雨设备	每舱口日	89.40
防雨罩	每只每次	35.80
靠垫费	每只每次	2500.00

注：①租用船舶（拖轮除外）、机 械、设备的计费时间，自开离停泊基地时起，至返回原地时止。如另有任务不返回原地者，至使用完毕时止。

②租用起重船需要拖轮拖带时，另收拖轮租费。

③对洗舱、木屑扫舱以及其他特殊扫舱，按人工计收扫舱费，每个舱口扫舱费 起码收费额为 429.00 元，所需材料费用另加。

④搭拆、搬运装卸用防雨设备，另按普通工的工时费费率计收工时费。

⑤特殊平舱是指为在散货上面加装货物所进行的平舱和按船方要求进行的其他情况的平舱。但散货在装舱过程中随装随扒，散货装舱完毕后扒平突出舱口的顶尖及为在散货上面装载压舱包所进行的一般扒舱，不作为特殊平舱。

(3) 检验、计量费（Surveyors Charge）。船舶检验包括对船舶的适航、损坏范围程度、设备安全等进行的各种定期和临时检验，船舶状况检验（交/还船船况检验），船舶存油水检测检验等，检验单位是船检。其他检验和计量包括对船舱货物适装性的检验、货物的品质检验、货物受损范围和程度的检验、查验货物是否已经卸净的油轮及散化船的干舱检验等，检验单位是商检。计量包括货物丈量和计量（含检尺量舱和公估），还有封舱、取样、化验等收费服务项目，计量单位是质量检验检疫局或其他合法检验机构，收费标准各不相同。计量大多数情况下是由货主申请并付费。

船舶装运某些出口货物如粮食、食品等，装货前验舱是强制的。对重要设备机件发生故障或船体受损已经不再适航的船舶，修理后，按照国际公约规定必须进行适航性检验。海事局根据国际公约对进港船舶进行港口国监督检查（Port State Control，PSC）时，如发现船舶有缺陷（Deficiency）并责令其离港前纠正（To be rectified）的，常常需要在当地安排修理和修理后的检验。对涉及多方责任及利益的船、货损坏检验，代理应尽量联系利益各方争取安排联合检验（Joint Survey），即利益各方指定的检验师同时到场进行联合检验，使双方检验师出具的报告内容尽量一致。

(4) 供油、供水费（Bunker/Water Supply Cost）。船舶在港口安排添加燃料油（柴油、燃油）、机油（润滑油）和淡水是经常发生的情况。委托方一般会采用两种不同的方式来安排，一种是通过与其签订有长期供应协议的国际加油公司，国际加油公司再通过其在当地的子公司或协议户来安排加油并在事后结算费用，代理只负责联系沟通；另外一种方式就是委托方通过代理在当地采购，供油方会要求代理付款或承诺付款（担保）后才能供油。由于油价经常变动，油款总金额一般都很大，代理垫付油款的压力和风险都很大，往往会等委托方确认油价并将油款汇达后才安排供油。

在船舶加油前，一些港口的港监要求船方/代理/加油商事前向其申请，获得批准后方可安排加油作业。加油作业前应提前提醒船方按照防污染公约和港规规定，提前采取防护措施，防止出现冒油污染海域的事故，一旦发生冒油事故要及时报告港监。

（5）伙食、物料供应费（Provision/Store Supply Cost）。船方在港口经常需要补充伙食和物料。伙食、物料费用的支付一般有两种方式，一种是直接从船长直接支付现金，代理负责沟通安排供应时间；另一种方式就是由代理从备用金中直接支付。若供应数量大的话，涉及金额也会很高。代理应根据船方提出的需求及时联系经过本公司评审的合法供应商（分包方）来报价，再根据报价总额向委托方索汇供应款。近年来，船方直接以现金支付方式来采购伙食的情况越来越普遍，一般不再通过代理结算。

（6）船员费用（Crew Cost）。船员费用包括船方借支（大多是船东需支付给船员的工资、加班费、劳务费和奖金），船员遣返用的机票、住宿、伙食、交通（有时包括船东代表来港口出差所发生的食宿、交通、机票和借支）等开支，代理办理船员更换、就医、登陆所产生的各项费用等。代理在接到船东代表或船方提出的相关要求后，必须及时估算所需费用数额并尽快与委托方取得联系，争取获得其确认并追加汇付相关费用的备用金。如委托方不是船东，对船东费用不肯代付代结，则需要尽快另外单独向船东索要。如船方要借支外币现钞，一般需凭船东汇款凭证和银行进账凭证到外汇管理局审批后才能从银行提取到外汇现钞。代理需要提前向委托方说明，以免延误将外汇现钞借支送船。借支送船后必须要由船长签收，收据作为结算凭证。此外，对船长和船员、船东代表、委托方代表等来港办事人员发生的费用，如需要通过船舶港口使费备用金结算的，必须事前取得委托方的确认并核实备用金余额是否足够支付，避免出现欠账或坏账。

（7）污油污水/垃圾处置费和围油栏使用费（Slop/Garbage Disposal，Oil Fence Charges）。根据有关国际公约，船舶机舱污油和含油污水必须由主管当局指定的接收单位回收和处理，船舶产生的生活垃圾也应有港口指定单位定期回收处理，油轮在货舱内的压舱水必须排放到指定的污水处理池进行处理，为防止跑冒滴漏和溢油污染当地海域，油轮靠泊后要在周围敷设围油栏。处理单位和设备提供并敷设的单位要根据相应收费标准收取费用。污油回收的费用要根据实际情况面议，垃圾回收的收费标准各港不尽相同，港方设施接收污水的处理费和围油栏使用费如表 2－12 所示。由于超级油挂靠中国港口，部分港口开始对 VLCC 每船次收 8000 元围油栏使用费。

一般扫舱不包括清洁污水沟，清洁污水沟每舱收费 257.00 元。一般扫舱和清洁污水沟包括把舱内污物搁置到甲板上。如需清除离船，另收倒垃圾费。倒垃圾不论倾倒次数，每日按一次计收倒垃圾费，但未倒不收费。

表 2－12　　污油污水/垃圾处置费和围油栏使用费费率

项目		计费单位	费率（元）
倒垃圾	船运	每次	100.00
	陆运	每次	40.00
污水处理		每吨	2.2
围油栏使用费	1000 净吨以下船舶	每船每次	3000.00
	1000～3000 净吨船舶	每船每次	3500.00
	3000 净吨以上船舶	每船每次	4000.00

（8）临时修理费和零备件转运费（Repair Charge and Handling Charge for Spare Parts）。船舶发生故障或机械损坏影响开航时，需要在当地港口进行临时修理，修理的费用可能会比较高。一般船东会直接与修理厂家联系、协商价格并通过其他渠道直接结算费用。有的船东需要代理为其联系安排修理，修理费用通过代理来结算。船东临时将船用备件空运来港让代理报关、提货并转送上船的情况也时常发生，及时转递零备件上船也是一项重要的工作，代理有可能需要委托有报关权的分包方来完成，要注意及时索要相关费用的备用金。

（9）船舶运输收入税（Income Tax on Transportation）。根据财政部财税字〔1996〕087 号文的规定，外国公司以船舶从中国港口运载旅客、货物或者邮件出境，取得运输收入的承运人为纳税人，船舶代理人为代扣/代收/代缴义务人。税率是运输收入总额的 4.65%，其中 3%为营业税，1.65%为企业所得税。与我国缔结有协定享受减税或者免税的按照协议规定执行。协定是指所得（和财产）避免双重征税和防止偷漏税协定、互免海运企业运输业务收入税收协定、海运协定以及其他有关协定或换文。目前大部分国家和地区与我国签订有避免双重征税协定，加上其他相关协定中有免征条款，需要征收船舶运输收入税的已很少。

（10）其他费用（Other Expenses/Charges）。除以上所列各项费用以外，还可能会应委托方要求或船舶发生特殊情况而产生特殊费用，如船舶发生海事后的处理，超吃水船舶抢潮进出港和抢潮装卸作业，因特殊情况委托方申请巡逻船开道或护航，危险品由监护船实行强制监护，船舶停靠非监管区后发生监管费用，速遣费用，船舶或船员违章违规接受处罚，委托方临时委托办理的特殊事项所发生的相关费用等，代理应根据情况及时追加索要备用金。

三、代理费（Agency Fee）

代理费是船舶代理人接受委托方委托后，为所委托的船舶办理相关手续并提供各类服务而索取的相应报酬。目前可以参照的标准为中国船舶代理协会制订并于2004年4月公布的《航行国际航线船舶代理费收项目和建议价格》（附录七）。该标准中开列的代理收费项目有四项，全部用人民币标价，四种费用按委托方指定服务内容兼收。

任务实施

一、备用金的估算

进出口计划员通过评审合同，了解委托船舶特性以及在港作业的一切活动，结合有关港口单位的费用要求，预估船舶在港所需的备用金额。

预估备用金过程中，由于上述各项收费项目中，很大一部分还要根据实际情况加收夜班和节假日作业附加费，是否夜间作业和是否在节假日内安排作业又不受委托方/船东或船舶代理的控制，常常会出现预估过高或过低的情况。而且，在目前竞争形势日趋激烈的情况下，代理公司一般不会高估，超出部分的备用金不但需退还给委托方，由此增加银行手续费用，而且会导致船舶代理机构信誉下降，流失稳定的顾客源。但是，一旦委托方没有及时预付备用金或预付的备用金不足或船舶代理公司备用金估计不足，代理公司就有支付责任而要承担很大的经济损失风险。唯一能做的保全措施是尽量掌握了解委托方的资信情况，在迫不得已的情况下采取延误办理船舶开航手续的办法来向委托方施加压力，直至采取法律留置船舶的手段。但这样一来，今后对这家公司船舶的代理权很可能就会丧失。因此，尽量准确的估算船舶在港备用金是十分重要的。

对于任务中的“曼娜”号的委托代理业务，预估该轮在日照港的港口使费备用金的费收项目及费用数额如表2-13所示。

表2-13　　备用金估算示例

EST PORT DISBMT		
M. V. MANNA	OUR REF:	RZ20130106
LOA: 189.99	DATE:	10TH MAR 2013
FLAG: MALTA	NRT:	19000
DISCH: 54100MT IRON ORE FINES	EXCHANGE RATE:	6.60

续　表

ITEM	USD	RMB	CALCULATION (IN RMB)
HARBOUR DUES	2043.94	13490.00	NRT×Rate0.71
TONNAGE DUES	9500.00	62700.00	30DAYS (rate: 3.3)
PILOTAGE	3598.48	23750.00	(NRT×Rate0.5×2Times×125%), Incldg 50% overtime
MOORING/UNMOORING	96.82	639.00	213per time ×2Times×1.5
TUG HIRE	8000.00	52800.00	(5000+6000) ×8hrs×0.48×125% Incld one 50% overtime
QUARANTINE	453.55	3000.00	QUARANTINE & INSPECTION
Garbage collection	135.95	900.00	
VHF Fee	75.53	500.00	
BERTHAGE	1986.36		NRT×Rate0.23×3days
ANCHORAGE FEE	287.88		NRT×Rate0.05×2days
AGENCY FEE	2803.03	18500.00	
TRAFFIC & COMM, SUNDRIES	302.11	2000.00	
TOTAL DISBMTS	29285.29	193282.91	

REMARKS: ①THE ABV AMOUNT IS ESTD AND THE SETTLEMENT WL BE SBJ TO ACTUAL VOUCHER; ②IF BERTH/UNBERTH ON SSH OR NIGHT TIME, PILOTAGE N TUG HIRE WL B ADD 50%. IF ON SSH NIGHT TIME, PILOTAGE N TUG HIRE WL B ADD100%.

二、备用金的索汇

代理人一般不予垫付备用金。除建立有长期代理业务关系的船公司以外，代理在接到委托后，应根据提供的船舶资料和来港任务，迅速向委托方报价并索汇合理足额的预估港口使费（Pro-Forma Port Disbursement）备用金，要尽量争取在船舶离港前让委托方将足额港口使费备用金汇达代理指定的银行账户内。同时，要严格控制开支使用，如有临时增加的服务项目或开支，应及时向委托方追加索要备用金。代理接受委托后，在复电确认接受代理的同时，向委托方（或租约规定的付款方）索汇。

1. 备用金索取函电示例

TO:

ATTN:

FM:

RE：

TKS VERY MUCH FOR UR NOMINATION，WE ARE VERY PLEASED TO BE UR AGENT IN ALL RESPECTS READY TO RENDER AGENCY SERVICES TO THE CAPTAINED VSL.

OUR FULL STYLE：

OUR A/C NR：×××，BANK OF CHINA ×××，BRANCH

PLS REMIT US SHIP' S DISBURSMENT TO TALING USD ×××（SAY ××× ONLY）ASAP. M'TIME PLS INSTRUCT MASTER CABLE US THE UPDATED ETA ENABLING US MAKING PREARRAGEMENT.

2. 备用金索取回复函示例

DEAR SIRS!

GOOD DAY!

WE WOULD LIKE TO INF YOU TT WE HAVE REMITTED USD30000.00 AS ESTI P/D TO U THIS MORNING.

PLS FIND THE BANK SLIP AS ATTACHMENT. PLS CFM SAFE RECEIPT BY RETURN

PLS FEEL FREE TO CONTACT WITH ME IF YOU HAVE ANY QUESTION.

BEST REGARDS

YOURS

备用金索汇函发出后，应跟踪落实对方汇付情况，如委托方对有关报价有异议，可进一步核实调整。当委托方汇寄的备用金不足时，如属于委托方缺漏项目，可去电请示，如需要安排，则要求补汇。如果属于代理人报出的备用金有错误或漏报，应及时电告委托方说明原因，要求补汇。

一般情况下，进出口计划员索汇备用金后，要随时了解汇款情况。备用金应在船舶到港前到达指定账户，原则上船舶代理人不垫付船舶备用金。如委托方是长期客户且有较好的信誉，可视情况边作业边催汇。若船已靠泊作业，代理方未收到委托方或船方的汇款且没有合理的理由，则进出口计划员可提醒委托方“按照港口惯例，船舶将被移泊到锚地等待港口使费付清为止”，以明确责任。

在备用金是否汇达的查询查核方面，代理也常常会遇到一定程度的困难。往往委托方和船东来电通知某笔备用金已经于某日通过某银行汇出，但代理从自己的银行迟迟无法得到收款入账的确认，再遇到节假日银行休息，判断委托方是否确实汇付了所告港口使费备用金数额是一件十分困难的事情。目前大多数情况下是让对方将汇款行给汇款人的汇付凭证传真过来，将其作为参考和判断的依据，但这类凭证往往只是一张打印出来的普通单据，有的还将汇款申请传来，一般都没有银行印章，很难确定其真伪。因此，代理对委托方的信誉度的了解和掌握成为判断是否允许船舶离港的一个重要依据。

三、备用金的使用

船舶代理人应随时关注备用金的支出情况，指定专人掌握备用金的使用。如发现可能超支较大时，应及时向委托方说明情况，要求增补。如果备用金总数不超，使用项目之间可调剂使用。在备用金的使用中，如遇船长借支时，应及时请示委托方，按委托方的指示办理。滞期费、速遣费、燃油费等数额较大的临时支出，要特别注意向船东催汇或补汇。

四、备用金的管控

在备用金管理模式方面，一般由进出口计划员负责估算、索要和控制船舶港口使费备用金，财务部门负责港口使费备用金的收取、支付和结算。任何一笔港口使费的支出，财务部门要么根据业务员提供的相关协议规定支付，要么根据业务员审核签字的合法单据支付。财务部门独立管理船舶港口使费备用金的方式是有缺陷的，容易发生与实际业务脱节、控制过严或过松、协调困难等问题。港口使费备用金管理职责中还有一项任务就是抵制不合理收费和乱收费现象。目前各港或多或少存在一些不合理收费和乱收费现象，作为代理，既要守法守纪的兼顾有关分包方或官方机构的利益，也要把关代理服务质量，以免受到委托方的埋怨。

知识链接

适用船舶吨税优惠税率国家（地区）清单

为配合《中华人民共和国船舶吨税暂行条例》的实施，海关总署于2012年2月发布了适用船舶吨税优惠税率的国家（地区）清单，如表2-14所示。

表 2-14　　适用船舶吨税优惠税率的国家（地区）清单

序号	船籍国（地区）	序号	船籍国（地区）	序号	船籍国（地区）
1	阿尔巴尼亚	27	俄罗斯	53	意大利
2	朝鲜	28	乌克兰	54	拉脱维亚
3	加纳	29	黎巴嫩	55	立陶宛
4	斯里兰卡	30	智利	56	卢森堡
5	刚果（布）	31	印度	57	匈牙利
6	巴基斯坦	32	以色列	58	荷兰
7	刚果（金）（原扎伊尔）	33	加拿大	59	奥地利
8	挪威	34	秘鲁	60	波兰
9	日本	35	埃及	61	葡萄牙
10	阿尔及利亚	36	摩洛哥	62	斯洛文尼亚
11	新西兰	37	南非	63	斯洛伐克
12	阿根廷	38	古巴	64	芬兰
13	孟加拉国	39	印度尼西亚	65	瑞典
14	泰国	40	突尼斯	66	英国
15	巴西	41	伊朗	67	保加利亚
16	墨西哥	42	巴哈马	68	罗马尼亚
17	马来西亚	43	美国	69	也门
18	新加坡	44	比利时	70	苏丹
19	塞浦路斯	45	捷克	71	菲律宾
20	蒙古	46	丹麦	72	埃塞俄比亚
21	马耳他	47	德国	73	肯尼亚
22	越南	48	爱沙尼亚	74	阿曼
23	土耳其	49	希腊	75	中国香港
24	韩国	50	西班牙	76	中国澳门
25	格鲁吉亚	51	法国		
26	克罗地亚	52	爱尔兰		

子任务 2　进出口业务单证

任务引入

船舶代理人与委托方建立船舶代理关系后，代理应及时联系船方、港方、货方和其他有关方，积极落实进口货物的接卸准备情况或出口货物的备妥情况等，尽可能地为委托方节省船期。如何获取或制作进出口相关货运单证，办理进出口货运的业务呢？

任务分析

作为代理人，应负责办理船舶进出口手续，协调船方、货方和港口各部门，以保证装卸货顺利进行。要完成上述工作任务，进出口计划员需要清楚船舶代理人在整个进出口货运业务中的地位，熟悉进口放货业务和载货出口业务知识，能够制作进出口相关货运单证，具备较好的操作能力、沟通协调能力。

相关知识

一、进口放货业务

1. 进口单证的整理和核对

对载运进口货物的船舶，委托方一般会直接或由装港代理将卸货单证寄送给卸：进口载货清单、提单副本（或正本复印件）、货物积载图（集装箱船为箱位图）、危险品清单、超长超重超尺码货物清单、托送物品清单等。没有收到或收到单证不全，应在接到代理委托后尽快向委托方索要、补齐相关卸货单证。进口放货工作的人员在收到各方面转来的单证后，要及时跟踪船舶动态，认真审查核对收到的单证，落实本港卸货总数量和货物的装港，分装港逐港核实所收到的单证所显示数量是否与来港任务计划中所列数量一致，有无遗漏。还要核对舱单、提单副本和船图所记载的数量是否一致。发现单证不齐全或有不相符的，要直接与委托方或装港代理联系核对并补齐。单证收齐后，重点检查有无到付运费或其他费用的货物，如有，应在放货用的舱单上用红笔重点标注。此外，要检查各种单据的份数是否够用，不足的要复印补齐，在船舶靠泊计划下达后分发（或由外勤转交）给外理、装卸公司、海关、外勤和其他相关单位，自己至少留一套完整的卸货单证。经办人员要注意在重要单证上标注收到日期及方式，由船方提供的单证要让船方签字或加盖船章。

在当地海关已经实行电子舱单申报的港口，应在规定期限内向海关进行进口舱单电子数据通信申报（电子舱单），再进行书面舱单申报。电子申报一般都必须在船舶抵港前进行，书面申报时再要更改往往会遭到海关处罚。计划、外勤办理船舶电子和书面申报的数据应该与进口放货业务人员所掌握的单证数据一致。

2. 发到货通知

一般情况下，收货人会从发货人发送的装船通知获悉货物预期到港信息。即使如此，船东一般还是有义务（通过代理）向货主发送到货通知。到货通知可以是书面的（传真、电报、信函、电子邮件等），也可以是口头的（单一品种的大宗散货往往可以用电话通知），口头通知应做好记录，书面通知应该有留底和发送记录（收据）。

进口散装货物或其他需要直取的货物（冷藏、易腐、活牲畜和活动物、一级易燃易爆物、特种货等）更需要尽早通知收货人，以便收货人安排接卸直取准备工作，否则船舶也无法及时靠泊卸货。船舶开始卸货后仍未来办理提货手续的，要发催提通知。

3. 正本提单审核

货主持正本提单前来办理提货手续时，必须严格按照规定的工作程序对货主所呈交的提单进行审核。审核的内容应该包括：提单的真伪和是否是正本提单（参照委托方或装港代理寄来的提单副本或正本复印件，有无“正本”或“Original”字样），提单的签章或签字是否有问题，船名、航次、装/卸港、提单号、货物名称数量和重量等记载是否与收到的舱单、提单副本和船图记载内容一致，指示“To order”提单是否有合格的背书，“Order”人和受让人以及提货人是否都已背书等，无法判断或有疑问时，应请示委托方，是否到付运费提单，有无批注（包括需要收取其他费用的批注）等。对需要收取运费的应在货主付清费用后方可办理提货手续。集装箱货提货时，要核查是否已产生滞箱费，如有，需交清费用后方可办理，除此之外，还应办理还箱和超期留置费担保手续（SOC 箱除外），有的港口采取让货主使用与代理签订协议并提供担保金的拖卡车队来提取集装箱的办法来解决超期留置担保问题。为无船承运人代理放货时，需要先凭海运提单先向无船承运人放货，再凭无船承运人签发的 House B/L 向指定的收货人放货。以海运单（Sea Waybill）方式交货的必须有委托方（承运人）的书面指示以及相关书面协议和预留指定收货人的印鉴签字式样，经核对无误后方可签发 D/O，指定收货人盖印签字后委托他人前来办理提货手续时，代办人也必须签字并提供身份证复印件。

4. 签发提货单

审核无误并收取应收费用后，收回提单正本，在正本提单上加盖已放货（Accomplished）印章和放货当日的日期章，然后向货主签发提货单（“小提单”，D/O），D/O 的内容应该填写完整无误，必须与正本提单记载内容一致，重要内容（提单号、船名、航次、装港、货物名称包装件数重量、箱号）等不能遗漏，货主自有箱（SOC）必须注明以便码头放箱给货主，填写签发日期并加盖专用放货印章后交货主。要注意索要前来提货的经办人员的姓名和联系电话，记录在舱单该提单所显示的位置上，便于日后查询和联系。必要时留下经办人身份证复印件。签发提货单的工作必须由进口放货的专职人员来负责，其他任何人不得越权指挥或办理。

5. 核对放货情况和催提

货物在船舶进口申报后三个月仍无货主申报纳税和领取时，海关将根据规定有权将货物罚没处理。同时，作为代理人，受托代表委托人向收货人交付货物，必须恪尽职守去完成交付任务，无法交付时有义务及时通知委托方。因此必须对进口货物的提货情况进行严格的跟踪管理。对进口货物的提货手续办理情况必须在进口舱单上给予记录标注，船舶卸货结束时仍没有来办理提货手续的要再次向收货人发出催提通知书，发出后仍不来提货的要继续定期发送催提通知书，直至全船货物全部办完提货手续后才能关档和归档。对船舶卸货结束一个月仍未办理提货手续的货物，应该及时将情况通报给委托方，根据委托方指示采取相应措施。

二、载货出口业务

（一）订舱

1. 受理订舱

货代将订舱材料通过电子或纸面的形式发送给船代，订舱内容主要包括：船名、航次、目的港、箱量、箱型、品名、件数、毛重和体积等。船代对订舱材料进行整理、审核、与船公司订舱内容进行确认、安排提箱、视船公司委托开具 EIR 等相关工作，联系船公司确定船舶、舱位和集装箱。

截单期即是该船接受订舱的最后日期，超过截单期，如舱位尚有多余或船期因故延误，船公司同意再次接受订舱，称为“加载”。截单期一般在预定装船日期前几天，以便进行报关、报检、装箱、集港、制单等工作。

2. 交接单证

受理订舱成功后，船代审核货代提供的装货联单和集装箱场站收据，审核无误后加盖签单章。

船公司将集装箱设备交接单通过船代转交给货代。实际操作中，存在订舱货代直接向船公司订舱并接收集装箱设备交接单的情况，但装货联单和集装箱场站收据必须船代盖章。

3. 危险品申报

危险品除一般订舱材料外，货代需向船代递交危险品申报资料，主要包括“危险货物安全适运申报单”、“集装箱装运危险货物装箱证明书”。

4. 确认订舱

集装箱装货进场后，货代向船代提供装箱信息，即箱号、箱型、装箱实际数据，船代进行确认，如有变更，货代需向船代申请更新订舱材料，船代确认后刷新订舱材料。

5. 发送出口预配舱单

船代根据货代确认的实际货物装运情况和订舱材料，整理成出口预配舱单并发送给海关。

预配舱单主要内容为：船名、航次、提单号、箱号、品名、件数和毛重。

（二）装船

1. 熏蒸

装载粮食、木材等货物的船舶需熏蒸的，应向检验检疫办理熏蒸申请。

2. 配载

对于集装箱船舶，船代应将船方签章的配载图及时送达作业区或/和外理，配载图应注明装货总数和装妥后的估计吃水，在备注栏中应注明积载和安全操作的注意事项等；对于大宗散杂货船舶，船代应及时将托运单（托运单需留底）等有关装货要求交船上大副予以配载。

3. 危险品货物出口

如船舶装载危险品货物出口，应将海事部门批准的“危险品货物载运申请单”及时送交船上。如海事部门登轮监装，则要求船舶负责人作监装申请，并提交给现场海事部门人员。

4. 退关

退关是指对已办理进出境海关手续的货物，由于某种原因，在征得海关同意后，货物取消进出口并按海关规定办理相关手续。对需要退关的货物，货代告知船代并申请取消订舱，船代向港务部门核实无误后，将相关情况反馈给船公司。

5. 发送出口装载舱单

船代在出口预配舱单的基础上，删除退关数据，增补加载数据，校对船公司配载清单，并再次向货代核实装船数据，整理成出口装载舱单。船舶装货作业前，船代将出口装载舱单以 EDI 报文形式通过电子口岸向海关申报。

在海关进行出口装船比对过程中，船代需配合海关办理相关工作，主要包括：按海关要求发送加载货物舱单数据，更改错误装载舱单数据，协助核查相关货物情况，其他海关要求的工作。

6. 担保解锁

经出口装船信息比对不符而被加锁的货物，如属于船代发送装载舱单错误，经海关核实，船代可以向海关申请担保解锁。船代向海关申请解锁时，需提供如下单证：解锁保函、情况说明、报关单和查验记录单等相关材料。

（三）发送清洁舱单

船舶开航后 72 小时内，船代需向海关发送出口清洁舱单。出口清洁舱单是反映出境运输工具所载货物信息的载体，是国际贸易中重要的一环。

1. 整理校对

船代在出口装载舱单的基础上，通过与理货船图进行校对，向货代核实不一致的情况（如退关、加载等），最终形成实际装船的舱单数据。货代确认无误后，船代开始制作出口清洁舱单。

2. 制作纸质和电子舱单

船代将系统内的出口清洁舱单数据转换成海关要求的 EDI 报文格式通过电子口岸向海关发送。海关接收到 EDI 报文后，系统自动签发回执给船代。船代在电子数据基础上制作纸质舱单。纸质舱单需要包括国际中转和空箱数据。纸质舱单一份交给海关，一份交给船公司（船公司有要求的），一份留档。

（四）代签海运提单

船公司委托船代签发海运提单的，其法律效力与船公司签发的海运提单一致。

（1）船代从船公司处获取海运提单样本（也有货代直接从船公司订舱系统提取提单样本或货代根据船公司要求自行打印提单样本等情况）；

（2）按照客户要求更新相关数据；

（3）比对出口清洁舱单，保证海运提单上货物品名、件数、毛重、收发货人等内容与舱单一致；

（4）在海运提单上盖船代签单章、开航日期，交给货代；

（5）更改/撤销出口清洁舱单：船代在向海关申报纸质和电子舱单数据后，需要更改/撤销舱单数据的，需向海关提供如下单证，经现场海关审核并通过三级审批同意后凭准确的纸质舱单办理有关更改/撤销手续，其中包括①出口舱单修改/删除申请表；②正确的纸质舱单；③担保书；④责任书；⑤海运提单；⑥海关认为必要的其他单证。

任务实施

一、提单签发（Bill of Lading，B/L）

1. 提单的定义和种类

《海商法》第七十一条规定：“提单，是指用以证明海上货物运输合同和货物已经由承运人接收或者装船，以及承运人保证据以交付货物的单证。提单中载明的向记名人交付货物，或者按照指示人的指示交付货物，或者向提单持有人交付货物的条款，构成承运人据以交付货物的保证。”海运提单示例如图 2－2 所示。

<table>
<tr><td colspan="2">SHIPPER 托运人</td><td rowspan="6">B/L NO.

COSCO
中国远洋运输（集团）总公司

**CHINA OCEAN
SHIPPING（GROUP）CO.**

ORIGINAL

COMBINED TRANPORT BILL OF LADING</td></tr>
<tr><td colspan="2">CONSIGNEE 收货人</td></tr>
<tr><td colspan="2">NOTIFY PARTY 通知人</td></tr>
<tr><td>PLACE OF RECEIPT
收货地</td><td>OCEAN VESSEL 船名</td></tr>
<tr><td>VOYAGE NO. 航次号</td><td>PORT OF LOADING
装运港</td></tr>
<tr><td>PORT OF DISCHARGE
卸货港</td><td>PLACE OF DELIVERY
目的港</td></tr>
</table>

<table>
<tr><td>标志和号码
Marks and Nos.</td><td>件数和包装种类
Number and kind of packages</td><td>货　名
Description of goods</td><td>毛　重(公斤)
Gross weight(kgs.)</td><td>尺 码(立方米)
Measurement(m^3)</td></tr>
<tr><td></td><td></td><td></td><td></td><td></td></tr>
</table>

<table>
<tr><td>FREIGHT & CHARGES
运费支付</td><td>REVENUE TONS
计费吨数</td><td>RATE
价格</td><td>PREPAID
预付</td><td>COLLECT
到付</td></tr>
<tr><td>PREPAID AT 预付</td><td colspan="2">PAYABLE AT 到付</td><td colspan="2">PLACE AND DATE OF ISSUE
签发地点与日期</td></tr>
<tr><td>TOTAL PREPAID
总额预付</td><td colspan="2">NUMBER OF ORIGINAL B（S）L
正本提单份数</td><td colspan="2"></td></tr>
<tr><td colspan="3">LOADING ON BOARD THE VESSEL

DATE</td><td colspan="2">BY</td></tr>
</table>

图 2－2　海运提单

从不同的角度划分，海运提单的种类有：已装船提单（Shipped on Board B/L）、收到待运提单（Received for Shipping B/L）、直达提单（Direct B/L）、转船提单（Transshipment B/L）、联运提单（Through B/L）、多式联运提单（Multi-Model transport B/L）、班轮提单（Liner B/L）、租船合同项下提单（Charter Party B/L）、记名提单（Straight B/L）、指示提单（Order B/L）、无记名提单（Blank B/L，Open B/L）、已装船清洁提单（Clean on Board B/L）、不清洁提单（Foul B/L）、包裹收据（Parcel Receipt）、合并提单（Combined B/L）、分提单（Separate B/L）、过期提单（Stale B/L）、交换提单（Switch B/L）、倒签提单（Anti-Dated B/L）、预借提单（Advanced B/L）、甲板（舱面）提单（On Deck B/L）、无船承运人货运提单（House B/L）等。

2. 提单的签发

提单应由承运人、船长或其代理人签署才产生效力。如为承运人或船长签署，必须标明其为承运人或船长，承运人自身签署的要注明“AS CARRIER”，如果是代理人签署提单，则代理人必须注明被代理人的名称和身份，标明“AS AGENT FOR CARRIER ×××”。定期班轮的委托方大都是船东或船舶经营人，往往会在代理协议中规定全权授权代理来签发提单，代理则应按照委托方的指示和规定程序来签发提单。对不定期船舶，提单应该由船长签发。如船长委托代理来签发提单，代理必须取得船长授权签发提单的书面授权委托书。应注意授权委托书内容中争取包含“to sign and release clean on board original bill of lading”字样，以免出现问题和争议后船长坚持提单加批或只让签而不让放，造成代理的工作难以开展。

船长委托代理签发提单的授权委托书示例如下。

Dalian，20th June，2012

To：Cosmos Agencies Dalian Co.，Ltd.

29th Floor，Rainbow Hotel

No. 188 Cosmos Avenue，Zhongshan District

Dalian，China 116001

AUTHORIZATION

Dear Sirs，

Please be kindly informed that，I，the undersigned Master，hereby authorize you，on my behalf，to sign and release clean on board original Bills of Lading to the shippers against the production of the Mate's Receipts duly signed by my Chief Officer for those cargo loaded on board my vessel at the Port of Dalian for the present voyage.

Your kind assistance shall be highly appreciated.

Yours faithfully,

Master: ________

M. V. Super Star

作为承运人的具名代理或代表，在代表承运人或船长签发海运提单时，必须表明代表的委托人的名称和身份。代理接受委托后必须凭大副收据（或场站收据）来签发提单，提单内容必须与大副收据（或场站收据）记载内容一致。代理在签发提单前必须对提单内容进行严格仔细的检查核对，一旦出现差错可能会造成很大的损失。签发提单时必须加盖货物装船日期印章，提单上所表示正本提单份数必须与实际签发数一致，正本提单必须印有正本字样或加盖正本印，副本不要错用正本格式。船舶代理没有取得 NVOCC 资质的，不得接受其他 NVOCC 的委托为其签发提单。

二、海运单（Sea Way Bill，SWB）缮制

海运单是证明海上货物运输合同和货物已经由承运人接管或装船，以及承运人保证将货物交给指定收货人的一种不可转让的单证。海运单必须记明收货人，收货人提货时不需出具正本海运单，而只要证明其是海运单中的收货人，运单通常签发一份正本。

海运单的签发：①在装货港，托运人按要求将货物装船；②承运人或船代收到货物后，为托运人签发海运单；③托运人凭承运人签发的海运单或其他单证到银行结汇；④船舶离港后，装货港的船代将海运单的内容以电子邮件的方式发送给卸货港的船代；⑤船舶到达卸货港之前，卸货港的船代向海运单上指明的收货人发出提货通知；⑥收货人凭到货通知并出具身份证明，向卸货港船代领取提货单；⑦收货人在码头或船边凭提货单领取货物。

三、其他代理业务单证缮制

1. 托运单（Booking Note，B/N）

托运单是指托运人根据买卖合同或者信用证的有关内容向承运人或他指定的代理人办理货物运输的书面凭证。经承运人或其代理人对该单据签认，表示其已接受托运，即承运人和托运人运输合同关系即告建立，如图 2 - 3 所示。

托运单 BOOKING NOTE

(1) **收货人**：Consignee

(2) **通知人**：Notify

(17) **提单号**：B/L No.

(18) **船名** VSL.

(19) **编号** NO.：

(20) **日期** Date：

(21) **起运地** Loading Port：

(22) **装运地** Destination：

(3) **标记** Shipping Marks：	(4) **件数** Quantity：	(5) **货名** Description of Goods：	(6) **净重** N/W	**毛重** G/W	(7) **尺码** Measurement：

(23) **特殊条款** Special Conditions：

(8) **可否分批**

(9) **可否转船**

(10) **装船期限**

(11) **结汇期限**

(13) **正本**

(14) **副本**

(15) **货存地点**

(16) **运费缴付方式**

(12) **运费吨**：　　**运费率**：　　**运费金额**：

图 2-3　杂货班轮托运单

集装箱运输是以场站收据（Dock Receipt）作为集装箱货物的托运单，该单由发货人或其代理人缮制送交船公司或其代理人订舱，集装箱货物托运单通常是由发货人的代理人填写，如图 2-4 所示，纸质托运单一式十联，各联如下。

<table>
<tr><td colspan="5">Shipper（发货人）</td><td colspan="2" rowspan="5">D/R No.（编号）
场站收据
Received by the Carrier the total number of containers or other packages or units stated below to be transported subject to the terms and conditions of the carrier's regular form of Bill of Loading (for Combilled Transport or port to Port Shipment) which shall be deemed to be incorporated herein.
Date（日期）：
场站章</td></tr>
<tr><td colspan="5">Consignee（收货人）</td></tr>
<tr><td colspan="5">Notify Party（通知人）</td></tr>
<tr><td colspan="5">Pre carriage by（前程运输） Place of Receipt（收货地点）</td></tr>
<tr><td colspan="5">Ocean vessel（船名） Voy. No.（航次） Port of Loading（装货港）</td></tr>
<tr><td colspan="5">Port of Discharge（卸货港） Place of delivery（交货地点）</td><td colspan="2">Final Destination for Merchant's References（目的地）</td></tr>
<tr><td rowspan="2">Particulars Furnished by Merchants</td><td>Container No.（集装箱号）</td><td>Seal No.（封志号）Mark & Nos.（标记与号码）</td><td>No. of Containers or P' kgs.（箱数或件数）</td><td>Kind of Packages; Description of Goods（包装种类与货名）</td><td>Gross Weight 毛重（千克）</td><td>Measurement 尺码（立方米）</td></tr>
<tr><td colspan="2">TOTAL NUMBER OF CONTAINERS OR PACKAGES (IN WORDS) 集装箱数或件数合计（大写）</td><td></td><td></td><td></td><td></td></tr>
</table>

图 2-4　集装箱货物托运单

第一联：集装箱货物托运单（货主留底）（B/N）；

第二联：集装箱货物托运单（船代留底）；

第三联：运费通知（1）；

第四联：运费通知（2）；

第五联：场站收据（装货单）（Shipping Order）；

第五联附页联：缴纳出口货物港务费申请书（由港区核算应收之港务费用）；

第六联：（浅红色）大副联（场站收据副本）；

第七联：（黄色）场站收据（Dock Receipt）；

第八联：货代留底；

第九联：配舱回单（1）；

第十联：配舱回单（2）。

集装箱货物报关报验后入港交给码头（CY），由码头收箱并签署“场站收据”，货主就已经完成了向承运人交付货物的义务，不再需要取得大副签收的证据，港航之间另有交接手续，与货主无关。货物实际装船后，集装箱货的货主凭码头签署的场站收据即可到船舶代理公司去换取已装船正本提单。

2. 载货清单（Cargo Manifest）和运费清单（Freight Manifest）

载货清单（舱单）和运费清单都由代理公司印制并缮制。舱单和运费清单实际上常常使用同一份格式，即在舱单运费栏填上了运费数额的（包括预付和到付）就是运费清单，未填运费的就是舱单，分为进口（Import）和出口（Export）两类。

出口舱单必须按不同卸港单独分别缮制，不能将两个不同卸港的货物打在同一页舱单上，转船货物必须在目的港后面加上中转港的名称。舱单还应按提单号顺序缮制，不要出现顺序颠倒、跳号、重号等情况，各栏目内容应完整正确，与提单内容必须保持一致，不能随意简略或将部分内容合并，件货有不同包装的要按包装类别分列，不能用“件”（Package）来替代，散装货物必须标注“In Bulk”，有压舱包的要标明压舱包数量，袋装货随货带有备用袋的要标明“备用袋”（Spare Bags）及其数量，重量要统一使用千克为单位（小数点后四舍五入），收发货人栏目应填写完整，不得私自截取或省略。集装箱运输中使用货主自有箱（Shipper's Own Container，SOC）时，应在舱单上注明，以便卸港交货时将箱子一起交货主。

冷藏货要注明保温要求，危险品应注明国际危规编号并在该票货名栏内加盖红色“危险品（Dangerous Cargo）”印章。舱单缮制完成后必须进行仔细核对，防止打字差错而引起严重后果。原则上舱单号应与提单号保持一致。危险品还要单独另外缮制一份危险品清单（Dangerous Cargo List）。超重、超尺码货物也需单独另外缮制一份超重、超尺码货物清单（Heavy Lift/Over Gauge Cargo List），为船方和卸港提供便利。

运费舱单要按到付或预付方式分栏正确填写，以尺码或其他特殊单位计费的必须打上货物尺码（委托方申请了公证机关丈量的要按丈量报告的数字计费和缮打）和计费单位，基本运费和各种附加费（如 BAF、CAF、YAS、THC 等）应该分列清楚，特殊货物采用特殊费率的要注明，如 Ad. Val.、Sample（样品）、Gift（礼品）、No Commercial Value（无商业价值）、Freight Free（免费）、Return Cargo（退运货）、Minimum Freight（起码运费）等。舱单和运费清单上的件数、重量和运费数额（按预付和到付）应按卸港分别打上各自栏目的汇总数（合计数）。

3. 货物积载图（Stowage Plan）

为使码头安排装卸作业并便于货物管理，货物装船前和货物装船结束后，船方或其代理均需要制作出显示每票货物或每个集装箱在船上堆放的位置图，这种图称为配载图、积载图或船图等。如图 2－5 所示。

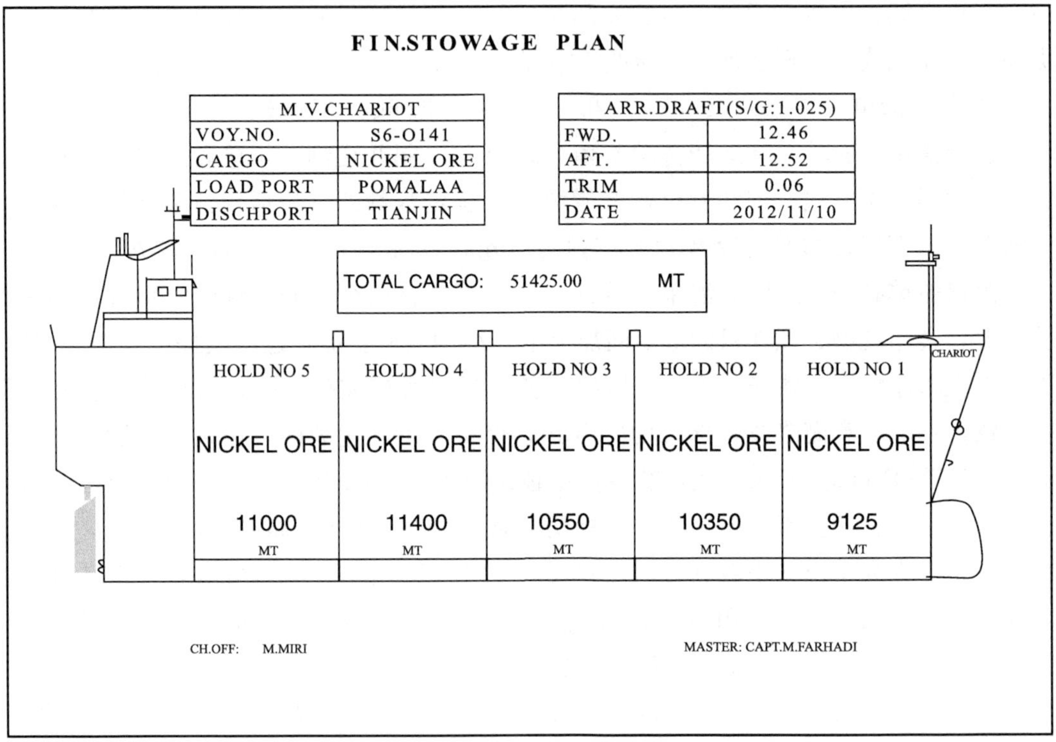

图 2－5 某船最终积载图

4. 集装箱设备交接单（EIR）

集装箱设备交接单是集装箱所有人（集装箱船公司）或集装箱经营人委托集装箱堆场、码头、仓库（集装箱货运站）、装箱人（用箱人）等使用集装箱的各关系人之间交接集装箱设备的凭证，也是明确各关系人的责任范围和发生经济关系的依据。设备交接单分进场联、出场联。进场联印有“IN 进场”（图 2－6），出场联印有“OUT 出场”（图 2－7）。

中海集装箱运输股份有限公司

CHINA SHIPPING CONTAINER LINES CO.,LTD.

集装箱发放/设备交接单

EQUIPMENT INTERCHANGE RECEIPT

IN 进场

NO.

用箱人/运箱人（CONTAINER USER/HAULIER）	货主填写栏(如有涂改，请盖章确认)/重量(仅指货重，不包括柜重)(千克) WRITTEN BY SHIPPER（STAMPED BY SEAL IF REVISED）/WEIGHT（ONLY FOR CARGO）(kg)	
提箱地点（PLACE OF DELIVERY）	来自地点（WHERE FROM）	返回/收箱地点（PLACE OF RETURN）

船名/航次（VESSEL/VOYAGE NO.）	集装箱号（CONTAINER NO.）	尺寸/类型（SIZE/TYPE）	营运人（CNTR.OPTR.）
提单号（B/L NO.）	铅封号（SEAL NO.）	免费期限（FREE TIME′PERIOD）	运载工具牌号（TRUCK, WAGON, BARGE NO.）

出场目的/状态（PPS OF GATE-OUT/STATUS）	进场目的/状态（PPS OF GATE-IN/STATUS）	进场日期（TIME-IN）
		月　　日　　时

进场检查记录（INSPECTION AT THE TIME OF INTERCHANGE）

普通集装箱（GP CONTAINER）	冷藏集装箱（RF CONTAINER）	特种集装箱（SPECIAL CONTAINER）	发电机（GEN SET）
□正常（SOUND） □异常（DEFECTIVE）	□正常（SOUND） □异常（DEFECTIVE）	□正常（SOUND） □异常（DEFECTIVE）	□正常（SOUND） □异常（DEFECTIVE）

损坏记录及代号（DAMAGE & CODE）

BR	D	M	DR	DL
破损（BROKEN）	凹损（DENT）	丢失（MISSING）	污箱（DIRTY）	危标（DG LABEL）

左侧（LEFT SIDE）

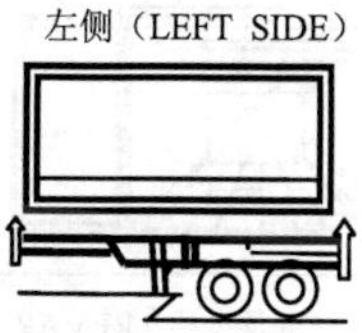

右侧（RIGHT SIDE）

前部（FRONT）

集装箱内部（CONTAINER INSIDE）

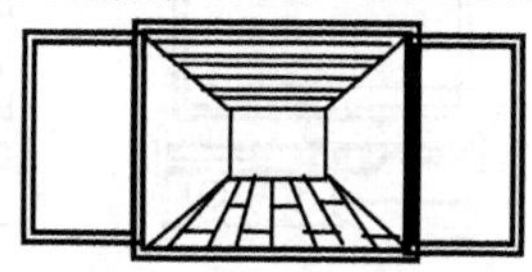

顶部（TOP）

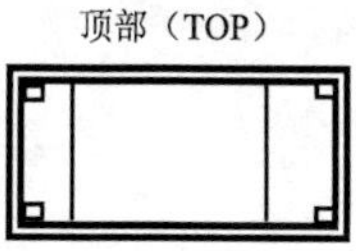

底部（FLOOR BASE）

箱门（REAR）

如有异状，请注明程度及尺寸（REMARK）

除列明者外,集装箱及集装箱设备交接时完好无损,铅封完整无误。

THE CONTAINER/ASSOCIATED EQUIPMENT INTERCHANGED IN SOUND CONDITION AND SEAL INTACT UNLESS OTHERWISE STATED.

用箱人/运箱人签署（CONTAINER USER/HAULIER'S SIGNATURE）

码头/堆场值班员签署（TERMINAL/DEPOT CLERK'S SIGNATURE）

图 2－6　集装箱进场设备交接单

中海集装箱运输股份有限公司

OUT 出场

CHINA SHIPPING CONTAINER LINES CO.,LTD.

集装箱发放/设备交接单

EQUIPMENT INTERCHANGE RECEIPT

NO.

用箱人/运箱人（CONTAINER USER/HAULIER）	货主填写栏(如有涂改，请盖章确认)/重量(仅指货重，不包括柜重)(千克) WRITTEN BY SHIPPER (STAMPED BY SEAL IF REVISED) /WEIGHT (ONLY FOR CARGO) (kg)

提箱地点（PLACE OF DELIVERY）	发放地点（DELIVERED TO）	返回/收箱地点（PLACE OF RETURN）

船名/航次（VESSEL/VOYAGE NO.）	集装箱号（CONTAINER NO.）	尺寸/类型（SIZE/TYPE）	营运人（CNTR.OPTR.）

提单号（B/L NO.）	铅封号（SEAL NO.）	免费期限（FREE TIME PERIOD）	运载工具牌号（TRUCK, WAGON, BARGE NO.）

出场目的/状态（PPS OF GATE-OUT/STATUS）	进场目的/状态（PPS OF GATE-IN/STATUS）	出场日期（TIME-OUT）
		月　日　时

(1)船务公司留底

出场检查记录（INSPECTION AT THE TIME OF INTERCHANGE）

普通集装箱（GP CONTAINER）	冷藏集装箱（RF CONTAINER）	特种集装箱（SPECIAL CONTAINER）	发电机（GEN SET）
□正常(SOUND) □异常(DEFECTIVE)	□正常（SOUND） □异常（DEFECTIVE）	□正常（SOUND） □异常（DEFECTIVE）	□正常（SOUND） □异常（DEFECTIVE）

损坏记录及代号（DAMAGE & CODE）　BR 破损（BROKEN）　D 凹损（DENT）　M 丢失（MISSING）　DR 污箱（DIRTY）　DL 危标（DG LABEL）

左侧（LEFT SIDE）　右侧（RIGHT SIDE）　前部（FRONT）　集装箱内部（CONTAINER INSIDE）

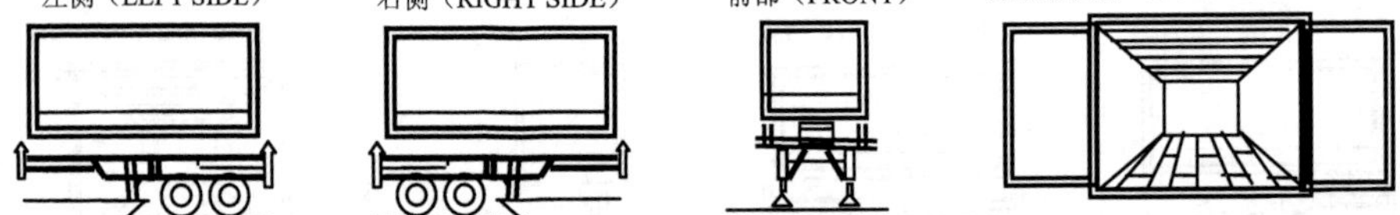

顶部（TOP）　底部（FLOOR BASE）　箱门（REAR）

如有异状，请注明程度及尺寸（REMARK）

除列明者外，集装箱及集装箱设备交接时完好无损，铅封完整无误。
THE CONTAINER/ASSOCIATED EQUIPMENT INTERCHANGED IN SOUND CONDITION AND SEAL INTACT UNLESS OTHERWISE STATED.

用箱人/运箱人签署
(CONTAINER USER/HAULIER'S SIGNATURE)

码头/堆场值班员签署
(TERMINAL/DEPOT CLERK'S SIGNATURE)

图 2－7　集装箱出场设备交接单

知识链接

国际航行船舶办理进出口手续所需证书和申请表

Registry Certificate 登记证书

Tonnage Certificate 吨位证书

Loadline Certificate 载重线证书

I. O. P. P. C. (International Oil Pollution Prevention Certificate) 国际防油污证书

Safety Construction Certificate 货船构造安全证书

Safety Radio Certificate 货船无线电安全证书

Safety Equipment Certificate 货船设备安全证书

Minimum Safety Manning 最低安全配员证书

Safety Inspection Report 安全检查报告（亚太地区）

D. O. C. (Document of Compliance) 安全管理体系符合证明

S. M. C. (Safety Management Certificate) 船舶安全管理证书

Certificate for Carrying Dangerous Goods 危险品适载证书

I. S. S. C. (International Ship Security Certificate) 国际船舶保安证书

General Declaration 总申报表

Cargo Declaration 货物申报表

Crew List 船员名单

Report on Ship's Particulars 船舶概况报告单

Last Port Clearance 上一港离港证

GMDSS (Global Maritime Distress and Safety System) Certificate 全球海上遇险与安全系统证书

Officers' Licenses 高级船员适任证书

Chinese Tonnage Dues Certificate 中华人民共和国吨税执照

Crew's Effects Declaration 船员物品申报单

Ship's Stores Declaration 船用物品申报单

Application for Tonnage Dues Certificate 吨税申请表

Maritime Declaration on Health 航海健康申报书

Animal & Plant Quarantine Declaration 动植物检疫申报单

Application on Ballast Water 压舱水申报表

De-ratting Exemption Certificate　免予除鼠证书

Chinese Sanitary Certificate　卫生证书

Yellow Book　预防接种证书

Application for Landing Permit　登陆证申请

Seamen's Book/Passport　海员证/护照

实训活动方案设计 1　港口使费备用金的估算

活动时间	40 分钟
活动地点	教室
教学资料	委托代理关系函电，业务案例
教学目标	根据任务背景，使学生能够估算备用金
活动要求	每位同学根据任务背景，估算备用金，并向委托方索取备用金
活动程序	(1) 阅读委托代理关系函电和业务案例； (2) 估算备用金； (3) 撰写备用金索取函
评价方式	学生互评，教师点评

实训活动方案设计 2　国际船舶代理进出口计划实训操作

(一) 实训素材

2013 年 1 月 24 日，China ×× Shipping Agency (Tianjin) CO., Ltd. 收到来自 Wilhelmsen Huayang Ships Service 的函电如下。

MV. T-AGENCY APPOINTMENT AT TIANJIN

To: China ×× Shipping Agency (Tianjin) CO., Ltd.

Fm: Wilhelmsen Huayang Ships Service-Mr. Zhao

Dd: 24th/Jan./2013

Dear Mr. Wang, good evening!

We, Wilhelmsen Huayang Ship Service (here below refer to WHSS) on behalf of Cargill, would like to nominate your good company as agent for subject vessel's calling at Tianjin Port.

— pls inform the master and us of ALL port / berth restrictions / method of discharging ASAP.

— pls contact master directly for the required certs/docs.

— always keep us in copy of all communications.

— confirm the port facility is 100% ISPS compliant.

Pls quote your competitive PDA and check with receiver if the original Bs/L will be available prior to vessel arrival and keep us updated of port line up / vessel's berthing prospects.

AAA. Vessel Details：

Vessel

— Name：T

— Built：2009

— Flag：PAN-Panama

— Classification society：NKK

Main Details

— Type：Bulk Carrier

— DWT：57337

— LOA (m)：190

— Beam (m)：32. 26

— CBM (98%)：0

— Draft SW S/W/T：13. 02

— GT / NT：33218/18886

— LBP (m)：183. 3

— Geared：4 Cranes 30 MT

— Molded depth (m)：18. 5

— Lloyds/IMO No.：9558907

Communication

— Satellite phone 1：+870 765103740

— Satellite phone 2：+870 765103742

— Satellite fax：+870 765103743

— E-mail：T@hermes. otesat—maritel. net，master. mvT@telaurus. net

Dry

— No. of holds：5

— No. of hatches：5

Port Call Details

— Country：China

— Port：Tianjin

— ETA：28 Jan. 13 — 01：00

— Voyage No. ：04

Cargo / Activity Details

— Activity # 1：Discharging 20000 Metric Tonnes map

DDD. Voyage Instructions：

1. Please provide us with

— Port Guidance

Position of Anchorage，Pilot Station，Berth，Characteristics of loading/discharging equipment，Port features to be aware of，water density，tide table/tidal windows，any other information and restrictions of the port.

—Documentation Requirements for Port Entry

IMPORTANT NOTICE

Please advise Master on the mooring details in your port well in time prior to vessel's arrival including any need to provide ship's ropes to the tugs or any other extra mooring requirements in order to avoid any berthing delays.

2. Please update us on daily basis berthing prospects at your good port. In case of delay，please advise reasons；

ETA：

POB：

ETB：

ETD：

3. Please update us with lineup at your good port on daily basis with below info

Vessel　　Cargo　　ETA　ETB　ETD　Berth

4. Please provide us your full style as well as contact details of person in charge，Boarding Agent.

5. Arrival Report should be sent to us as soon as discharge/ load operation is commenced.

Daily Report should be sent to us before 1000 hrs local time every day.

Departure Report should be sent to us within 6 hours after vessel sailing.

6. Please ensure with cargo receivers that endorsed original Bs/L will be available on vessel's arrival for presentation to the master，allowing for release of the cargo. If not available please inform us at least 3 working days prior vessel's arrival in order we can consider LOI option.

Or

Bills of lading:

a. Markings: We require Bs/L to be marked as follows:

— 'freight payable as per charter party'. (Unless otherwise agreed as per clause b)

b. Prepaid:

In case 'prepaid' wording is required, master to contact owners for prior approval.

In any case agents are not allowed to release such Bs/L until approval from WHSS received.

c. Clean on board:

If shippers require to issue 'clean on board' Bs/L: Bs/L to be issued in strict accordance with clean mate's receipts. Clean mate's receipts to be issued after each loading period. Master is instructed to refuse or reject any/all cargo which would cause the mate's receipts to be marked. Shippers have to replace such cargo by sound cargo.

Prior to release, please send to WHSS fax copy of original Bs/L for approval.

d. Original B/L on board:

In case one B/L is carried on board vessel, the remainder of the set is to be endorsed as follows:

'One original B/L retained on board against which B/L delivery of the cargo shall properly be made on instruction received from shippers/ charterers/receivers'.

7. Important instruction

In the event that the vessel is involved in a collision, grounding, fire, explosion, spillage or any other marine incident and or accident which causes serious injury, loss of life, damage to ship or jetty, actual or potential pollution, break down of any of vessel's systems required for safe operation during the voyage, the responsible vessel operator is to be advised immediately (24/7 phone number) . Phone call should immediately be followed with an E-mail indicating brief details of damage, incident, and nature of product involved (cargo/bunker/lube oil/ ballast/ oily bilge water, etc), estimated quantity, date and place.

8. Tonnage Dues Certificate

If no special instruction is coming from our operator, pls keep the original Tonnage Dues Certificate in your office and send it to us together with FDA by courier.

EEE. Documentation and Communication:

1. As appointed agent by WHSS, you should be strictly for and on behalf of WHSS and will not use or communicate confidential information of WHSS for the Agent's own purposes or for those of a third-party. The Agent acknowledges that all information is

the property solely of WSS and agrees that WSS has the right to use and communicate all such information for all purposes including statutory, audit, accounting and management reporting.

2. Please make sure to send your report to WHSS only. You can contact master of the subject vessel directly. All the communication with the subject vessel must keep WSS in copy.

For easy identification of E-mail messages and prompt action by a responsible person, please kindly ensure mention of the vessel's name, voyage number, port name in the subject line of all your correspondence.

You should advise this office immediately by phone after the berthing/sailing of the subject vessel to inform the exact berthing/sailing time and arriving/sailing condition.

3. Please send us the copy of NOR, SOF and or B/L, Cargo Manifest, Stowage Plan by E-mail or Fax immediately after vessel sailing.

Statement of facts (SOF)

We request that the SOF is updated and presented to the master daily by your agent attending on board to ensure that there are no discrepancies or last minute discussions when you are trying to sail the vessel. Master should confirm to you daily that SOF is correct so far.

The masters have been instructed not to sign any incomplete statement of facts.

The statement of facts is required to contain all relevant information with regard to vessels arrival, tendering N. O. R. , Free Pratique, berth free or not, commencement/completion of discharge, working periods, bad weather interruptions and stoppages.

If vessel is prevented from proceeding to anchorage, berthing or sailing due to conditions. The reason for the delay is to be included. (such as waiting high tide/ daylight) .

Initial & final draught surveys to reflect time used and which party has ordered same.

Only rain periods that have affected and/or interrupted the cargo operations of the vessel are to be included. Rain periods during which the cargo operations have continued or for which rain letters have been exchanged and agreed between owners/masters and the receivers, are not to be registered.

For vessels waiting, only the actual rain times during which the cargo operations have been interrupted on other tonnage at the same berth, can be allowed to be included in the SOF. Please advise vessels name occupying the berth, berth name/ number and whether the vessel on the berth is working cargo or not.

No meteorological reports are accepted to be attached to the statement of facts.

FFF. Port Disbursement

1. Please provide us your most competitive port D/A to us, all cost items to be followed with your calculation basis.

In case of some unexpected costs are incurred during operation, pls contact operator immediately for approval. Otherwise we have the rights to reject this kind of cost.

2. WHSS is responsible for pre-funding port cost and settlement of disbursement accounts. Please advise us your bank details, bank address and SWIFT code for easy reference.

3. Your disbursement account should be finalized within 30 days after the vessels' departure. We reserve the rights to reject those invoices received over 60 days even with confirmation from parties concerned.

4. Please obtain the signed and stamped confirmation from Master on all services rendered to vessel. Copy of signed and stamped confirmation should be attached to DA, or we reserve the rights to reject these cost occurred.

5. All expenses listed on the front page of D/A should be supported by original vouchers & invoices, we cannot accept to pay any costs without supporting original vouchers.

6. A short explanation note should be attached to all original vouchers in local language other than English.

7. Owners expenses are to be an exception, not the norm. Owners expenses to be settled either by the master in cash or from the owners directly unless agreed in advance with the WSS vessel operator only.

8. Please arrange to provide us Pro-forma DA/ Final DA in US Dollar currency. However, if you prefer to give in local currency please furnish the equivalent amount in US Dollar supported with the current applicable Rate of Exchange from bank.

If your D/A is in USD and supporting vouchers or invoices are in currency other than USD, the rate (Buying Rate) of exchange of your bank on the date of vessel departure from the port should be applied. A bank proof of the rate of exchange should be provided. It has to be the same bank, as used for the receipt of funds advance. If no such proof attached to the D/A, we will apply the official Rate of Exchange to USD from independent news source on the date of vessel departure.

（二）实训要求

假如你是 China ×× Shipping Agency（Tianjin ）CO.，Ltd. 的员工，请据实训素材进行如下操作：

1. 估算 T 轮在天津港的使费备用金。

2. 给船长发天津港的航行指南。

3. 填制《国际航行船舶进口岸申请书》（见附录一），并办理相关口岸申报手续。

任务三　国际船舶代理调度

教学目标

知识目标：

1. 掌握船舶动态报的编制和发送。
2. 掌握值班调度的工作流程。
3. 掌握高频无线电话的应用。
4. 熟悉值班调度常用的英语知识。

技能目标：

1. 能够及时准确的发送船舶动态报。
2. 能够用英语进行基本的交流。

教学实施建议

教学方法：

讲述；启发；讨论；案例引导；情景模拟。

教学手段：

板书；课件演示；图片、视频展示。

建议课时：

4课时。

岗位介绍

一、值班调度员岗位职责

(1) 执行港口生产调度通信规程，保证值班调度岗位二十四小时有人在岗；

(2) 负责船舶预报、确保的接收、核准，及时做好向港方和各联检单位的电脑传输和传真收发工作；

(3) 负责船舶动态的接收、核准，收到动态后及时通知各联检单位及外勤业务员，并做好通知记录；

（4）负责将船舶进港动态以高频、电传、卫通、电子邮件等形式通知船方；

（5）负责向港方调度了解船舶在港作业进度情况；

（6）负责气象状况的跟踪；

（7）负责调度日志的填写工作；

（8）负责每日调度交接班汇报工作，做好交接班衔接工作。

二、值班调度员工作流程

（一）值班调度员工作交接

值班调度实行倒班制的工作制度，要求值班调度员岗位二十四小时有人在岗。每班工作结束时，值班调度员需要进行工作交接，对发生在值班期间的各种事情，应及时处理并做好记录。如确实无法处理完毕的事项，应记入调度日记交接班记录栏中，移交接班值班调度员处理。若没有交接事项，则在交接记录栏中标注“NIL”。

交接记录栏中易出现的情况如下，但不限于此：

①船期无法通知到相关单位或部门；

②船期无法用高频/电传/传真通知船舶；

③高频通信联系不上船舶，无法确认是否抵港的船舶。

（二）船期表与船舶动态更新

值班调度员每天需与港口相关当局联系，核对船舶动态，合理安排作业计划。

1. 船期表

日班调度员根据港方所订的船期计划和白天收到的各种电传、传真、电报于每天下班前编制船期表并发各有关单位。

夜班调度员根据所做单船计划、船期通知及夜间收到的各种电传、传真、电报和每天作业动态进度于第二天 8 点（具体时间视各船代公司规定）前编制船期通知表，发送各有关单位。所有底稿必须按要求留存。

2. 船舶动态

接到港口相关当局有关船舶靠泊、移泊、开航、作业计划及船方、外勤报告靠泊、开航计划等消息，需在调度日记上作记录，记录通知人、通知时间，并及时通知有关单位，同时记录通知时间和被通知人。通知件留底，每月装订归档，保存三年（具体时间视各船代公司规定）。

（三）船舶动态报的发送

值班调度员应及时将船舶动态（进港、出港）以电传、传真、高频等有效途径通知有关船上或有关部门，随时跟踪船舶动态。

1. 船舶指泊电

（1）值班调度负责接收船方电传、传真、电子邮件、船东传真或计划员的船舶抵港信息，根据船舶规范、船舶抵港时间（ETA）等信息及时输入港口生产调度计算机系统中并打印出船舶预确报报表，并记录在调度日志中。

（2）外贸船舶应在预确报报表上注明上一港名称、船舶航次及海关编号，以传真形式发送给海关、海事局、卫检、边防。

（3）根据船长或委托方第一次确报电，以电报或电传形式向船长拍发指泊电。指泊是根据来船的吃水分别指定相应的锚地。

2. 船舶抵港电

值班调度员应在船舶抵港后，向外勤了解船舶抵港状况，及时（不晚于半个工作日）以书面形式向委托方发送船舶抵港报，报告内容如下：

（1）抵港时间；

（2）船舶存油水；

（3）船舶前后吃水；

（4）预计靠泊/确切靠泊时间；

（5）开装/卸时间（若有）；

（6）预抵下港时间（若有）。

3. 靠泊电和开工电

靠泊电和开工电根据外勤提供的船舶靠泊时间和泊位名称，将靠泊时间、泊位名称、开工时间和预计离港时间在接到外勤电话通知后，1 小时内拍发给委托方。

当遇到下列特殊情况时：若靠泊时间和开工时间间隔较长，即靠泊和开工时间不在同一小时内完成的，需要先发靠泊电，1 小时以后发送开工电；若靠泊后 2 小时以上仍未接到外勤告知开工时间时，在主动向外勤了解原因后向委托方拍发未开工原因，并告知预计开工作业时间。

4. 船舶动态电

（1）每天上午，与港口相关当局核对在港作业船舶装卸进度，并在船舶动态表上记录已装/卸数量、剩余量，计划开航时间（若有），并将上述信息发送委托方。

（2）对停靠作业、锚地作业的船舶，根据外勤人员或港方调度提供的最新船舶动态，每天至少一次以书面形式向委托方报告船舶动态。

（3）修理、加油、锚地待命等特殊船舶，掌握船舶加油、修理进度，查明锚地等泊原因，按委托方要求发动态电，无特殊情况可以不发。

（4）如遇到严重影响装卸进度的作业停工情况，须及时报告委托方。恢复作业后，做好作业恢复的通知。

（5）在发生泊位作业船舶移泊或出海下锚情况时，由外勤业务员通知引水员实施。值班调度员在收到有关移泊时间的通知后，及时更改泊位号或锚位，并在调度日志上注明。

（6）按公司要求，向公司以及有关部门汇报在港船舶动态。

5. 船舶紧急/突发情况报

船舶在港发生碰撞、火灾、共同海损、断缆漂离码头、走锚、人员伤亡、船员违章等紧急/突发情况，应立即以电传、传真、电话或其他有效途径通知委托方。

6. 船舶离港报

根据外勤的单船作业记录，在船舶开航后，及时（不晚于半个工作日）以书面形式向委托方报告船舶离港情况，主要内容包括：

（1）装卸完成时间；

（2）完装数量；

（3）存油水量；

（4）前后吃水；

（5）离港时间；

（6）预抵下港时间（若有）。

7. 注意事项

（1）上述船舶电报在获得动态信息后的两小时内拍发，拍发方式可以用电传或传真，也可以用电话（但要在电话记录单加以记录）。若超过两小时，应在调度日志或电传、传真上注明原因。

（2）应确保有证据证明船舶电报已经发出：电传以发出的电传留底、传真以发出后的回条显示为准，确保电传、传真或电话形式已发出电报并存档。

（3）对于值班调度员，需要考核船舶动态联系合格率，保证船舶动态联系合格率不低于98%。船舶动态联系合格率计算公式：动态联系合格率＝资料齐全、联系及时的船舶艘数/本月代理船舶总艘数×100%。合格率的统计由部门经理负责。

（四）天气预报

值班调度员需跟踪港区气象预报，并在调度日记气象栏内作记录。

非台风期间，每天早上当班调度员收听气象预报一次，并发送船舶和公司相关部门。

若港口当地有台风警报，当班调度员需每天上午、中午、下午三次跟踪气象预报，了解台风走势，及时向公司抗台风小组汇报。

子任务1　船舶动态报的收发

任务导入

“Ocean Star”号船舶2013年9月5日到达萨尔达尼亚港，计划装货170000吨，9

月 12 日靠泊，9 月 13 日开始装货。9 月 14 日驶离萨尔达尼亚港。值班调度员根据船舶情况向委托方拍发船舶动态报。

任务分析

值班调度员需根据船舶到港、靠泊、开工、离港时间向有关部门发送船舶动态报。

相关知识

一、船舶靠/离港流程

1. 船舶靠港流程

（1）船舶驶入港口水域。

（2）向港务当局申请安排引航。

由于船长不一定会经常进出停靠的港口、水道等，对该水域的水深、潮汐、水流等不太熟悉，为了航线安全，需雇用熟悉当地水域的引水员协助船长进出港口等。

引航员是指一个港口负责将到港的船舶引领到进港的人员。每个港口或内河一般都设有引航单位。我国船舶申请引航作业大多是考虑到进港安全的商业行为，而外籍船舶进港引航则是《中华人民共和国海上交通安全法》的强制要求。目前，大多数的船舶装有自动识别系统（AIS），为了方便引航员安全引领船舶进出港，许多港口的引航员配有便携式 AIS 系统，引航员上船后，将该装备插在船上引航员插头上，即可读取该轮的 AIS 数据，便于引航员通过自己携带的终端设备引领船舶。在长江等内河水域，一般建设引航公司，船舶进出长江，由引航公司指派引航员分段引领船舶进出。

（3）若港区内船舶较多，业务繁忙，没有空闲泊位，则船舶需要在锚地内抛锚等泊；有船舶作业完毕驶离泊位后，通过引航进入航道。

（4）如果船舶载重吨较大，无法自己准确地完成靠泊作业，则船舶需要申请拖轮作业，协助船舶完成靠泊作业。

拖轮，又称为拖船，是用来拖曳没有自航能力的船舶、木排或协助大型船舶进出港口、靠离码头，或作救助海洋遇难船只的船舶。拖船没有装载货物的货舱，船身不大，但装有大功率的推进主机和拖曳设备，具有“个子小、力气大”的特点。拖船分海洋拖船、港作拖船和内河拖船。

拖轮具有以下三个特点。

一是拖轮船身小，船上没有装载货物的船舱，构造坚固。

二是拖轮上的动力装置功率大，所以，具有较大的拖带能力。

三是船上还备有拖带设备，利用拖带运输方式，拖带没有动力的船舶。

(5) 到达泊位后，船舶抛锚系缆完成后，船舶开始进行装卸作业。

2. 船舶离港

(1) 船舶装卸完工前，会和港口码头确定离港时间。一般在离港前1个小时会进行船舶开航前的备车准备。

备车的目的是使船舶动力装置处于随时可启动和运转状态。

备车内容包括：供电准备；校对时钟、车钟；校对舵机；暖机；各动力系统的准备；转车、冲车和试车等。

(2) 船舶离泊。船舶离泊可能会借助拖轮安全地驶离港口。

(3) 引航员上船，引领船舶驶离港口。

二、英语应用

由于航运具有全球化的特征，值班调度员在向船舶或委托方发送船舶动态报时，一般都会用英语进行交流。因此，运输英语的运用对于值班调度员来说十分重要。下面介绍一些在船舶动态报中经常用到的英语函电词汇及常用语。

pilot　引水员

pilot boarding time　引水员上船时间

Notice of Readiness　装船准备就绪书（NOR）

Tender　递交

ETA　预计到港时间

ETB　预计靠泊时间

ETD　预计离港时间

FO　重油

MDO　柴油

MGO　汽油

ROB　遗留船上

fresh water　淡水

ballast water　压载水

draft　吃水

FWD　前吃水深度

AFT　后吃水深度

wind force　风力

wind direction　风向

update　更新

schedule　安排，计划

tug　拖轮

main engine test　船舶主机测试

VHF Ch. 12　甚高频无线电话第 12 频道

disembark　登陆；上岸

commence　开始

任务实施

步骤一，值班调度员在接到公司的“Ocean Star”船舶代理任务后，每天早上和港口相关当局核对船舶动态，根据船舶动态制订船舶作业计划。

步骤二，每天查看气象预报，在船舶到港前向船舶发送港口的天气情况。

步骤三，及时接收船方电传、传真、电子邮件、船东传真或计划员的船舶抵港信息，制作船舶预报表和船舶确报表，并在调度日志中标记。

步骤四，若船舶到港或靠泊之前，船舶的泊位计划临时有变，则需通知外勤及相关部门。相关部门主要有：边防、海关、检验检疫、海事局。

步骤五，船舶到港后，值班调度员根据外勤人员的船舶抵港资料，填写船舶在港单船记录，并向有关部门发送船舶抵港电。抵港电内容包括：抵港时间；船舶存油水；船舶前后吃水；预计靠泊/确切靠泊时间；开始装/卸时间；预抵下港时间。

抵港电的具体样式如下：

Dear Sirs,

Good day!

Please kindly be advised that your good ship has arrived at SALDANHA BAY and the arrival condition is as following:

Report Type: arrival report

Port Name: saldanha bay

Port Purpose: Loading

Status: At Anchor

Pilot Boarding Time: N/A

Date and Time on Arrival: 05-SEP-2013 2335

The Time of Notice of Readiness tendered: 05-SEP-2013 1936

Expected Date and Time of Commencement Loading: 12-SEP-2013 0400

ETD: 13-SEP-2013 0400

FO Consumption of Main Engine：7.5

FO Consumption of Others：0.6

MDO or MGO Consumption：Nil

FO ROB on Arrival：3540.1

MDO or MGO ROB on Arrival：108.7

Fresh Water ROB on Arrival：212

Ballast Water ROB on Arrival：65009.9

Draft and Density on Arrival：FWD—8.50M，AFT—10.03M，1.025

Best Regards.

步骤六，船舶抵港后，拍发指泊报，也称为锚泊报。

指泊报具体样式如下：

Dear Sirs，

Good day!

Report Type：ANCHORING REPORT

Port Name：SALDANHA BAY

Ship's Position at 1200LMT：3237S / 01807E

FO ROB：3534.1

MDO or MGO ROB：108.7

Fresh Water ROB：205

Distance from Pilot Station：54 NM

Weather：Fair

Wind Force：3

Wind Direction：SW

Remarks：ETB on 11-SEP-2013 AM

Best Regards，

步骤七，船舶到港后，值班调度员每天需向船舶或委托方拍发预计靠泊电，直到船舶靠上泊位为止。

预计靠泊电内容如下：

Dear Sirs,

Good day to you.

We now expect the below berthing prospect:

ETB: 0500 / 0600HRS 13.09.2013

ETD: 0700 / 0800HRS 15.09.2013

Prospects are scheduled to change.

We will keep you updated accordingly.

Many thanks and kind regards,

步骤八，船舶靠泊后，值班调度员需要委托方发送船舶靠泊电，包括船舶上引水员、拖轮拖船、系缆的整个过程，具体内容如下：

船舶靠泊电样式如下：

Dear Sirs,

Good day!

Please find information about vessel's shifting operations from St Helena Outer Anchorage to berth OBL / SALDANHA BAY, as following:

Date: 12-SEP-2013

23:25 LT—Pilot boarding time is confirmed by SALDANHA BAY Port Control on VHF Ch. 12, and to be at 06: 00 LT on 13-SEP-2013;

23:49 LT—Main Engine tested — OK, Vessel is ready for pilotage and mooring ops;

23:50 LT—Commenced to heavy up anchor;

Bunkers ROB: IFO—1359.3 MT / MDO—60.1 MT / FW—315 MT;

Draft: FWD—7.09 M / AFT—8.44 m SSW;

Date: 13-SEP-2013

00:17 LT—Departure from St Helena Outer Anchorage, vessel is underway, and proceed to Pilot boarding ground;

Bunkers ROB: IFO — 3510.7 MT / MDO — 108.7 MT / FW — 167 MT;

Draft: FWD—8.44M, MID—9.20M, AFT—9.82M SSW;

02:05 LT—Received instructions from SALDANHA BAY Port Control on VHF Ch. 12 that Pilot boarding time is changed to 07: 00 LT on 13-SEP-2013, speed of vessel is adjusted accordingly.

06:36 LT—Vessel has arrived to Pilot Station, and continue to proceed as per instructions received;

06:54 LT—Pilot onboard, vessel is to proceed to berth;

07:20 LT—Two Tugs arrived, and made fast (forward & aft stations);

08:06 LT—First line ashore, vessel has arrived to berth OBL SALDANHA BAY, mooring operations are continue;

08:36 LT—Pilot disembarked;

08:40 LT—Tugs away (two tugs for mooring operations);

08:42 LT—All fast, vessel is berthed alongside of berth OBL port of SALDANHA BAY, waiting to commence cargo loading ops;

Bunkers ROB: IFO—3497.0 MT / MDO—108.0 MT / FW—164 MT;

Draft: FWD—8.44M, MID—9.20M, AFT—9.82M SSW;

Expected to commence loading: 22:00 LT on 13-APR-2013; ETD: 07:00 on 15-SEP-2013.

Best Regards,

步骤九，船舶靠港后，开始装卸作业。装卸作业过程中，值班调度员跟踪船舶的在港动态，每天与外勤和港口相关当局核对作业船舶的装卸进度（已装/卸数量、剩余量），并向委托方拍发船舶动态报。

内容如下：

Dear Sirs,

Good day,

Loading Update as of 0800 hours 14th September 2013: —

Commenced Loading: 2140Hrs 13.09.2013

Cargo loaded on Board: 120 000M/Tons

Cargo remaining to load : 50 000M/Tons

Total Cargo Quantity for: 170 000M/Tons

Sailing Prospects:

Bases present indications we expect subject vessel to complete all loading around 1400 / 1500 HRS today 14.09.2013 and sail SALDANHA BAY 1500 / 1600 hours 14.09.2013.

Many thanks and kind regards,

步骤十，船舶装卸完，根据外勤的单船作业记录，在船舶开航后，及时以书面形式向委托方报告船舶离港情况。主要内容包括：装卸完成时间；完装数量；存油水量；

前后吃水；离港时间；预抵下港时间。

离港报的具体样式如下：

Dear sirs,

Good day!

DEPARTURE REPORT

DATE：14-SEP-2013 / PORT：SALDANHA BAY

1) Deberthing Time (ddhhmm) / 141654

ROB (IFO/MDO/FW/CONST)：

IFO—3203.5/LSFO—273.5/MDO—41.3/MGO—63.4/FW—145/CONST—370;

Draft：FWD—17.83M；AFT—18.35M；

2) Rung up Time (ddhhmm)：141800

ROB (IFO/MDO/FW)：IFO — 3202.5/LSFO — 273.5/MDO — 40.1/MGO — 63.4/FW—145;

3) Time and Date of Notice of Readiness Tendered/Acceptance：

Nor Tendered：1939lt 05—SEP—2013 / Nor Accepted：1936lt 05-SEP-2013;

4) Time and Date of Commenced Loading：2140lt 13-SEP-2013;

Time and Date of Completed Loading：1548lt 14-SEP-2013;

5) Rain Time/Hatch Opening/Closing Time：N/A;

6) Cargo Quantity Loaded：173293 Mt;

7) ETA Next Calling Port and Estimated Arrival Draft/ROB：

ETA OITA：15-OTC-2013 2300lt；Draft：FWD—18.00M，AFT—18.00M;

ROB (mt)：IFO—1912.0；LSFO—273.5；MDO—40.1；MGO—63.4;

Best Regards,

子任务 2　甚高频无线电话通信的应用

任务引入

"Ocean Star"号船舶即将抵达大连港，"Cosmos"船舶代理公司值班调度员和船长利用甚高频无线电话就船舶抵港时间和抵港地点等信息进行交流。

任务分析

岸上人员在船上交流时，常用到的方式有电话/传真/高频（甚高频）无线电话等方法。随着信息化的发展，电话/传真的快捷性和方便性得到了越来越多的应用。但是，甚高频无线电话这种方式由于信号稳定、通信容量大、可靠性强、音质清晰以及国际化等特点，仍然在船/岸交流中占据着重要的地位。

船舶进出港口时，值班调度员与船长联系时经常会用到甚高频无线电话通信设备。

相关知识

一、高频无线电话的发展

甚高频无线电话（V. H. F 无线电话）是一种利用超短波直线传播的特点在有效通信距离范围内，进行信息传递的方式。具有信号稳定、通信容量大、可靠性强、音质清晰等优点。

航运发展初期，船舶进出港口进行船岸之间的联系，主要靠灯光、旗语、汽笛和交通船往来送信。这些通信工具不可靠、不及时，效率低，遇到雾天、雨天或台风天气，船岸间经常无法联系，使航行安全及生产调度指挥都受到影响，甚至造成船舶发生海损事故。随着港航运输生产的迅速发展，船舶进出港口和锚泊作业日益繁忙，船与岸或船与船之间的各种业务联系大大增加，原有的视觉通信方式已远远不能适应港口现代化运输生产的需要，两者的矛盾更加突出。因此，无线电话通信方式开始应用于海上运输之中。

1947 年，国际电信联盟（CCIR）在大西洋城召开的国际无线电会议制定的《无线电规则》，明确规定甚高频无线电话为世界各国船舶进出港口的主要通信手段。其频率范围为 156～174 兆赫，分为 28 个频道，频率间隔为 50 千赫，频道序号从 01～28。为了满足国际航运贸易日益增长的通话量的需求，国际电信联盟在 1967 年日内瓦召开的世界无线电行政大会上，对甚高频无线电话的技术体制进行了修改，将频率间隔从 50 千赫压缩为 25 千赫，即在 01～28 个顺序号的频道间，增加了 29 个附加频道，其编号顺序为 60～88。该新增的频道号数自 1983 年 1 月 1 日起开始得到普遍推广使用。到目前为止，甚高频无线电话共计 57 个频道。

我国自 1973 年即着手准备开展甚高频无线电话通信工作，1975 年上海港务监督，外轮代理公司曾先后对国轮、外轮开放了甚高频无线电话业务，深受各有关单位和国轮、外轮的欢迎。

目前沿海及内河各主要港口分别设置有从事水上移动业务的海岸无线电话台；从事港口通信业务的港口电话台，以及本企业内部船岸之间进行生产调度指挥的专用话台三种类型。

二、甚高频无线电话通信的使用

船方与船舶代理之间联系时，甚高频无线电话是经常使用的一种通信工具。代理应了解无线电通信的一些基础常识并掌握一些专业英语词汇。一般情况下，当值班调度员需要使用甚高频无线电话而将频道调至规定呼叫或通话频道后，不要马上呼叫或通话，应注意静听一会儿，在确认没有其他人使用该频道后才可开始呼叫或通话。

遇到船舶求救或相关机构在进行抢险救助通话时，必须将频道主动让出，不得占用救助抢险的频道。船舶使用无线电话通信时常常会使用码语，值班调度员要熟记字母拼读方式。

三、码语通信用字母（如表 3－1 所示）

表 3－1　　**码语通信用字母拼读表**

字母	代号	发音	字母	代号	发音
A	Alfa	Alfah	J	Juliett	Jew Lee Ett
B	Bravo	Brah Voh	K	Kilo	Key Loh
C	Charlie	Char Lee	L	Lima	Lee Mah
D	Delta	Dell Tah	M	Mike	Mike
E	Echo	Eck Oh	N	November	No Vember
F	Foxtrot	Foks Trot	O	Oscar	Oss Cah
G	Golf	Golf	P	Papa	Pah Pah
H	Hotel	Hoh Tell	Q	Quebec	Keh Beck
I	India	In Dee Ah	R	Romeo	Row Me Oh

续 表

字母	代号	发音	字母	代号	发音
S	Sierra	See Alrrah	1	Unaone	Oo-Nah-Wun
T	Tango	Tang Go	2	Bissotwo	Bees-Soh-Too
U	Uniform	You Nee Form	3	Terrathree	Tay-Rah-Tree
V	Victor	Vik Tah	4	Kartefour	Kar-Tay-Fower
W	Whiskey	Wiss Key	5	Pantafive	Pan-Tah-Five
X	X-ray	Ecks Ray	6	Soxisix	Sok-See-Six
Y	Yankee	Yang Key	7	Setteseven	Say-Tay-Seven
Z	Zulu	Zoo Loo	8	Oktoeight	Ok-Toh-Ait
0	Nadazero	Nah-Dah-Zay-Roh	9	Novenine	No-Vay-Niner
.（小数点）	Decimal	Day-See-Mal	。（句号）	Stop	Stop

四、甚高频无线电话通信常用术语及短语

calling　呼叫

over　我讲完了

out　结束通话

this is　这里是

please spell　请拼写

go ahead　请继续讲

say again　请再说一遍

roger　收到/明白/知道了

stand-by　等着/守听

interruption　干扰

correction　纠正/更正

mistake　错误

repeat　重复

affirmative (yes)　对的/正确

negative (no)　错的/不对

How do you read me　您听得清吗

Please use the standard Marine Navigational Vocabulary　请用标准航海用语

任务实施

船长与船代甚高频无线电通话样本如下：

Captain："Cosmos"，"Cosmos"，"Cosmos"，this is motor vessel "Ocean Star" calling，do you read me? Over.

Agent："Ocean Star"，"Ocean Star"，"Ocean Star"，this is "Cosmos" replying. Is that Captain speaking? Over.

Captain：Yes，this is Captain William speaking. May I speak with my agent? Over.

Agent：Roger，please wait a moment. Over.

Agent：Motor vessel "Ocean Star"，"Cosmos" is calling. Over.

Captain："Cosmos"，this is motor vessel "Ocean Star"，go ahead please. Over.

Agent：Captain William，good morning and welcome to Dalian. This is Wang speaking. I am your agent and will look after your good vessel during her stay in the port of Dalian. Can you please let me know anchor time and anchor position? Over.

Captain：Good morning，Mr. Wang. It's very nice to talk with you. My anchor time was 0645 hours this morning and anchor position is 39 degree 01 minute 25 seconds latitude and 119 degrees 02 minutes 30 seconds longitude. Over.

Agent：Roger，anchor time was 0635 hours. Over.

Captain：Negative，my anchor time was 0645 hours，I repeat：0645 hours. Nadazero，Soxisix，Kartefour，Pantafive. Over.

Agent：Sorry，Captain，by interference，I cannot read you well. Can you please change to channel 12? Over.

Captain：Roger，shifting to channel 12. Over.

Captain："Cosmos"，"Ocean Star" is calling. Over.

Agent："Ocean Star"，this is Cosmos Wang speaking. Your anchor time was 0645 hours. I repeat 0645 hours，is that correct? Over.

Captain：Affirmative，0645 hours. Over.

Agent：Could you please give me your anchor position again by bearing and distance from the Huangbaizui Lighthouse? Over.

Captain：Roger，I will call you back 5 minutes later to give you the position on channel 12. Over.

Agent：Roger，standing by on channel 12. Over and out.

Captain：Out.

(5 minutes later)

Captain：“Cosmos”，“Cosmos”，“Ocean Star” is calling. Over.

Agent：“Super Star”，this is Wang from Cosmos replying，go ahead please. Over.

Captain：My anchor position is bearing 230 degrees and 4. 5 miles from Huangbaizui Lighthouse. Over.

Agent：All right，I got it. It is 4. 5 miles from Huangbaizui Lighthouse with bearing 230 degrees. Over.

Captain：Yes. That's right. By the way，when will my ship get alongside? Over.

Agent：The berthing schedule is not fixed yet. The berthing plan will be announced at 11 o'clock every morning. Please keep watch on channel 25. Over.

Captain：We will stand by all the time on channel 25. Please call us when berthing schedule being fixed. Over and out.

Agent：Out.

知识链接

无线电波段划分（如表 3－2 所示）

表 3－2　无线电波段划分

名称	简写	简称	频率（赫兹）	波长（米）
微波	SHF	超高频	3G～30G	0. 01～0. 1
微波	UHF	特高频	300M～3000M	0. 1～1
超短波	VHF	甚高频	30M～300M	1～10
短波	SW	高频	3M～30M	10～100
中波	MW	中频	300K～3000K	100～1000
长波	LW	低频	30K～300K	1000～10000

知识链接

甚高频无线电台的发射频率表（156～174 兆赫，如表 3－3 所示）

表 3－3　　　　**甚高频无线电台的发射频率**

频道号数	发射频率（兆赫）		频道号数	发射频率（兆赫）	
	船舶电台	海岸电台		海岸电台	船舶电台
60	156.025	160.625	75	保护频带 156.7625～156.7875 兆赫	
1	156.050	160.650	16	156.800	156.800 遇险、安全和呼叫
61	156.075	160.675	76	保护频带 156.8125～156.8375 兆赫	
2	156.100	160.700	17	156.850	156.850
62	156.125	160.725	77	156.875	—
3	156.150	160.750	18	156.900	161.500
63	156.175	160.775	78	156.925	161.525
4	156.200	160.800	19	156.950	161.550
64	156.225	160.825	79	156.975	161.575
5	156.250	160.850	20	157.000	161.600
65	156.275	160.875	80	157.025	161.625
6	156.300	—	21	157.050	156.050 或 161.650
66	156.325	160.925	81	157.075	161.675
7	156.350	160.950	22	157.100	161.700
67	156.375	156.375	82	157.125	161.725
8	156.400	—	23	157.150	156.150 或 161.750
68	156.425	156.425			
9	156.450	156.450	83	157.175	156.175 或 161.775
69	156.475	156.475			
10	156.500	156.500	24	157.200	161.800
70	156.525	—	84	157.225	161.825
11	156.550	156.550	25	157.250	161.850
71	156.575	156.575	85	157.275	161.875
12	156.600	156.600	26	157.300	161.900
72	156.625	—	86	157.325	161.925
13	156.650	156.650	27	157.350	161.950
73	156.675	156.675	87	157.375	161.975
14	156.700	156.700	28	157.400	162.000
74	156.725	156.725	88	157.425	162.025
15	156.750	156.750			

任务四 国际船舶代理外勤业务

教学目标

知识目标：

1. 掌握船舶进出口手续。
2. 掌握装卸时间事实记录的缮制。
3. 掌握装卸准备就绪通知书的递接。
4. 了解常见的船方委办事项。
5. 熟悉外勤常用的英语知识。

技能目标：

1. 能够按正确的程序办理船舶进出口手续。
2. 能够正确处理装卸准备就绪通知书。
3. 能够缮制装卸时间事实记录。
4. 能够顺利完成船方委办事项。

教学实施建议

教学方法：

讲述；启发；讨论；案例引导；情景模拟。

教学手段：

板书；课件演示；图片、视频展示。

学生活动：

根据计划调度发来的分配指令，学生扮演外勤角色接受对某轮的现场代理工作。

建议课时：

14 课时。

岗位介绍

一、外勤岗位职责

(1) 船到前查阅船档，了解船舶来港任务并准备好联检表格；

(2) 在船舶靠妥后，及时登轮办理联检手续；

(3) 记录船方委办事项并及时处理；

(4) 现场协调好同各单位的业务关系，确保船舶在港正常工作；

(5) 做好外勤单船记录本，并及时归档。

二、外勤工作流程

(一) 船舶抵港前

1. 认真阅读船档，掌握有关情况

外勤在接到业务部转交的单船档案后，首先要仔细阅读委托书，要求掌握委托方名称及其他各有关方名称、船舶规范、来港任务、上下港名称、装卸货是否有特殊要求等。其次，应及时查阅与委托方、船方的来往函电，了解船舶的委办事项及计划调度预先安排需处理的事情。最后，还应向计划员了解船舶的港口使费情况，做到心中有数。

此外，如果代理租船运输，外勤还要认真阅读租船合同，掌握有关方在租船合同中的地位和相关条款。比如，了解递接船舶装卸准备就绪通知书和船长宣载通知书等有关规定，以及关于装卸费、理货费、平舱费、开关舱费、困难作业费、混票分票费等有关费用的分担约定。

2. 跟踪船舶动态，告知有关方

外勤应和本公司的计划调度人员保持沟通，跟踪船舶动态，及时通报港口、口岸当局、引航站等相关单位，提前确定办理船舶进口岸手续与靠泊作业的时间，协调有关部门的工作衔接。

在了解船舶进港作业安排后，外勤应及时告知船方引航时间、地点，靠泊时间，指定锚泊地点，并通知船方、委托方装卸作业计划。

3. 备妥所需的表格单证

在船舶抵港前，外勤应备齐办理船舶进口手续所需的各种单证、表格，并将需递交船方的随船单证、信件、邮件、传真等及时准备好，待船靠妥后送达船方。

(二) 船舶在港期间

1. 办理船舶进口手续

(1) 锚地检疫。如果船舶需要锚地检疫，外勤应事先通过移动电话或甚高频无线电话与船长取得联系，了解锚位、抵港实际吃水、船上存油存水情况，通知船长靠泊计划、锚地检疫时间、引水员上船时间等。当船舶抵达锚地后，外勤应及时安排检疫。

（2）码头办理。在船舶靠妥后，外勤应马上登轮与船长共同缮制联检单据，并索取相关证件、证书，送交有关联检部门办理船舶进口联检手续。外勤在办妥船舶进口手续后应及时通报值班调度及港口作业单位。

2. 登轮工作

外勤在首次登轮时，除办理船舶进口手续外，还应做到以下事项：

（1）将船方函电及船员信件送交船长签收，并在单船记录本上做好签收记录。

（2）外勤登轮后，应与船方核实下列信息：船舶抵港时间、抵港吃水、抵港存油水量、引航员登轮时间、起锚进港时间、靠泊时间、船舶规范、船舶和船员证书是否有效、船方委办事项、货名和数量，并在单船记录本上做好记录，同时将上述情况电话通知值班调度。对于临时产生费用的委办事项，要及时打电话给公司计划员或调度，待有关费用得到确认后再予办理。

（3）外勤登轮后应向船方索取积载图，在船舶靠泊后转交给码头作业部门。积载图上应注明船舶长、宽、总吨、装港、由谁负责开关舱、压载水数量和排放时间、吊杆数和负荷。

（4）船舶靠泊后，应将装卸时间事实记录中抵港、检疫、验舱、熏蒸、报关、信用证、引水员上船、船舶起锚靠泊等时间记录交船长或大副签字确认。

（5）船舶作业期间，外勤每日登轮不少于一次；每日与船方和港方核对作业时间、作业进度、停工时间原因（如有）、预计完工时间及其他事宜；每日向委托方发日报，报告船舶白天及夜间的在港情况。船舶靠泊后，外勤应至少去相关作业区一次，了解船舶作业计划及作业部门对作业过程的要求。

（6）如果现场发生难以解决的问题或重要事项，例如船舶发生触礁、碰撞、失火、爆炸等海损事故，外勤应立即向部门经理汇报，请示处理意见，并做好记录。

（三）船舶离港前

在船舶即将完成来港任务之前，外勤应做好船舶离港前的准备工作。

1. 货物手续处理

对于进口卸货船舶，当全船作业完毕后，外勤应与理货或商检及相关方核对货物数量，如有不符及时通知调度；对于出口装货船舶，当全船作业完毕后，外勤应及时登轮核对业务部缮制的舱单是否与大副收据相符，如有不符，舱单应依据大副收据进行更改。核对无误后，由船长在舱单上签字盖章，后报交海关，并将出口舱单等随船单证交船长签收，如有随船信件，请船长签收，做好记录。

2. 装卸时间事实记录表缮制

船舶在港期间发生装卸货的，在船舶离港前，外勤要缮制装卸时间事实记录。待装卸时间事实记录表缮制完毕，外勤应与船长共同签署，给船长一份，代理留底一份。

3. 开航准备通知

在接到值班调度通知的开船动态后，外勤应及时通知船方预计开航时间和预计引航员登轮时间，以便其提前做好开船的准备。

4. 船舶出口手续办理

外勤应向船长索取办理出口手续的有关单证和表格，按照各联检单位及港口的有关要求办理船舶出口手续。

5. 记录离港数据

在船舶离港前，外勤应记录好开航存油水、开船吃水、预抵下港时间等数据。

6. 落实各项费用

在船舶离港前，外勤应落实船舶在港发生的各项费用。确保各项费用收据已由船方签字、盖章确认。如发生额外费用，应及时通报相关业务人员，以便在船舶离港前向船方索要。

（四）船舶离港后

（1）在船舶离港后，外勤应尽快向委托方发送开航报告。对于集装箱船，应发离码头报告（Terminal Departure Report，TDR）。报告内容至少应包括：进出口货物的名称、数量，装/卸完毕时间，船舶离港吃水/存油水量，船舶开航时间及预抵下一港的时间，船舶在港期间发生的各种问题和解决情况等。

（2）根据委托方或船方的要求，及时向委托方传真有关货物单证、船方电文等，并及时寄送船方信件。

（3）整理外勤单船记录本及有关单据，确认单船记录本填写完整无误、资料齐全后归档。

子任务 1　船舶进出口手续办理

任务导入

某外轮欲进入新港进行装卸货作业，作为该船的登轮代理，请你依照相关法律法规办理船舶的进出口岸手续。

任务分析

船舶进出港口必须向口岸查验部门办理进出口手续。在船舶代理计划调度办理好船舶进出口申报的基础上，外勤必须及时为自己所负责的船舶办理具体的进出口岸补充申报、查验等相关手续。

外勤在办理船舶进出口手续前，应熟知各检查检疫部门对船舶进出口岸的查验要求，协助船方准备各种申报单据和证件，在填妥后按规定向检查检疫部门递交。

要完成上述工作任务，外勤需要掌握船舶进出口岸检查规定，熟悉办理船舶进出口手续的相关单证，熟悉船务英语，具备较强的语言沟通能力和协调能力。

相关知识

一、国际航行船舶进出口岸检查规定

（1）船方或其代理人在办理船舶进出口岸手续时，应当按照检查机关的有关规定准确填写申报表，并如实提供有关证件、资料。

（2）船方或其代理人在船舶抵达口岸前未办妥进口岸手续的，需在船舶抵达口岸24小时内到检查机关办理进口岸手续。船方或其代理人在船舶抵达口岸前已经办妥进口岸手续的，船舶抵达后即可上下人员、装卸货物和其他物品。

（3）卫生检疫机关对船舶实施电讯检疫。持有卫生证书的船舶，其船方或其代理人可以向卫生检疫机关申请电讯检疫。

对来自疫区的船舶，载有检疫传染病染疫人、疑似检疫传染病染疫人、非意外伤害而死亡且死因不明尸体的船舶，未持有卫生证书或者证书过期或者卫生状况不符合要求的船舶，卫生检疫机关应当在锚地实施检疫。

（4）船方或其代理人应当在船舶驶离口岸前四小时内到检查机关办理必要的出口岸手续，如果船舶在口岸停泊时间不足四小时，应在抵达口岸时办理。有关检查机关应当在“船舶出口岸手续联系单”上签注；船方或其代理人持“船舶出口岸手续联系单”和海事局要求的其他证件、资料，到海事局申请领取出口岸许可证。

二、办理船舶进出口手续的英语会话范例

外勤需要经常接触外国籍的船长和船员，因此，外勤需要提高自身的业务英语水平。在办理船舶进出口手续的过程中，外勤经常要与船长进行一些英语会话。举例如下：

（一）办理船舶进口手续

Import Formality for M/V “White Swan”

(Conversation between Captain and Agent)

Agent: May I come in ?

Captain: Yes, please.

Agent: Are you the captain of the ship?

Captain: Yes, you're right.

Agent: Nice to see you, Captain. I'm the boarding agent from "Blue Sky Shipping Agency" .

Captain: Good, happy to know you. Please sit down, Agent.

Agent: Thank you, My name is Guo, and here's my calling card.

Captain: All right, thanks.

Agent: Well, Captain, is this your first visit to China?

Captain: This's correct, and I do need your assistance while my ship's in the port.

Agent: No problem at all. As your agent, I will provide you with all the necessary help to make the loading operation of your ship smooth.

Captain: That's very kind of you. By the way, would you like something to drink, perhaps coffee or tea?

Agent: Tea, please, thank you.

Agent: Well, captain, here are some forms for you to complete the customs declaration, a maritime declaration of health and so on. There are four different official departments, such as customs office, quarantine service and the like.

Captain: All right, but should I do them?

Agent: You can fill in all the blanks one by one, but you have to do them carefully and correctly.

Captain: Since this is my first time in China, I am unclear how to fill them in. Do you think you might do it instead of me?

Agent: That's OK.

Captain: Thank you very much.

Agent: Not at all.

Agent: Captain, I've completed all these forms, and I'll send them off for you. But before that, would you please tell me something about your arrival condition?

Captain: Of course, here it is.

Agent: OK, thanks. Well, is there anything else you'd like me to do for you?

Captain: Yes, we need to take about 200 tons fresh water and 80 tons of light diesel oil. One of the crew will go to see a doctor tomorrow morning, and the ship chandler is needed to supply some provisions. Oh, yes, I must apply to have a new Tonnage Dues Certificate for 3 months.

Agent: Good, I have taken them down one by one, I will manage to arrange them in time. Some other things now?

Captain: No, that's all, Agent.

Agent: If so, now I am leaving to see some officials.

Captain: OK, thank a lot, see you later.

Agent: See you later.

New Words

1. maritime *adj.* 海运的
2. Declaration *n.* 申报
3. Blank *n.* 空白
4. Like *n.* 类似的

Patterns and Phrases

1. calling card 电话卡
2. arrival condition 船到港后吃水 存油水等状况
3. tonnage dues certificate 吨税证书
4. to need one's assistance 需要某人帮助
5. to be unclear how to do sth. 不清楚如何做什么事
6. to be nice to see sb. 看见某人很高兴，很高兴看见某人
7. instead of... 代替……

（二）办理船舶出口手续

Export Formality for a Ship's Departure

(Conversation between Captain and Agent)

Agent: Hi, Captain, good afternoon.

Captain: Good afternoon, Agent. Any change for our departure at 18: 00 hours today?

Agent: No, everything will go as planned, so all that remains now is the export formality for your ship.

Captain: Very nice, I hope that we can sail without delay. You see, the weather is ideal now and it's still bright enough to ensure a safe departure.

Agent: Correct, I agree with you. All right, now let's come to the point of our business.

Captain: Yes. I'll do my best to assist you.

Agent: Thanks a lot. Well, Captain, the following things have to be done in order. First, please get all the seamen's books ready and I'll take them right away to the immigration office.

Captain: Yes, Agent, here are all the seamen's books, 23 in all, no change.

Agent: Good, would you please tell me when your loading operation was completed?

Captain: Well, I'm sorry, I'm not certain about it. Just a moment, I'll ask my Chief-officer now. (half minute later) Yes, Agent, it was finished at about 4'clock, this afternoon.

Agent: I see, thank you. Please let me know the total weight of the cargo and the total units for 20 feet containers and 40 feet containers respectively. Meanwhile, I need to get information for full and empty containers as well.

Captain: Oh, that's quite easy. Look, this is a piece of paper which indicates everything you need.

Agent: Great, Captain, you are very cooperative. I'm delighted that you organized everything very well for me in advance.

Captain: You see, I should tell you that my chief had arranged things for me skillfully before you came here.

Agent: Well, he's quite a fine assistant. Now, may I know how many tons of fuel oil, diesel oil and fresh water remaining on board?

Captain: Certainly, 650 tons for F. O. 115 tons for D. O. and 180 tons for F. W..

Agent: Yes, I got it. Well, Captain, here are some shipping documents for you to carry to the next port agent. Would you please put your signature here?

Captain: OK, there it is.

Agent: Now let me confirm with you again, the next port is Yokohama Japan, isn't it?

Captain: Exactly, Yokohama, Japan.

Agent: So, Captain, I'll collect all the landing cards of your crew members and hand them to the Immigration Office.

Captain: Good, they're here in each seaman's book, now let me take them out. All right, here they are.

Agent: Thanks. Well, that's all I need, Captain, anything else now?

Captain: Yes, but nothing special, here are some letters from the crew, stamped and ready for mailing. Would you mind?

Agent: With pleasure, let me put them in my pouch. Now I'm off to the immigration Office, Customs Office, Animal & Plant and Quarantine Service and the Harbour office to finish your export formality for you ship's departure. About half an hour after, I finish all that, I'll be back here with the port clearance.

Captain: Good, I'll wait for you and hope no problems develop. Meanwhile we'll make final preparations for our ship's sailing.

Agent: All right, see you later then. By the way, the pilot will board your ship about fifteen to 18：00 hrs.

Captain: I know, thank you very much, Agent. See you soon.

New Words

1. cooperation *adj.* 合作的
2. skillfully *adv.* 熟练地
3. assistant *adj.* 辅助的
4. Yokoahma *n.* 横滨
5. Pouch *n.* 小袋子

Pattern and Phrases

1. to board the ship 登船
2. landing card 登船证
3. port clearance 离港证
4. to be certain about sth. 对……肯定/有把握

资料来源：《国际船舶代理业务实用英语会话》（袁洪林编著）。

任务实施

一、船舶进口手续办理

在船舶进港前，外勤应了解该轮的卫生检疫手续办理情况。如是靠泊检疫，应通知船方确保在卫生检疫结束后无一般人员上下船。如是锚地检疫，应及时联系船方和卫生检疫单位进行检疫。在检疫通过后，立即通知引航员进行引领。

在已确定船舶靠泊时间，但船舶尚未靠泊时，外勤应及时通知有关检查检疫单位准确的靠泊时间，以便其安排登轮查验工作。

登轮后，外勤应协助船长准备办理进口手续所需的单证、表格（见附录一），送交有关检查检疫部门办理船舶进口联检手续。外勤应特别提醒船方在得到办妥进口手续通知前，不得允许除口岸查验机构人员、引航员及其他特别许可人员外其他人员登轮，也不得进行其他在港作业。

外勤向各检查检疫部门办理进口手续的要求如下：

1. 海事局

在船舶靠泊后，外勤应向海事局递交以下单证："总申报单"、"货物申报单"、"船员名单"、"旅客名单"（如有旅客）、"船舶概况报告单"、上一港的"船舶出口许可证"。

2. 边防检查站

入境船舶可申请办理预检，需提供："总申报单"、"船员名单"、"船员物品申报单"、"旅客名单"（如有旅客）、"登陆证申请"。已办妥预检手续的船舶，在船靠后 4 小时内，外勤应携带海员证办理正式手续。未办理预检的船舶，在船抵港后 24 小时内办理手续。对于来自国内港口的外国籍船舶，外勤应向船长索要随船的"边封"，递交给边防检查站。

3. 海关

在船舶靠泊后 24 小时内必须办理海关手续。外勤向海关递交的单证有："总申报单"、"货物申报单"、"船员名单"、"旅客名单"（如有旅客）、"船员物品申报单"、"船用物品申报单"、"船舶进境报关单"、"进口载货清单"。

对于来自中国港口的外国籍船舶还需要递交"关封"，而对来自中国港口的中国籍船还需要递交"监管簿"。

4. 检验检疫局

卫生检疫机关根据"电讯卫生检疫申请书"的内容，依据法律和有关规定作出锚地、靠泊或随船卫生检疫的决定，并通知船代。

如果是锚地检疫或随船检疫，在船舶靠泊后，外勤一般不需去卫检办理进口手续。如果是准许靠泊时检疫，外勤应在 24 小时内到口岸检疫机构办理进口岸手续。并递交以下单证："总申报单"、"货物申报单"、"船用物品申报单"、"船员名单"、"旅客名单"（如有旅客）、"船舶进境航海健康申报书"、有关卫生证件、动植物检疫证书。

外勤人员在办妥船舶进口手续后应及时将手续办理情况和船舶抵港情况反馈给公司计划调度及港口作业单位。

二、船舶出口手续办理

在办理船舶出口手续以前，应确保各项委办事项均已办妥，并已与船方交接完毕，各种证书、单证均已备妥无误，所有船员均已回船。

在船舶开航前，外勤应协助船方向下列检查检疫部门填报各种船舶出口申报单证，并要求办理船舶出口手续。

1. 检验检疫局

对于下一港为国内港口的，不需要办理检验检疫手续。对于下一港口为国外港口的，一般应在船舶开航前 24 小时内，需向检验检疫局提交下列文件："总申报单"、"货物申报单"、"船舶出境航海健康申报书"、"船员名单"（船员如有变动）、"旅客名单"（如有旅客）、"船舶出口联系单"、有关卫生证件、动植物检疫证书，并从检验检疫局获得加盖放行章的船舶出口联系单。

2. 海关

在船舶开航前 12 小时内，外勤应向海关递交下列单据："总申报单"、"货物申报单"、"船员名单"（船员如有变动）、"旅客名单"（如有旅客）、"船舶出境报关单"、"出口载货清单"、"船舶出口联系单"（已加盖检验检疫局放行章），并从海关获得加盖放行章的船舶出口联系单。

对于下一港为国内港口的，外勤还应要求海关办理给下一港海关的"关封"，并转交给船长。

3. 边防

在船舶开航前 4 小时内，外勤应向边防检查站递交下列单证："总申报单"、"船员名单"、"旅客名单"（如有旅客）、"船舶出境自查报告表"（对于全船为外派船员的船舶，需递交该表）、"海员证"、"登陆证"（对于进口办理登陆证的船舶，在办理出口时，外勤必须将所有的登陆证回收给边防检查站）、"船舶出口联系单"（已加盖检验检疫局和海关放行章），并从边防检查站获得加盖放行章的船舶出口联系单。

对于下一港为国内港口的非中国籍船舶，在办理完出口手续时，外勤应要求边防出具给下一港边防的"边封"，并交给船长随船带走。

4. 海事局

办理船舶出口手续的最后一关是海事局审批手续。在此之前，外勤必须获得已加盖检验检疫局、海关、边防检查站放行章的船舶出口联系单，然后，向海事局递交下列单据："总申报单"、"货物申报单"、"船员名单"（船员如有变动）、"旅客名单"（如有旅客）、"船舶出口联系单"，并从海事局获得船舶出口许可证。

外勤需注意，如果船舶办理完出口手续 24 小时内未出境，需重新办理手续，否则按非法入境处理。

在开船以前，外勤应将"船舶出口许可证"、"船舶出境检疫证"（下一港国外）、"关封"（下一港国内）、"边封"（下一港国内）等随船文件交给船长。

知识链接

《中华人民共和国海关法》关于进出境运输工具的管理规定

(1) 进出境运输工具到达或者驶离设立海关的地点时，运输工具负责人应当向海关如实申报，交验单证，并接受海关监管和检查。停留在设立海关的地点的进出境运输工具，未经海关同意，不得擅自驶离。进出境运输工具从一个设立海关的地点驶往另一个设立海关的地点的，应当符合海关监管要求，办理海关手续，未办结海关手续的，不得改驶境外。

(2) 进境运输工具在进境以后向海关申报以前，出境运输工具在办结海关手续以后出境以前，应当按照交通主管机关规定的路线行进；交通主管机关没有规定的，由海关指定。

(3) 进出境船舶、火车、航空器到达和驶离时间、停留地点、停留期间更换地点以及装卸货物、物品时间，运输工具负责人或者有关交通运输部门应当事先通知海关。

(4) 运输工具装卸进出境货物、物品或者上下进出境旅客，应当接受海关监管。货物、物品装卸完毕，运输工具负责人应当向海关递交反映实际装卸情况的交接单据和记录。上下进出境运输工具的人员携带物品的，应当向海关如实申报，并接受海关检查。

(5) 海关检查进出境运输工具时，运输工具负责人应当到场，并根据海关的要求开启舱室、房间、车门；有走私嫌疑的，并应当开拆可能藏匿走私货物、物品的部位，搬移货物、物料。海关根据工作需要，可以派员随运输工具执行职务，运输工具负责人应当提供方便。

(6) 进境的境外运输工具和出境的境内运输工具，未向海关办理手续并缴纳关税，不得转让或者移作他用。

(7) 进出境船舶和航空器兼营境内客、货运输，需经海关同意，并应当符合海关监管要求。进出境运输工具改营境内运输，需向海关办理手续。

(8) 沿海运输船舶、渔船和从事海上作业的特种船舶，未经海关同意，不得载运或者换取、买卖、转让进出境货物、物品。

(9) 进出境船舶和航空器，由于不可抗力的原因，被迫在未设立海关的地点停泊、降落或者抛掷、起卸货物、物品，运输工具负责人应当立即报告附近海关。

知识链接

中华人民共和国海关禁止进出境物品

（一）禁止进境物品

（1）各种武器、仿真武器、弹药及爆炸物品；

（2）伪造的货币及伪造的有价证券；

（3）对中国政治、经济、文化、道德有害的印刷品、胶卷、照片、唱片、影片、录音带、录像带、激光视盘、计算机存储介质及其他物品；

（4）各种烈性毒药；

（5）鸦片、吗啡、海洛因、大麻，以及其他能使人成瘾的麻醉品、精神药物；

（6）带有危险性病菌、害虫及其他有害生物的动物、植物及其产品；

（7）有碍人畜健康的、来自疫区的，以及其他能传播疾病的食品、药品或其他物品。

（二）禁止出境物品

（1）列入禁止进境范围的所有物品；

（2）内容涉及国家秘密的手稿、印刷品、胶卷、照片、唱片、影片、录音带、录像带、激光视盘、计算机存储介质及其他物品；

（3）珍贵文物及其他禁止出境的文物；

（4）濒危的和珍贵的动物、植物（均含标本）及其种子和繁殖材料。

知识链接

登外轮工作人员守则

（1）正确执行党和国家的方针、政策、严格遵守我国有关法律法规和涉外纪律，自觉维护国家声誉和民族尊严。

（2）上下外轮，应该凭规定的标志或有效的登外轮证件，主动接受边防执勤人员的查验和管理。

（3）严守党和国家的机密，不准在外轮上谈论内部机密事件，不准携带内部文件、资料和禁止出口的报刊登外轮。

（4）应当在外轮上指定的地点工作、作业。非因工作需要，不准进船员房间、工作室。工作完毕，应即离船。除按规定在锚地驻外轮的工作人员外，不准在外轮上用餐、洗澡、要休息房间。

（5）不准随意拿用或损坏外轮上的设备、物品。损坏东西要赔偿。

（6）不准与外轮人员私拉关系，不得向船员讨要、价购、托购物品或私自馈赠。禁止在外轮上看电影、电视。不得随意翻阅外轮上的书刊。

（7）接触外轮船员、旅客，要热情友好，讲究礼貌，不卑不亢，尊重不同国家、民族的风俗习惯，不干涉船方的内部事务。

（8）要注意个人卫生和船上卫生。要守秩序，不准打闹、吵骂。

（9）严格遵守处理涉外问题的请示报告制度，不准超越职责范围随意代表国家或机关发表意见、签署文件。内部发生意见分歧，不应暴露在外轮船员和旅客面前。

（10）发现外轮船员和旅客违犯我国法律法规，或危害我国人民利益的行为，应当及时报告主管机关处理。

子任务2　装卸准备就绪通知书的递接

任务引入

A轮进入天津港后，船长将已做好的装卸准备就绪通知书（如下所示）交给天津阳光船舶代理有限公司，作为该公司的外勤，请你妥善办理通知书的递接。

Tianjin，16th March，2013

TO：Tianjin Sunlight Ship Agency Co.，Ltd.

NOTICE OF READINESS

Dear Sirs，

Please be advised that M. V. Xing Hai Arrived at Tianjin Xingang at 1015 hours on 16th March，2013 and the free pratique was granted at 1130 hours on 17th March，2013. Now she is in all respects ready to commence discharging her cargo m. ore and c. ore in bulk in accordance with terms，conditions and exceptions of the relevant charter party.

Notice of Readiness tendered at 1130 hours 17th March，2013.

Master：＿＿＿＿＿＿＿＿

Of M. V. Xing Hai

Notice of Readiness accepted at 1130 hours17th March，2013.

As agent：＿＿＿＿＿＿＿＿

For and on behalf of Receiver

任务分析

装卸准备就绪通知书（Notice of Readiness，NOR，N/R 或 N. O. R.，以下称通知书）是船舶代理业务中经常接触到的重要文件。它的递接工作直接涉及滞期费和速遣费的计算，关系到船、港、货等有关方面的经济利益。递接工作办理得如何也反映了代理工作质量的高低。

原则上讲，通知书应由船方通过代理向协议对方递交，由协议对方签署确认后通过代理交回船方。在国内实践中，船方递交通知书后，代理往往无法转给协议对方(找不到接受方或对方不肯接受签署)，船方通常会要求代理来签署通知书。因此，作为办理通知书递接工作的外勤，在接到船方做好的通知书后，应认真审核该通知书是否符合有效递接的几个条件，如果符合条件，外勤应以代理身份予以接受和签署。为妥善办理通知书的递接，需要先学习以下知识。

相关知识

一、通知书的概念及作用

通知书是船舶到达装/卸港后，船长向租家或其代理人发出的，关于本船已经到达装/卸港，并在各方面已为装/卸工作做好准备的书面通知。

通知书一般要载明船舶抵达合约中规定港口或靠妥指定泊位的准确日期和时间，说明该轮在各方面都已具备装卸条件，强调装卸时间的计算需按合约中有关条款办理，并且要写明通知书的递交接受的日期和时间。

船舶装卸时间的起算是以通知书的接受时间为重要依据的。通知书不仅有通知准备装卸的作用，更是航次租船运输中计算船舶装/卸货时间的起算依据，对船东和租家合理划分经济利益和责任具有重要意义。

二、通知书被有效递接的条件

通常船舶在递交通知书前应符合以下条件：

1. 船舶已抵港

船舶是否已抵港，需根据租船合同的规定来判断。如果租船合同中规定船舶应到达指定的港口，可视为到达船舶，此为港口租约。如果租船合同规定船舶必须到达合同规定的或租家指定的泊位，才可视为到达船舶，此为泊位租约。

(1) 港口租约（Port Charter Party）。在港口租约下，船舶只要到达港内，不论是否能马上靠泊，都算是船舶抵达。因此，在港口租约下由于港口拥挤而待泊造成的时间损失风险基本都是由租家承担。但是，随着船舶越来越大，数量越来越多，许多港口越来越拥挤，有时船舶连港内也进不去，只能在港外待泊。船东为尽量避免时间损失风险，在与租家订立租约时往往会写入“WIPON（Whether In Port Or Not：无论进港与否）”条款，这样，船舶即使是在港外待泊也算作抵达。在实践中采用港口租约的情况较少，大多是泊位租约。

（2）泊位租约（Berth Charter Party）

在泊位租约下，船舶必须到达指定的港内泊位才算是抵达。由于许多港口拥挤严重，许多船舶抵港时不能马上靠泊。为避免承担时间损失风险，船东在与租家订立租约时也会加入各种条款来转移时间损失风险。如在租约中写入：“WIBON（Whether In Berth Or Not：无论靠泊与否）”，则船舶进港后不论是否靠泊都算作抵达；“Berth reachable on her arrival：到达即可靠泊”，则船舶抵港时，租家要指定一个可以马上靠挂的泊位，如果做不到，不论原因如何都算作租家违约，要赔偿船东延滞损失等。

2. 船已备妥

船舶在各方面均已作好装卸货物的准备。此项要求主要指与装卸货物有关的方面。

（1）在法律上，船舶已完成港口法律要求办理的海关、边防检查、卫生检疫等各项手续并取得相应证书。

（2）在技术上，船舶的吊杆或吊车、起货机及其他装卸工具已处于随时供装卸货物使用的状态；船上的货舱应该通过验舱或熏蒸，适于装货或卸货。

（3）在船舶适货方面，要保证：①验舱合格。如果船舶承运的是粮食、糖、食品等货物，货舱必须清洁、干燥、无味，须进行强制性验舱，经商检验舱合格后方可视为具备装货条件。除强制性验舱外，如果委托方、租方、船方等申请验舱，也要经商检验舱合格后方可视为具备装货条件。②除鼠熏船。如果船长申请或卫生检疫部门发现鼠患并要求熏船，应在熏船结束并检验合格后，方可视为具备装货条件。③货物熏蒸。如果进口卸货船舶需要对船上货物熏蒸，应在检验检疫局正式宣布熏蒸结束并适于卸货后，方可视为具备卸货条件。④船方负责的铺垫、隔舱基本就绪后，方视为具备装货条件。

3. 递接时间在办公时间内

船舶抵港后，应在当地的办公时间内递交通知书。因此，星期日或法定节假日不能递交通知书。如果租船合同中明确规定了递交通知书的具体时间，则船方必须在合同规定的时间内递交。有的合同并未规定通知书递接的具体时间，而是在其中规定“办公时间内”或“当地办公时间内”。在我国港口，可根据港口当地的办公时间上午8～12点，下午2～6点办理通知书的递接手续。通知书的递交和接受时间应尽量保持一致。

三、实用英语会话范例

Acceptance of a Ship's Notice of Readiness

(Conversation between Captain and Agent)

Agent: Hello, Captain, good afternoon.

Captain: Hi, Agent, good afternoon.

Agent: Captain, have you got the Notice of Readiness for your loading ready? if so, let's sign is now.

Captain: Of course, here it is, we can do it now. The acceptance time for it, I think, should be 1: 00 this afternoon.

Agent: Just a moment, Captain, let me have a look first……Well, Captain, are all the holds for loading clean?

Captain: Yes, they are.

Agent: Did all the cargo holds pass the inspection of cleanliness by the cargo surveyor?

Captain: Sorry, I am not sure about that. Let me ask my Chief-mate……Hello, Chief, this is captain speaking, did we pass the cargo hold inspection of cleanliness?

C/O: Oh, captain, not yet. I am waiting for the cargo surveyor to inspect holds this afternoon.

Captain: Clear, thanks. Well, Agent, sorry, but it's not yet finished.

Agent: I see. In that case, we have to get the cargo surveyor to complete the hold inspection soonest. The ship's charterer faxed us that only after the inspection of cargo hold cleanliness is completed, can the agent sign the Notice of Readiness for loading.

Captain: OK, I see. Please ask the surveyor to do it as rapidly as possible and we'll sign the N. O. R. afterwards.

(**Knocking at the Door of Captain's Cabin**)

Agent: Hello, Captain, this is your agent, I am back now. May I come in?

Captain: Yes, Agent, please come in and sit down there. Would you like some coffee or perhaps a soft drank?

Agent: Some coffee, please.

Captain: All right, I'll ask my boy to prepare it for you.

Agent: Captain, has the hold inspection been passed?

Captain: Yes, Agent, that's already ended. It passed at 16: 30 this afternoon.

Agent：That's good. By the way，did the surveyor give you the inspection certificate?

Captain：Yes，here it is.

Agent：Thank you，let me have a look... Well，is everything on your side ready for loading now?

Captain：Yes，Agent，it's just the right time.

Agent：Very good. Now，on one hand，I am going to inform the stevedoring department to start the loading as soon as possible；on the other hand，we both sign the N. O. R. at this time.

Captain：perfect，thank you for this good arrangement.

Agent：You're certainly welcome. Shall we go for it now?

Captain：Sounds good，Let's do it.

New Words

1. stevedoring company　码头装卸公司
2. inspection of cleanliness　清洁检验
3. cargo surveyor　商检人员

资料来源：《国际船舶代理业务实用英语会话》（袁洪林编著）。

任务实施

一、在接到船方已做好的通知书后，外勤应审核通知书是否符合下列几个条件

（1）船舶已抵达租约规定的地点。

（2）船舶已在各个方面具备装卸条件。

（3）递交时间在租船合同规定的时间内。

如果租船合同中规定了通知书的具体递接时间，应按规定时间办理。如果租船合同中规定在办公时间内递接，应在当地办公时间内办理。

二、通知书的签署

在国内实践中，船方递交通知书后，代理往往无法转给协议对方（找不到接受方或对方不肯接受签署），因此，船方常要求代理签署。在这种情况下，代理签署并不代表接受，只是证明船方试图通过代理递交的事实。代理一般可以用加批并明确地位的

办法来解决。加批内容可以是“Notice of Readiness is to be tendered and accepted as per relevant agreement”或“Notice of Readiness tendered at ×××× hours on ×××× ×××× and shall be accepted as per relevant C/P, contract or agreement”。并在签名位置前加上表明地位的定语，如“As ship's agent”或“As agent for ××××”。

此外，还有一种容易被船方接受的做法，即不管协议是否存在，船方向代理递交就绪通知书，代理根据实际情况判断，按照当地惯例以代理身份予以接受并签署。具体做法是通知书递交对象必须是代理而不是第三方，而代理接受时的身份是船舶港口代理。这样递接的通知书不会构成侵权，对第三方一般不具有约束力，但能当一份证明使用。

一般情况下船方往往需要代理准备通知书格式供其使用。代理准备这类格式时，要注意必须包括以下内容：递交对象、地点、日期、船名、抵达港口的名称日期、检疫通过时间和日期、船舶已经备妥装/卸的货物名称及数量、通知书递交的时间和日期、通知书接受的时间和日期、船长签字和接受方名称及签字。上述内容应由船方填制，外勤应审核通知书的抬头（是否为本船代公司）、抵港时间、依据的合同、递交时间等内容是否准确，船长是否已签字盖章。审核无误后，外勤应使用中文名字签署通知书。

通知书一般一式多份（5～7份），一般要交船方和委托方各两份，代理留一份，其余的交协议对方（如有）。

三、递接通知书的注意事项

1. 外勤在处理通知书递接业务前，必须先明确自己的身份。这样，才能正确处理递交行为，从而合理有效的维护有关当事人的利益。

（1）如作为船东代理，外勤不应该是通知书的接受者，而只能是通知书的传递者或递交者。在船舶准备就绪后，外勤应立即将通知书递交到租家或其代理人手中，并请其签署接受。

（2）如作为租家代理，外勤可以根据租船合同或租家的有关指示签署接受通知书。此时，应特别注意船舶是否抵达，船舶各方面是否真正做好准备，以及通知书递交的时间、方式等。

（3）如代表收发货人接受通知书，外勤应根据买卖合同或收发货人的有关指示签署接受通知书。此时，应注意买卖合同中对船期、交货期、装/卸率等方面的规定。

（4）如船代与港方签有滞期/速遣协议，外勤应代表港方接受通知书。

2. 如果船长和代理均未看到租船合同，也没有人指示船长或代理递接通知书，为了保险起见，外勤最好签署“RECEIVE”（收到），不使用“ACCEPT”（接受）字样。

3. 特殊情况的处理

(1) 如果船舶提前抵港但尚未到受载期，外勤应按照计划员的要求办理通知书的递接。

(2) 对于在同一港口卸货和装货的船舶，卸货通知书和装货通知书必须分别递接。如果在同一泊位进行卸货和装货，装货通知书要在卸货完毕、检验合格后才能递接。

(3) 如果船长同意边卸边装，通知书应在货物卸完时递接，但对已开始装货的各舱所用时间要如实做好事实记录。

知识链接

船舱检验

船舱检验，简称验舱，是对承载出口商品的船舱进行检验，包括干货舱、油舱、冷藏舱检验，目的是鉴定其是否符合运输契约规定要求，是否适宜拟装载商品，出具验舱证书，作为承运人的履约证明或供有关方面进行货物交接以及处理货损事故的依据。

1. 干货舱检验

对船舱的舱底、舱壁、舱顶、舱口框、护货板等固定设备进行检验，要求船舱清洁、干燥、无异味、无虫害，设备齐全，适于受载拟装的货物。如发现不正常情况时，应由船方清洁和改进。

2. 油舱清洁检验

检验船舱的舱底、舱壁、舱顶等部位，不得有影响拟装油液的油污、锈渍和有毒有害物质，并符合清洁、干燥、无异味的要求；对于装运食用植物油的船舱，还必须进行食品卫生条件的检查。

3. 油舱密固检验

对油舱进行紧密性检验，通常采用水压、油压或气压试验，按照技术规程，施加一定程度压力后，检查船舱各衔接部位是否有渗漏现象，符合装载液体商品要求的方可装货。

4. 冷藏舱（室）检验

检查制冷机械的定期鉴定证书是否超过有效期；检测舱（室）的温度是否符合合约规定要求，冷冻效能是否稳定；检查舱顶、舱壁、舱盖、绝缘设备是否清洁卫生，有无特殊气味及有无漏水、漏气现象，绝热、通风及排气设备是否完善等；符合拟装货物要求的方可装载，以保证承载货物的卫生和安全。

5. 干货舱单项检验

对于装载特殊商品的船舱，可按申请人的要求，作特殊单项检验，如：对拟装钢材的船舱为使钢材不受氯离子侵蚀，可对舱底或舱内其他部位，以蘸满蒸馏水的纱布染及粉尘后收集到试管，然后用硝酸银滴淀法，测定其氯离子含量。

验舱工作一般需凭申请办理，但对装运出口粮油食品、冷冻品等易腐食品的船舱，根据《商检法》规定，由出入境检验检疫机构实施强制检验，检验不合格的，不准装载。

知识链接

航次标准合同——GENCON94 中关于准备就绪书的规定

如准备就绪通知书在中午 12 点之前（包括 12 点）递交，装卸时间从下午 1 点起算；如通知书在 12 点以后递交，装卸时间从下一个工作日上午 6 点起算。在装货港，通知书应递交给租船合同中规定的托运人。如未指定托运人，则递交给合同中的承租人或其代理。在卸货港，通知书应递交给收货人，如未知，则递交给承租人或其代理。

如船舶到达装/卸港而无泊位，则船舶有权在到达后在办公时间内递交通知书，无论检疫与否，无论清关与否，且如船长保证船舶在各方面均已备妥，如同船已靠泊并在各方面做好装/卸准备一样，装卸时间或滞期时间开始计算。从等泊位置移到装/卸泊位的时间不计入装卸时间。

如经检验发现船舶未准备就绪，从发现之时起至再次准备就绪的时间不得计入装卸时间。

子任务 3　装卸时间事实记录的编制

任务引入

A 轮于 2013 年 3 月 17 日（周日）1730 抵达天津港引航检疫锚地抛锚。3 月 18 日 0830，你陪同检疫官和检验官抵达锚地，上 A 轮进行船舶检疫，1130 船长请你转交了通知书。A 轮待泊至 3 月 19 日 0920，引航员登船后船舶起锚。1100 船舶到南港区散货码头 15 号泊位。1130 船靠妥泊位。1300 开始卸货。至 3 月 22 日 1000 卸货完毕，共计 65000 吨煤炭。其中，3 月 21 日 0500 至 0800 因浓雾停工。

请根据上述资料缮制一份装卸时间事实记录表。

任务分析

装卸时间事实记录表详细记录了从船舶抵港至作业结束期间的有关船舶装卸的所

有事实及其起始时间。它是计算船舶速遣/滞期时间的重要依据。

装卸时间事实记录表通常由船代外勤编制，由船长、租家或收/发货人或其代理人签字确认。作为外勤，应在船舶装/卸完毕以后缮制正式的表格并交给相关方签字确认。要完成此任务，需要掌握以下相关知识。

相关知识

一、装卸时间事实记录表的概念及内容

装卸时间事实记录表（Laytime State of Facts，SOF），以下称事实记录，格式见图 4－1。它是船舶在港装卸时间的详细记录，一般从船舶抵达引航锚地开始至货物装卸完毕为止。其内容一般包括船舶名称，货物名称、数量以及船舶在港期间每日、每时发生的有关情况（如：船舶抵港时间，通过检疫、验舱时间，递交/接受通知书的时间，等泊时间，引水员上船时间，起锚时间，靠泊时间，装/卸开始时间，停工时间及原因，装/卸完毕时间，水尺公估时间等）。

××× **Agency Company limited**

LAYTIME STATEMENT OF FACTS

××× **(Date)**

M. V. ________ Loading/Discharging ________ Metric tons of ________________

Mon/Date	Day	Time		Descriptions
		From	To	

Remarks：

1. Ship's G. R. T. ________

2. There are ________ hatches on board this ship.

3. Hatches worked in this port are No. ____________ and ________ only.

Master：________________　　　　As Agent：________

图 4－1　装卸时间事实记录表

二、装卸时间事实记录参考用语

本用语是供外勤在编制时间表时参考使用。由于船舶在港的情况很多，本用语不可能包括齐全。如遇有特殊情况，可自行据实翻译记录。

(一) 船舶抵达

1. 抵达并锚泊在引水锚地	Arrived and anchored at the pilot anchorage
2. 抵达检疫锚地	Anchored at the quarantine anchorage
3. 等候引航员	Waiting for pilot
4. 等候检疫	Waiting quarantine inspection
5. 进行检疫	Quarantine inspection conducted
6. 检疫通过	Free pratique granted
7. 等高潮进港	Waiting high tide for entry
8. 等候办理进口手续	Waiting for entry (inward) formalities

(二) 装卸准备

1. 等候泊位	Waiting for berth
2. 准备装卸	Preparation for loading/discharging
3. 首/末次开舱盖	First opening & final closing of hatches
4. 整理吊杆	Rigging derricks
5. (船员/工人) 清舱	Cleaning cargo holds (by crew /shore labourers)
6. 铺垫舱	Dunnaging cargo holds
7. 水密检验通过	Water tight testing
8. 搭雨篷	Erecting rain tents
9. 拆雨篷	Taking off rain tents
10. 搭/拆防动板	Erecting/Dismantling shifting boards
11. 商检人员验舱	Inspecting cargo holds by cargo surveyors
12. 验舱不合格	Inspection of cargo holds not passed
13. 验舱合格	Inspection of cargo holds passed

(三) 装卸作业

1. 开始装卸	Loading/discharging commenced
2. 继续装卸	Loading/discharging continued
3. 在雨篷下装卸	Loading/discharging under rain tents
4. 装卸完毕	Loading/discharging completed
5. 水尺公估	Determining cargo quantity on board by draft surveyor
6. (特殊) 平舱	(Special) trimming of cargo
7. 扫舱	Sweeping holds

(四) 装卸时间

1. 递交准备就绪通知书	Notice of Readiness tendered
2. 接受准备就绪通知书	Notice of Readiness accepted

3. 开始计算时间	Time commenced to count
4. 按租约不计时间	Time not to count as per C/P
5. 星期日不计时间	Time not to count on Sunday
6. 元旦、春节、“五一”国庆节不计时间	New year's day/spring Festival/May day/ National Day of the People's Republic of China, time not to count
7. 星期六下午不计时间	Saturday afternoon, time not to count
8. 星期一 0800 前不计时间	Monday time not to count before 8 am.
9. 冷却吸扬时间	Time for cooling the motor of sucker
10. 装卸重货不计时间	Time not to count for loading/discharging heavy lifts
11. 雨篷下装卸不计时间	Loading/discharging under rain tents, time not to count
12. 雨篷下装卸，时间按50%计算	Loading/discharging under rain tents, 50% of the time to be counted
13. 恢复装卸	Loading/discharging resumed
14. 暂停装卸	Loading/discharging suspended

（五）装卸中断

1. 因雨停工	Loading/discharging suspended owing to rain
2. 因阵雨停工	Loading/discharging stopped due to shower
3. 因间断下雨停工	Loading/discharging stopped due to intermittent rain
4. 因防止下雨而停工	Suspended loading/discharging suspended owing to precaution against rain
5. 因浓雾停工	Loading/discharging suspended owing to dense fog
6. 因雪停工	Loading/discharging suspended owing to snow
7. 因大浪/巨涌停工	Loading/discharging suspended due to heavy surf/swell
8. 因大风/台风停工	Loading/discharging stopped due to strong wind/typhoon
9. 因台风警报停工	Loading/discharging suspended due to the typhoon alarm
10. 台风警报解除	Typhoon alarm released
11. 因坏天气停工	Loading/discharging suspended owing to the

	bad weather
12. 因潮水上码头停工	Loading/discharging suspended owing to tide flooding over the wharf
13. 因扫雪停工	Loading/discharging suspended due to sweeping snow
14. 移至……避风	Shifting to……for taking shelter against typhoon/storm
15. ×舱因绞车故障停工	Loading/discharging suspended in Hatch No. × due to winch trouble
16. ×舱因吊货钢丝故障停工	Loading/discharging suspended in Hatch No. × owing to cargo runner trouble
17. 因船舶停电停工	Loading/discharging stopped due to suspension of ship's power supply
18. 因油泵故障停工	Suspended loading/discharging owing to pump trouble
19. 因调整船舶吃水停工	Loading/discharging suspended owing to adjusting ship's draft
20. 因修改积载图而停工	Suspended loading/discharging suspended owing to revising stowage plan
21. 等火车车皮	Waiting for railway wagons
22. 等驳船	Waiting barge/lighter
23. 等移泊	Waiting for shifting
24. 等租家指示	Waiting for instruction from charterers

（六）船舶动态

1. 起锚并驶往装/卸泊位	Heaved up (Weighed) anchor and Proceeding to berth for loading/discharging
2. 驶靠第×号码头	Proceeded & berthed alongside wharf No. ×
3. 从浮筒移至装/卸泊位	Shifting from buoys to loading/discharging berth
4. 船系××号浮筒	Moored at buoys No. ××
5. 因……不能进港	Failed to enter owing to...
6. 因……返回锚地	Turned back to anchorage owing to...
7. 靠往××泊位	Berthing alongside to berth No. ××
8. 靠妥××泊位	Berthed alongside to berth No. ××
9. 因错过潮水而未能进港	Failed to enter due to missing high tide

10. 靠妥且缆绳全部系紧	Berthed alongside and all (lines) fastened
11. 移泊	Shifting berth
12. 准备移泊	Preparation for shifting berth
13. 等候移泊	Waiting for shifting berth
14. 移至锚地避台风	Shifting to the anchorage for taking shelter against typhoon
15. 在泊向前/向后移动 20 米	Moving forward/aster 20 meters alongside the wharf

（七）熏蒸

1. 商检人员口头通知熏蒸	Cargo fumigation as per Surveyor's notice
2. 商检人员正式通知熏蒸	Cargo fumigation as per Surveyor's official order
3. 移泊熏蒸	Shifting from wharf No... for fumigation
4. 准备熏蒸	Preparation for fumigation
5. 开始熏蒸	Fumigation commenced
6. 实施熏蒸	Fumigation conducted
7. 熏蒸结束	Fumigation completed
8. 开舱散毒	Hatches opened for releasing poisonous gas from cargoholds

（八）油区装卸

1. 接油管	Connecting hose pipes
2. 拆油管	Disconnecting hose pipes
3. 验舱	Tanks surveying
4. 开泵	Pumping commenced
5. 因泵故障停工	Loading/discharging suspended owing to pump trouble
6. 停泵（完工）	Pumping completed
7. 清扫管线	Blowing hose and pipe lines
8. 拆管线	Disconnecting hose pipes
9. 自流	Self flowing with residue pressure
10. 打压载水	Taking ballast water
11. 量舱（量空距）	Taking ullage of oil tanks
12. 扫舱底	Stripping oil tanks

（九）风暴的区域性习惯称呼

1. 台风（东亚及东南亚）	Typhoon

2. 季风风暴（北印度洋）　Monsoon Gales
3. 气旋（南印度洋、南太平洋）　Cyclone
4. 热带风暴（赤道地区）　Tropical Storms
5. 飓风（墨西哥湾）　Hurricane
6. 风暴（其他地区）　Storms

三、实用英语会话范例

Mutual Check of the Statement of Facts

(Conversation between Chief-officer (C/O) and Agent)

Agent: Good afternoon, Chief-officer, is everything ready before sailing?

C/O: Yes, almost, Well, Agent, anything I can do for you now?

Agent: Yes, two things. One is that I'll collect all the mate's receipts from you and take them away with me. The other is that I am going to check the actual working time with your record, and I'll type the statement of facts later.

C/O: OK, there are the mate's receipts, altogether 13 sheets, but some have my remarks put according to the true condition of the cargo. For the time record, one minute please, I'll get the Log Book here first and then we both can have a check. (Two minutes later) Yes, Agent, I've got my Log Book here and how do you want to check it? From the very beginning?

Agent: Correct, from the time that you pulled up anchor from the anchorage to the time that you finished your loading.

C/O: Oh, I see. Well, we pulled up the anchor at 20:30 Tuesday evening, then entered the port and berthed at 21: 47 p. m. on the same day. Is it right?

Agent: Yes, it is right. Go on, please. How about later?

C/O: After berthing, we had no work until 8 o'clock the next morning. That is to say we commenced loading at 8 o'clock Wednesday morning.

Agent: Yes, I had the same hour as yours.

C/O: Unfortunately, we stopped loading at 14:25 Wednesday afternoon, because it was raining and we had to close all of our 4 hatches.

Agent: Yes. It is a fact that it rained that afternoon. But according to my record it seemed to be 13:30. That is one hour different.

C/O: I think my record is more correct as I was just on duty at that time. From then on, nothing was done till 21:40 on the same evening. The loading continued without stopping until 11:00 Thursday morning.

Agent: Just a moment, let me take down this time, because I don't have a record of it. OK, and then the time for shifting?

C/O: The shifting time is from 11:00 to 11:50 in the morning, afterwards it was the time for lunch. We resumed our loading again at 13:00 Thursday afternoon.

Agent: Good, this time is the same as mine and later?

C/O: Around 19:30 the same day, it drizzled for almost one hour and a half. Well, to tell you the truth, the loading was not stopped, for it was not a heavy rain and had no influence on the cargo at all.

Agent: All right, if so, we can ignore it, and then?

C/O: The working operation continued until 03:35 the next morning, I mean the Friday early morning.

Agent: OK, I am going to put this time in my note book, because it was something that was done at night and I am not clear about it. Anything else at this time for you to explain or state?

C/O: It seems no, that's all for our working operation time, I think. You can make your S. O. F. like this without any mistakes and even less trouble. That is the true time record of our operation.

Agent: Many thanks for your assistance, I'll do it accordingly.

C/O: OK, Agent, bye-bye.

Agent: I wish you a good journey to your next port.

New Words

1. drizzle *n.* 毛毛雨
2. journey *n.* 旅程，旅行
3. resume *vt.* 恢复

Patterns and Phrases

1. Log Book 航海日志
2. to pull up anchor 起锚
3. to take down the time 把时间记录下来

资料来源：《国际船舶代理业务实用英语会话》（袁洪林编著）。

任务实施

装卸时间事实记录通常由船舶代理人缮制，由船长、承租人或收/发货人或其代理人签字确认。缮制事实记录的方法如下：

一、熟悉租船合同/买卖合同/协议书等规定

缮制时间表时要实事求是，兼顾委托方的经济利益，注意不同合同的不同规定。例如："作业期间的开舱盖"、"装货前的铺垫舱"、"允许两次移泊"等经常有特别规定的情况。

二、详细记录，分清责任

（1）在船长同意的情况下，时间表上记录的时间一般以5分钟为起点数，应逐日、逐时连贯记载，中间不得有空隙或省略。

（2）在船舶抵达锚地检疫后的等泊过程中，如遇下雨、下雪、刮大风、大雾等不良天气，应同时注明"等泊"和"不良天气"，以便按合约中的规定扣除或不扣除。"等泊"期间的坏天气应参照当地气象台的天气资料。

（3）在装卸作业过程中出现的坏天气，如大风、下雨、下雪、浓雾等造成停工，在时间表中必须注明"由于××（坏天气）造成停工"。

（4）如果属船方原因造成装卸停工（如绞车故障、货灯熄灭、索具更换、船电中断等），在时间表中必须注明"由于船方××原因造成停工"，以明确责任。

（5）移泊时间的记录

①在移泊前，从停止装卸至等候移泊所占去的时间可并入移泊时间，按"移泊"记录或记录为"准备移泊"。

②如等候移泊时间较长，超过通常所需时间，属港方原因的情况，应按照"等候移泊"记录；属船方原因的情况，应按照"船舶准备移泊"记录；属潮水原因的情况，应按照"候潮移泊"记录，不能用"停工"或"等候装卸"等原因不明的方式记录。

③在移泊后，如果在正常时间内恢复装卸，应按照"准备开始装卸"或"准备恢复装卸"记录，不能记录为"等候装卸"。

④船舶在装卸过程中，因受潮水影响需要从泊位移开，然后又移回，不能记录为"移泊"，应记录为"因潮水影响，作业中断"或记录为"因低潮，船舶脱离码头"及"船舶回靠码头"。

（6）根据船方申请，进行的困难作业及特殊平舱的时间应记录清楚。

（7）由于船舶设备问题造成工人伤亡或作业船舶被其他船舶碰撞等原因而使作业中断，应记录为"发生××事故，作业中断"。

(8) 在装卸完毕后，如果应有关方的要求，需要船舶到锚地熏蒸，可另做时间表，时间应该衔接起来。时间表应分“等候熏蒸”、“准备熏蒸”、“熏蒸”、“等候船员返船”等几个阶段。

(9) 在装卸完毕后，如果因港口使费未结清或处理海事等原因不能及时开航，应在时间表中做好记录。

(10) 如果船上装了多票货物，外勤可按有关方的要求，分不同发货人和不同货物分别缮制时间表。

三、文字精练、统一、准确

时间表是船舶在港装卸时间的记录文件，它具体反映了船舶从抵港时起至装卸完毕为止的有关活动，是船东和租家之间计算装卸时间的重要依据。因此，缮制时间表要求文字精练、统一、准确。

四、及时核对，做好签署工作

时间表来源于船舶在港期间船代与船长等有关方核对的数据、时间和有关天气情况记录。因此，外勤应经常与码头装卸指导员、现场理货组长和船方核对，避免记录差错。与船方核对后，外勤应要求船方在记录草稿上签字，防止对方反复。

船舶装卸完毕，可先缮制正式文本的时间表，其中空出完工时间，待完工后填上实际完工时间，交船方共同签署。外勤与船方共同签署时，应注明“As agents only”。

如果船租双方均未委托代理制作时间表，船方自行制作时间表，并坚持要求代理签署时，外勤应在核对无误后，签署时注明“As ship’s port agent”或加上“As witness only”的批注。

五、船方批注的处理

如果船长在签署时间表时对装卸时间记录有异议，为维护船方利益要求加批注。外勤应针对不同批注的性质与作用采取不同的处理方法。

1. 可接受的批注

下列一般性批注对结算时间无甚影响，可以考虑接受。

(1)“按租约规定办理”(Subject to all terms, Conditions and exceptions as per C/P)。

(2)“仅为装卸时间记录”(For laytime record only)。

2. 不可接受的批注

(1) 下列一般性批注，可能会给滞期/速遣结算产生一定影响，应说明不批。如坚持，可接受：“以船东和租家双方同意为准”(Subject to owner’s and charterer’s approval)。

(2) 下列批注影响时间表的作用，须慎重处理，一般不予接受：

①“在抗议下签字”(Under protest);

②“在争论中”(In dispute);

③“以船东同意为准”(Subject to owner's approval)。

其他有影响的批注必须与船方摆清情况，核对事实，据理力争取消批注。如争执不下，必须迅速向委托方请示，并取得委托方书面确认，或将当时实际情况另做详细记载，附于时间表上，以便划清责任。

六、任务实施的结果

根据任务背景，缮制出的时间表如图 4-2 所示。

Tianjin sunlight Agency Company Limited
LAYTIME STATEMENT OF FACTS

Tianjin, 22nd March, 2013

M. V. Xing HaiLoading/Discharging 67000Metric tons of m. ore and c. ore in bulk

Mon/Date	Day	Time		Descriptions
		From	To	
3/17	Sun.		17: 30	Vessel arrived at the port of Nigbo and anchored at the pilot and quarantine
		17: 30	24: 00	Waiting for quarantine inspection.
3/18	Mon.	00: 00	08: 30	Waiting for quarantine inspection. s tendered and accepted
		08: 30	11: 30	Quarantine inspection carried out and free pratique was granted. Notice of Readiness was tendered and accepted.
		11: 30	24: 00	Waiting for berth.
3/19	Tue.	00: 00	09: 20	Waiting for berth.
		09: 20	11: 30	Pilot on board. Heaved un anchor and proceeding to the discharging berth.
		11: 30	12: 00	Berth alongside the No. 7 berth of Beilun Terminal.
		12: 00	14: 00	Prepare for discharging. Ding commenced.
		14: 00	24: 00	Discharging commenced and then continued.
3/20	Wed.	00: 00	24: 00	Discharging continued.
3/21	Thu.	00: 00	05: 00	Discharging continued.
		05: 00	08: 00	Discharging suspended due to dense fog.
		08: 00	24: 00	Discharging resumed and then continued.
3/22	Fri.	00: 00	10: 00	Discharging continued and completed.

图 4-2 任务时间表

知识链接

装卸日的含义

1. 日历日（Day）或连续日（Running Days，Consecutive Days）

以这种“日”表示装卸时间时，从装货或卸货开始，至装货或卸货结束，不论刮风下雨、周末和节假日都要算做一天。

2. 工作日（Working Days）

工作日是指不包括星期日和法定节假日的港口可以进行工作的时间。

3. 晴天工作日（Weather Working Days，WWD）

晴天工作日是指不包括星期日，法定节假日和因天气不良而不能进行装卸作业的港口可以进行工作的时间。虽然晴天工作日中已包含了星期日和节假日除外的含义，但是一般租船合同都习惯用“除去星期日和节假日的晴天工作日”（Weather Working Days，Sunday and Holiday Excepted；WWD，SHEX）

4. 24 小时晴天工作日（Weather Working Days of 24 Hours）

这种表示方法无论港口规定的工作时间是多少，以累计 24 小时作为一个晴天工作日。也就是说，如果港口的工作时间是每天 8 小时，那么一个 24 小时晴天工作日就相当于 3 个正常工作日，这种规定对船东不利。

5. 连续 24 小时晴天工作日（Weather Working Days of 24 Consecutive Hours）

这种表示方法无论港口的正常工作日是多少，均按 24 小时计算。即除去星期日、节假日和天气不良影响装卸的工作日或工作小时后，其余的时间从午夜到午夜连续计算。这是目前使用较多的表示装卸时间的方法。

子任务 4　船方委办事项处理

任务引入

作为阳光船舶代理有限公司的外勤，你从计划调度转交给你的单船档案中了解到，外籍轮船“星海号”从印度孟买港驶来，欲进入天津港装货出口。船方的委托事项有：加油、加水；排放压舱水；办理吨税；船长借支等。请你及时妥善办理各委托事项。

任务分析

船舶在港期间，除了进行装卸作业，还可能需要办理一些其他业务，如办理船舶吨税证书、船舶供应与维修、船员医疗与遣返、船长借支、船舶熏蒸、申请排放压舱水、代签提单等。对于船方所有的委办事项，外勤应在单船记录本上做好记录，并按照相关要求一一办理。

相关知识

一、海事声明

1. 海事声明的概念

海事声明（sea protests）是指的是当船舶遭遇自然灾害或其他意外事故，已造成了或估计会造成船货损害时，由船长在船舶抵港后向当地签证机关递交的一项声明。海事声明应在到达第一中途港或目的港 24 小时内递交当地签证机关，在港停留时间不足 24 小时的，应在船舶抵港后立即递交当地签证机关。海事声明是日后船方宣布共同海损、申请索赔及免责的法律文件。

2. 海事声明的内容

海事声明的正文详略不一（如图 4－3 所示），通常正文中应包括下列内容：

（1）本船船名、船籍港、吨位、货种、货物数量、出发港、目的港及挂靠港等；

（2）遭遇自然灾害的时间、地点或海域；

（3）自然灾害的性质、程度；

（4）声明对可能发生的灭失和/或损坏不负责任；

（5）保留在适当时间和地点延伸该项声明的权利。

海事声明通常需要 2～3 名经历灾难的人员作证，证人应在海事声明上签字。

海事声明中，通常应附有记录当时海况、天气状况及采取的相应措施等的航海日志摘要。这种摘要，原则上应由公证人员制取或经公证人员核实。

递交海事声明时，必须同时附送有关的船舶法定文件摘录或其影印件，如航海日志、轮机日志、车钟记录、海图等。海事声明和附录必须由船长签字并加盖船章，还要有不少于两个见证人的签字。

Sea Protests

Port:

Date:

To: (1) Port Authority, or

(2) Chinese Diplomatic Representative, or

(3) Notary Public:

Name of Vessel: ________　　Tonnage of Cargo: ________

Gross Tonnage: ________　　Sailed from ________ to ________

Port of Registry: ________　　Bound for ________

Shipowner: ________　　Calling on route at ________

Kind of Cargo: ________

And arrived at ________ on ________

In view of the following:

____

____

____

And fearing loss or damage, I hereby note my protest against all losses, damages, etc., reserving the right to extend same at time and place convenient.

Witnesses on board:

________________ (name and rank)

________________ (name and rank)

________________ (name and rank)

Master of (name of vessel) ________

Enclosures: Abstracts of deck logbook

图 4-3　中国远洋运输（集团）总公司海事声明格式

二、船舶吨税

船舶吨税（tonnage dues）是海关代表国家交通管理部门在设关口岸对进出中国国境的船舶征收的用于航道设施建设的一种使用税。船舶吨税的征收范围为在中华人民共和国港口行驶的外国船舶和外商租用的中国籍船舶以及中外合营企业使用的中国籍船舶。

船舶吨税税率分为优惠税率和普通税率两种。中华人民共和国国籍的应税船舶、船籍国（地区）与我国签订有相互给予船舶税费最惠国待遇条款的条约或者协定的应税船舶适用优惠税率。其他应税船舶适用普通税率。

吨税纳税义务发生时间为应税船舶进入港口的当日。应税船舶在吨税执照期满后尚未离开港口的，应当申领新的吨税执照，自上一次执照期满的次日起续缴吨税。下列船舶免征吨税：

（1）应纳税额在人民币 50 元以下的船舶；

（2）自境外以购买、受赠、继承等方式取得船舶所有权的初次进口到港的空载船舶；

（3）吨税执照期满后 24 小时内不上下客货的船舶；

（4）非机动船舶（不包括非机动驳船）；

（5）捕捞、养殖渔船；

（6）避难、防疫隔离、修理、终止运营或者拆解，并不上下客货的船舶；

（7）军队、武装警察部队专用或者征用的船舶；

（8）依照法律规定应当予以免税的外国驻华使领馆、国际组织驻华代表机构及其有关人员的船舶；

（9）国务院规定的其他船舶。

三、压舱水

压舱水（ballast water）是为了保持船舶平衡而专门注入的水，一般储存在船上专门的压载水舱中或一些特别加固的货舱中。压舱水是船舶安全航行的重要保证，特别是对于空载船舶。适量压舱水可保证船舶的螺旋桨吃水充分，将船舶尾波引发的船体震动降低到最低限度，并维持推进效率。它可通过调节船舶的重倾（重量分布）和水尺（吃水深度），使船舶符合当时的海洋条件，确保船舶在航运过程中的稳定和操作安全。

对空驶来港的船舶，海事局和引水为保证船舶具备足够的安全操作性能，同时也为防止船舶在进港前在沿海偷排压舱水，要求进港空船至少保有船舶载重吨位 1/4 数量的压舱水。国际公约和港口法规对压舱水的排放都有明确的规定，排放以前必须分别向卫检和海事局申请，获批后才能排放。对有专用分隔压载水舱的船舶，压舱水一般相对比较干净，只要压舱水不是来自疫区，往往在取样检验合格后可以直接排海。对未获批准直接排放的，有的需要消毒处理后才可排海，有的则需要排放到岸上污水处理设备中去。

四、实用英语会话范例

A Ship Applies to Pump out Ballast Water

(Conversation between Captain and Agent)

Agent: Well, Captain, all the things for your import formality have been completed. Is there anything else I may do for you?

Captain: Yes, Agent, we have about 400 tons of ballast water to pump out, in order to load the whole cargo for my ship.

Agent: I see. By the way, where did you take it on?

Captain: We took it on somewhere from Bombay India to China.

Agent: Could you be more precise?

Captain: I remember that we took it on somewhere in the Arabian Sea.

Agent: I understand. As far as I know, according to a notice from my head office, if a ship comes to China from that area after taking some ballast water there, it must be reported to the local Chinese Harbour Office and Quarantine Service, The ballast water can there be pumped out only after their approval is obtained .

Captain: OK, I'm aware of that. But Agent, what's the reason for the regulation? It wasn't like this before.

Agent: That's a very good question. Now let me give you a rough explanation. Some news from the World Health Organization said that there had been a contagious epidemic around India & Sri Lanka. So the ballast water taken by the ships coming from that area must be examined and disinfected first by the appropriate local departments before permission is granted by them to pump it out. In other words, without their permission, no ballast water can be pumped out.

Captain: Oh, I see the problem now after your explanation. I think I'll have to give the application to both harbour officer and quarantine service.

Agent: Exactly. And when you write the application, please put the quantity of the ballast water, the place where the ballast water is contained, and the date you took it on, so that the officer and the doctor may have the information right away.

Captain: Why is it so detailed?

Agent: Well, I can't say exactly, but all the mentioned information is necessary and important for their considerations.

Captain: All right, Agent, I'll complete everything. By the way, will they come on board my ship later?

Agent: I'm not sure. But don't worry. If they come here, you just answer their questions according to the fact in a friendly, co-operative manner. If they don't come here, it will be simpler. Perhaps I will then bring you the good news saying that you are allowed to pump it out, that's all.

Captain: OK, that's it. Well, Agent, what time do you think you can give us a reply?

Agent：Say around 2 o'clock this afternoon. Well，Captain，please inform your chief officer of what I have told you. Anyway，no approval，no pumping.

Captain：No problem，I'll tell him immediately.

Agent：Good，anything else，Captain?

Captain：So far，no. Thank you very much，Agent.

Agent：Oh，Captain，it's all in my day's work. See you at two this afternoon.

Captain：Yes，see you this afternoon，Agent.

New Words

1. ballast water　压载水
2. Bombay　*n.*　孟买（印度港口城市）
3. India　*n.*　印度
4. precise　*adj.*　精确地
5. Arabian Sea　阿拉伯海
6. WHO—World Heath Organization　世界卫生组织
7. contagious epidemic　流行性传染病
8. disinfect　*vt.*　给……消毒
9. grant　*vt.*　同意，准予
10. Sri Lanka　*n.*　斯里兰卡

Patterns and Phrases

1. to give sb reply　答复某人
2. in a friendly manner　以一种友好的方式
3. It's all in one's day's work　别客气/是应该做的

资料来源：《国际船舶代理业务实用英语会话》（袁洪林编著）。

任务实施

一、申办船舶吨税证书

外勤在第一次登轮时，必须落实船方是否持有有效的船舶吨税证书。如果船舶吨税证书过期或没有的，外勤需向海关递交申请办理吨税证书，申请书必须由船长签字盖章，办理吨税的有效天数（30 天或 90 天）必须由船长和委托方同时确认。外勤应在单船作业记录本上做好记录并在开船提醒事项栏目内作“送交船方新办吨税证书”的

提醒。在船舶开航前，外勤应将吨税证书的正本交船方随船带走，复印件代理留底。如果船方持有有效船舶吨税证书，则应在单船作业记录本上记录其有效期限，如果证书到期时，船舶仍在港作业，外勤应及时提醒船方申请办理新的执照。

作为大陆对台政策之一，大陆对船方持有的由台湾当局签发的有效船舶吨税证书予以认可。期租船的船舶吨税证书一般由租家出钱购买，租期结束时执照仍然有效的，一般租家都要求代理替其收回。如租家与船东或下一租家达成协议，将有效证书继续留船使用，外勤可给予配合，帮助处理交接手续。

二、申请压舱水排放

如果船舶需要在港排放压舱水，外勤应通知船长填写一份申请书，格式不限，内容至少包括压舱水的数量、载入地点是否清洁、排放时间和地点等。外勤应及时将申请书送交海事局并做好记录。在船舶抵达锚地或靠码头前，外勤应核实海事局是否允许排放压舱水并将结果通知船方。

如果船舶从疫区驶来，其压舱水如需排放，还应向卫检提交排放申请，由卫检进行消毒处理后才可排放。

三、递交海事声明

如果船方递交海事声明，外勤应提醒船方附上航海日志和轮机日志摘抄，并在船舶抵港 24 小时内将海事声明转交海事局。遇到特殊情况，如因大风、大雨、大雾等恶劣天气而无法按时递交海事声明时，外勤应先电话通知海事局，取得超时限递交的许可，并做好记录。在海事局已查验海事声明并予以签证备案后，外勤应确保在船舶开航前已将海事声明送交了船方。

四、安排船舶供应

船舶供应主要指燃油、淡水、伙食、船用物料的供给。外勤在接到委托方/船方有关供应的书面申请或口头委托后，应先联系公司结算人员，落实费用支付状况。在费用落实后，将有关供应要求以书面形式或电话方式通知合格的供应方安排供应。外勤还应及时联系供应方和船方，了解供应进展，并在外勤单船记录本上做好记录。如需供应免税商品，需将数量通知海关。

五、安排船舶修理

外勤在接到船东、委托方或船长的书面修船通知后，应通知相关方技术人员登轮与船方洽谈修理项目及方案。根据船东、委托方或船长的要求，外勤应将报价通知财务（船长付现除外），报价接受后，安排相关方进行施工；外勤应监督相关方的修理进展情况，并向船东、委托方、船长通报修理情况；修理完毕，对修船过程做好记录。

如果船舶修理项目小或船长支付现金，只需船方同意即可安排供方进行修理；若危及船舶安全、必须进行抢修，外勤可边安排修理边与委托方联系；若检修主机及船舶关键机器、港内救生演习等，须事先以书面申请形式向海事局报批。

六、船方邮件和船用备件转递

尽管船方邮件已越来越少，但外勤仍应给予高度重视。如果船方需要向外寄送邮件，应填写邮寄委托书，注明邮寄方式（快递、挂号或平信），外勤回公司后应及时办理并做记录，留好相关邮寄收据，便于日后查询。

如果船方需要从国外空运船用备件来港时，代理应将船用备件空运送船的注意事项等主动通告船方、委托方或有关发送方，以免出现问题或产生不必要的延误。备件交船时，应让船方签收并将送交情况及时通知委托方。

七、船员服务

1. 调换船员

船员调换工作包括办理船员遣返和更换船员的上下船手续。根据边防检查站的规定，船员调换工作必须在船舶进口手续办完之后，出口手续办完之前办理。在办理船员调换时，外勤必须协助边防进行检查，在未取得边防同意之前，不许船员擅自上下船舶。

对于外籍船员更换和进境的情况，外勤应协助委托方办理入境签证。对于船员出境，外勤应先去当地公安局办理过境签证，然后去边防办理下船手续。对于调换船员的费用，外勤应做好记录，并通知财务。

2. 船员就医

如果发现船员需要就医的，外勤应先了解船员是否有下列疑似传染病症状：

（1）有无高热或连续数日发热或发热并伴有淋巴腺肿的病例。

（2）有无腹泻或腹泻伴有虚脱症状的病例。

（3）有无黄疸并伴有发热的病例。

（4）有无急性皮疹或皮疹并发热或不发热的病例。

如果有上述病例和症状的，应及时通知卫检，未经过检疫官的同意，不得擅自将船员接下船就医。如果没有上述病例和症状的，外勤应请船长出具就医申请。外勤按约定时间带患病船员前往医院进行治疗，及时安排就医。在就医结束后，外勤应将医生诊断书交船方。如果需住院治疗，应先取得船长或委托方的同意，并通知财务，落实相关费用。

3. 船员死亡

（1）获悉船员死亡后，外勤应及时将船名以及死亡船员的姓名、性别、年龄、国籍、死亡原因等报告委托方。

（2）外勤应报告卫生检疫、边防公安等口岸当局有关情况，并由上述机构安排法医，出具死亡证明书等。

（3）根据委托方要求，充分考虑和尊重各国风俗习惯，根据有关当局的决定，安排尸体火化或将尸体运回。

八、转送船长借支

船长借支是在船舶抵港后，船长通过代理借支并发放给船员使用的外币或当地货币。如果借支的是当地货币，开船前船员往往会将剩余的当地货币退还船长，船长再退还代理。差额部分就是船长借支的数额，代理通过船舶港口使费账与船东结算，船东再按船员个人实际借支额与船员结算。

借支款项交给船长之前应填好借据（式样如下所示），交给船方后由船长或其授权人签字并加盖船章。

RECEIPT OF CASH ADVANCE

Tianjin，20th March，2013

This is to certify that，I，the undersigned master，received cash advance from my ship's agent of the Sunlight Agency Tianjin Co.，Ltd. in a total amount of USD 85000 which in words：Eighty Five Thousand Dollars of the United States of America. Please debit it to my ship's account.

Master：________________

of M. V. Xing Hai

Signature and Ship's Stamp

九、安排船、货熏蒸作业

一些老旧船舶因卫生状况太差，鼠虫害严重，卫生检疫机构可能下令对船舶进行熏蒸或除鼠除虫作业。一旦需要对船舶进行熏蒸，往往会发生较高数额的费用，包括专业熏蒸队的人工费和药费，船员离船上岸的住宿和伙食费，船员离船、换班和返船的交通（拖轮）费用，安全值班用的监护拖轮费用等。因此必须尽快与委托方或船东联系落实使费备用金。

船舶在锚地熏蒸时，为确保港口和船舶安全，海事局一般会要求留一定数量的船员在船值班监护，外勤应配合熏蒸队向留守值班的船员进行安全措施的培训和说明，防止出现人员中毒事故。

熏蒸结束后要进行规定时间的散毒，散毒期间禁止人员上下船，此后，外勤在上船时仍需保持警惕，注意个人防护。熏蒸结束后，外勤应及时将熏蒸证书交给船方并寄送给委托方。

船舶载运进出口粮食、木材等货物时，有时需要在船舶靠泊前或离港前，在船上对货物进行熏蒸。这类熏蒸一般由货主安排并支付相关费用。在这种情况下，往往需要得到船方的同意和配合，外勤应积极配合货主做好船方工作，包括思想工作和各种解释说明工作，必要时还需要由货主给船员一定的经济补偿。

十、安排船舶及相关项目检验

1. 船舶证书年检或更新

(1) 如果船方申请办理船舶证书年检或更新，外勤应请船长填写一式两份的委托书，注明检验项目，并将委托书转交给计划员。

(2) 外勤应随时注意检验的实施情况，在检验完毕后，船舶开航前将有关证书送交船上。

(3) 船方申请卫生证书、除鼠证书或免予除鼠证书的更新时，外勤应及时通知卫检登轮办理。

2. 货物检验

外勤应根据船舶装卸货物的种类，及时提醒船长安排各类检验，主要包括：货舱适装检验（验舱）、货舱货物卸尽检验（油轮干舱检验）、船舶水尺公估（计量）、货舱密封性能检验（水密检验）、货损检验（验残）、货物品质检验、船损检验、船舶适航检验、船用设备检验（包括临时和定期）、货物重量检验和尺码丈量等。

船方负担费用的检验应取得船方书面申请，检验证书要及时送交船方或委托方。

3. 水尺公估

对于散装船舶，在装卸货之前可能需要水尺公估。水尺公估一般是在船舶装卸货开始之前和结束以后分两次进行。外勤应通知公估人员及时登轮进行公估，并在单船记录本上记录好公估时间和公估数字。

十一、期租船的交/还船和停/起租

1. 期租船的交船与还船

外勤在接到船东/租家关于办理期租船交船/还船的书面要求后，应了解船东/租家对存油水量测量/船舶状况检验的要求，明确租家/船东的全称和交/还船的时间、地点。

根据船东/租家的要求，外勤应以书面形式向船舶检验机构提出有关的检验/测量申请，并及时与检验机构联系，保证检验/测量的按时进行。在检验/测量结束后，外勤应取回检验/测量报告，并根据检验/测量报告缮制期租船交船证书。

期租船交船证书式样如下所示：

Dalian, 20th June, 2013

DELIVERY CERTIFICATE

This is to certify that M. V. Super Star flying Cyprus flag was delivered to the Charterers, Messrs. Hugo Lee Trading House Ltd., Hong Kong by the Owners, Messrs. John Smith Shipping Co., Ltd. London at 1630 hours (local time) on 20th June, 2013 at the Port of Dalian, China.

At the time of delivery, there were on board:

320 metric tons of fuel oil,

20 metric tons of diesel oil,

All other terms, conditions and exceptions as per the charter party dated 30th April, 2013.

For and on behalf of the Owners:	For and on behalf of the Charterers:
Master: ________	As agent: ________
M. V. Super Star	Cosmos Agencies Dalian Co., Ltd

期租船还船证书式样如下所示：

Dalian, 20th June, 2013

REDELIVERY CERTIFICATE

This is to certify that M. V. Super Star flying Cyprus flag was redelivered to the Owners, Messrs. John Smith Shipping Co., Ltd. London by the Charterers, Messrs. Hugo Lee Trading House Ltd. Hong Kong at 1630 hours (local DOP time) on 20th June, 2013 at the port of Dalian, China.

At the time of redelivery, there were on board:

650 metric tons of fuel oil,

70 metric tons of diesel oil,

All other terms, conditions and exceptions as per the charter party dated 30th April, 2013.

For and on behalf of the Charterers:	For and on behalf of the Owners:
As agent: ________	Master: ________
Cosmos Agencies Dalian Co., Ltd.	M. V. Super Star

2. 期租船的停租与起租

(1) 停租。租约规定，凡是在租期内，由于船东没有履行租约的规定，或者船舶受到非租方的责任所造成的损坏，致使船舶不能继续为租家进行正常服务，均属于停租条款的范围，可计算停租时间。

(2) 起租。停租以后，当船舶又重新处于有效状态，并重新提供服务，从启用开始，记录开始时间。

发生停/起租事件，都需要制作停/起租证书。如委托方申请，外勤应按检验部门出具的检验证书或船长提供的油水数据缮制停租证书或起租证书。停/起租证书内容主要包括停止和起用的时间、地点、原因和存油量。停/起租证书要由船长和代理共同签字。

停租证明式样如下所示：

Dalian, 15th June, 2013

OFF-HIRE CERTIFICATE

This is to certify that M. V. Super Star flying Greek flag went off-hire as from 1500 hours (local time) on the date of 15th June, 2013 in the Port of Dalian, China.

At the time of going off-hire, there were on board:

700 metric tons of fuel oil,

120 metric tons of diesel oil, and

200 metric tons of fresh water.

All other terms, conditions and exceptions as per the charter party dated 20th April, 2013.

For and on behalf of Owners	For and on behalf of Charterers
Master: ________	As agent: ________
M. V. Super Star	Cosmo Agencies Dalian Co., Ltd.

起租（复租）证明式样如下所示：

Dalian，20th June，2013

ON-HIRE CERTIFICATE

This is to certify that the M. V. Super Star flying Greek flag went on-hire as from 1500 hours (local time) on the date of 20thJune，2013 in the Port of Dalian，China.

At the time of going on-hire，there were on board：

700 metric tons of fuel oil，

100 metric tons of diesel oil，and

100 metric tons of fresh water.

All other terms，conditions and exceptions as per the charter party dated 20th April，2013.

For and on behalf of Owners	For and on behalf of Charterers
Master：__________	As agent：__________
M. V. Super Star	Cosmo Agencies Dalian Co.，Ltd.

十二、买卖船的交接

在买卖双方基本确定交/接日期、地点后，外勤应按照总公司规定格式准备船舶交/接证书，并安排好船员遣返工作，在约定的地点由买卖双方代表签署船舶交/接证书。在船签署交/接证书的一般还需要安排升、降旗仪式，需提前做好安排。外勤应留一份交/接证书副本存放在单船档案中。

买卖船交/接证书式样如下所示：

Dalian，20th June，2008

CERTIFICATE OF DELIVERY AND ACCEPTANCE

This serves to certify that Oriental Ship Holding Co.，Ltd. Soul as Sellers，represented by Master of M. V. Super Star，agrees to deliver and China Merchant Navigation Co.，Ltd. Hong Kong as Buyers，represented by Mr. Dong，the managing director of the company，agree to accept the delivery of the M. V. Super Star of 62250 gross tons and 42350 net tons registered，in the port of Dalian at 1030 hours (local time) on the date of 20th June，2008 as per the purchase agreement dated 20th April，2008 in London.

It is hereby further confirmed that at the time delivery and acceptance, there were remaining on board:

200 metric tons of fuel oil,

150 metric tons of diesel oil,

1 piece of spare bronze propeller.

For and on behalf of Sellers　　　　For and on behalf of Buyers

Master: ____________　　　　Mr. Dong Yongguang

M. V. Super Star

十三、提单和大副收据处理

货物装船后，由大副签署大副收据后转发货人，发货人凭以找船长或代理公司换取正本提单。

大副在货物装船时会对货物外表状况和实际装船数量进行检查和核对，一旦大副认为已装船的货物有品质或数量问题，往往会在大副收据上加批注。一旦加了批注，原则上正本提单也应加上同样内容的批注，而加了批注的提单就可能成为不清洁提单，从而影响货主结汇。因此，货主一般不会同意大副加批，从而产生争议。外勤在代货主请大副签署大副收据时一定要十分小心，事前落实大副是否准备加批以及加批的内容，及时通知货主，得到货主确认后方可让大副签署和加批。

如果船方委托船代签发提单，外勤应请船长出具“签发提单授权书”，并交给负责出口单证的人员。如果是船长签署提单，外勤应将船长签署的全套提单取回交出口单证人员，由出口单证人员审核委托方有关要求、落实有关费用后向发货人放提单。

签发提单授权书式样如下所示：

AUTHORIZATION LETTER

I, The master of M. V. Super Star, authorize Cosmo Agencies Dalian Co., Ltd. to sign the original bill of lading on master's behalf. The bill of lading would be claused as per ship's remarks on mate's receipt.

Here confirmed.

Master signature:

Date:

知识链接

海损事故现场处理

海损事故主要包括：触礁、触岸或搁浅；碰撞或浪损；失火或爆炸；遭遇自然灾害；沉没或失踪；造成水上或水下建筑物或者设备的损害；影响船舶适航性的机件或重要属具的损坏或灭失；由于船舶设备不良或船方过失造成人员伤亡及其他事故等。

如果船舶在港外发生海损事故，船长应在船舶进入中国第一港口48小时内，向海事局递交海损事故报告书；在港内发生海损事故，船长应在24小时内向海事局递交海损事故报告书，接受海事局的调查处理。

船舶发生海损事故往往会涉及人员生命和财产的救助。此时，船方通常需要外勤到现场进行协调处理。外勤在协调处理上述情况时，应配合公司专职海事处理的人员或独立开展相关工作，详细了解事实经过并争取取得双方对事实经过描述的书面材料，协助双方取证，尽快报告上级领导并通知委托方，建议船方尽快安排损坏检验并采取适当措施防止损害的扩大，根据委托方或船方的申请通知相关的保险人或其代表机构。在协调处理事故时，外勤应站在公正的立场上，尽量掌握第一手材料，认真听取双方陈述，开始阶段不要轻易表态，努力说服双方不要采取情绪化的现场争论，建议双方以搜集证据为主要工作方向，将判定责任的工作留给专业人士去做。如有人员伤亡，应首先安排抢救伤员，发生死亡事故的要及时报告上级领导和相关单位（公安局和卫检）。如果船舶受损的情况较严重，影响到船舶适航性时，外勤要及时报告海事局并安排修理，修理后要安排船检进行修复检验。

知识链接

中华人民共和国船舶吨税暂行条例

第一条　自中华人民共和国境外港口进入境内港口的船舶（以下称应税船舶），应当依照本条例缴纳船舶吨税（以下简称吨税）。

第二条　吨税的税目、税率依照本条例所附的“吨税税目税率表”执行。“吨税税目税率表”的调整，由国务院决定。

第三条　吨税设置优惠税率和普通税率。

中华人民共和国国籍的应税船舶，船籍国（地区）与中华人民共和国签订含有相互给予船舶税费最惠国待遇条款的条约或者协定的应税船舶，适用优惠税率。

其他应税船舶，适用普通税率。

第四条 吨税按照船舶净吨位和吨税执照期限征收。

应税船舶负责人在每次申报纳税时，可以按照"吨税税目税率表"选择申领一种期限的吨税执照。

第五条 吨税的应纳税额按照船舶净吨位乘以适用税率计算。

第六条 吨税由海关负责征收。海关征收吨税应当制发缴款凭证。

应税船舶负责人缴纳吨税或者提供担保后，海关按照其申领的执照期限填发吨税执照。

第七条 应税船舶在进入港口办理入境手续时，应当向海关申报纳税领取吨税执照，或者交验吨税执照。应税船舶在离开港口办理出境手续时，应当交验吨税执照。

应税船舶负责人申领吨税执照时，应当向海关提供下列文件：

（一）船舶国籍证书或者海事部门签发的船舶国籍证书收存证明；

（二）船舶吨位证明。

第八条 吨税纳税义务发生时间为应税船舶进入港口的当日。

应税船舶在吨税执照期满后尚未离开港口的，应当申领新的吨税执照，自上一次执照期满的次日起续缴吨税。

第九条 下列船舶免征吨税：

（一）应纳税额在人民币50元以下的船舶；

（二）自境外以购买、受赠、继承等方式取得船舶所有权的初次进口到港的空载船舶；

（三）吨税执照期满后24小时内不上下客货的船舶；

（四）非机动船舶（不包括非机动驳船）；

（五）捕捞、养殖渔船；

（六）避难、防疫隔离、修理、终止运营或者拆解，并不上下客货的船舶；

（七）军队、武装警察部队专用或者征用的船舶；

（八）依照法律规定应当予以免税的外国驻华使领馆、国际组织驻华代表机构及其有关人员的船舶；

（九）国务院规定的其他船舶。

第十条 在吨税执照期限内，应税船舶发生下列情形之一的，海关按照实际发生的天数批注延长吨税执照期限：

（一）避难、防疫隔离、修理，并不上下客货；

（二）军队、武装警察部队征用。

应税船舶因不可抗力在未设立海关地点停泊的，船舶负责人应当立即向附近海关报告，并在不可抗力原因消除后，依照本条例规定向海关申报纳税。

第十一条　符合本条例第九条第五项至第八项、第十条规定的船舶，应当提供海事部门、渔业船舶管理部门或者卫生检疫部门等部门、机构出具的具有法律效力的证明文件或者使用关系证明文件，申明免税或者延长吨税执照期限的依据和理由。

第十二条　应税船舶负责人应当自海关填发吨税缴款凭证之日起15日内向指定银行缴清税款。未按期缴清税款的，自滞纳税款之日起，按日加收滞纳税款0.5‰的滞纳金。

第十三条　应税船舶到达港口前，经海关核准先行申报并办结出入境手续的，应税船舶负责人应当向海关提供与其依法履行吨税缴纳义务相适应的担保；应税船舶到达港口后，依照本条例规定向海关申报纳税。

下列财产、权利可以用于担保：

（一）人民币、可自由兑换货币；

（二）汇票、本票、支票、债券、存单；

（三）银行、非银行金融机构的保函；

（四）海关依法认可的其他财产、权利。

第十四条　应税船舶在吨税执照期限内，因修理导致净吨位变化的，吨税执照继续有效。应税船舶办理出入境手续时，应当提供船舶经过修理的证明文件。

第十五条　应税船舶在吨税执照期限内，因税目税率调整或者船籍改变而导致适用税率变化的，吨税执照继续有效。

因船籍改变而导致适用税率变化的，应税船舶在办理出入境手续时，应当提供船籍改变的证明文件。

第十六条　吨税执照在期满前毁损或者遗失的，应当向原发照海关书面申请核发吨税执照副本，不再补税。

第十七条　海关发现少征或者漏征税款的，应当自应税船舶应当缴纳税款之日起1年内，补征税款。但因应税船舶违反规定造成少征或者漏征税款的，海关可以自应当缴纳税款之日起3年内追征税款，并自应当缴纳税款之日起按日加征少征或者漏征税款0.5‰的滞纳金。

海关发现多征税款的，应当立即通知应税船舶办理退还手续，并加算银行同期活期存款利息。

应税船舶发现多缴税款的，可以自缴纳税款之日起1年内以书面形式要求海关退还多缴的税款并加算银行同期活期存款利息；海关应当自受理退税申请之日起30日内查实并通知应税船舶办理退还手续。

应税船舶应当自收到本条第二款、第三款规定的通知之日起3个月内办理退还手续。

第十八条 应税船舶有下列行为之一的，由海关责令限期改正，处2000元以上3万元以下罚款；不缴或者少缴应纳税款的，处不缴或者少缴税款50%以上5倍以下的罚款，但罚款不得低于2000元：

（一）未按照规定申报纳税、领取吨税执照的；

（二）未按照规定交验吨税执照及其他证明文件的。

第十九条 吨税税款、滞纳金、罚款以人民币计算。

第二十条 本条例下列用语的含义：

净吨位，是指由船籍国（地区）政府授权签发的船舶吨位证明书上标明的净吨位。

非机动船舶，是指自身没有动力装置，依靠外力驱动的船舶。

非机动驳船，是指在船舶管理部门登记为驳船的非机动船舶。

捕捞、养殖渔船，是指在中华人民共和国渔业船舶管理部门登记为捕捞船或者养殖船的船舶。

拖船，是指专门用于拖（推）动运输船舶的专业作业船舶。拖船按照发动机功率每1千瓦折合净吨位0.67吨。

吨税执照期限，是指按照公历年、日计算的期间。

第二十一条 本条例自2012年1月1日起施行。1952年9月16日政务院财政经济委员会批准、1952年9月29日海关总署发布的《中华人民共和国海关船舶吨税暂行办法》同时废止。

实训活动方案设计1 船舶进口申报手续模拟

活动时间	80分钟
活动地点	教室或实训基地
教学资料	某船舶进口申报相关单证和证件，以及业务情景假设
教学目标	通过模拟办理船舶进口申报手续，使学生掌握船舶抵港后外勤人员办理船舶进口申报的程序，并充分认识主要的申报单证
活动要求	通过角色扮演的方式，要求全体学生参与，熟悉各自所扮演的船舶申报相关方的工作职责及需要处理的单证。活动结束后，学生应写出：（1）办理船舶进口申报的主要程序；（2）向海关、海事局、卫检、边检机构递交的主要申报单证和证件的名称（中英文）
活动程序	（1）每班分若干小组，分别代表外勤、海关、海事局、卫检部门、边检部门； （2）外勤扮演者根据假设的业务情景，填制事先打印好的整套船舶申报单证； （3）外勤扮演者持填写好的申报材料递交给不同联检部门审核
评价方式	学生互评，教师点评

实训活动方案设计 2　装卸时间事实记录缮制练习

活动时间	80 分钟
活动地点	教室或实训基地
教学资料	假设的业务情景资料
教学目标	通过该练习，使学生掌握航次租船运输中外勤业务员缮制装卸时间事实记录表的方法、注意事项及相关专业英语
活动要求	通过情景模拟的方式，要求全体学生参与。教师设定从船舶抵港至装/卸作业结束的过程中船舶动态情景。要求学生在现场做好事实情况记录草稿，然后缮制正式的装卸事实记录表。活动结束后，学生应提交自己缮制的事实记录表（英文）
活动程序	（1）学生根据假设的业务情景，做好事实记录草稿； （2）根据记录草稿缮制正式的装卸时间事实记录表
评价方式	学生互评，教师点评

任务五　国际船舶代理结算

教学目标

知识目标：

1. 熟悉常见的港口使费费用单据。
2. 掌握航次结账单的内容。
3. 掌握班轮运费和航次租船运费的结构。

技能目标：

1. 能够认真审核港口使费费用单据。
2. 能够及时缮制航次结账单。
3. 能够及时进行对外航次结算。
4. 能够依据委托协议及时代收、代付运费。

教学实施建议

教学方法：

讲述；启发；讨论；案例引导；情景模拟。

教学手段：

板书；课件演示；图片、视频展示。

学生活动：

缮制航次结账单。

建议课时：

4 课时。

岗位介绍

一、结算员岗位职责

（1）汇总、整理和审核费用单据；

（2）缮制航次结账单，寄送航次结账单及费用单据；

（3）对外航次结算，催收欠款或退款；

（4）航次结算完毕，装订单据并及时归档；

（5）按委托方要求及时代收、代付运费。

二、结算员工作流程

（一）航次结算

（1）催收、整理和审核结算单位的各种费用单据及发票，认真审核船名、单据发票是否有船长签字和印章，日期、计费是否准确，是否有重复收费，对没有英文加注的单据，要加注英文。

（2）在船舶离港后 30 天内，缮制航次结账单。

（3）审核航次结账单，连同单据装订整齐，装入信封，于船舶离港后 30 日内寄送委托方。

（4）对航次结算后发生欠款的，向委托方催要欠款，直至索汇欠款。对于委托方要求退款，及时办理退款。

（5）单船代理工作结束后，将所有的文件按时间顺序装订成册，放入单船档案袋。

（二）运费结算

1. 进口到付运费

（1）审查客户所持的正本提单，核对舱单、到付清单，打印购付汇联给客户。

（2）审核本地客户提供的正本银行受理联和外地客户提供的银行付款水单影印件及有效担保函，在正本提单上盖运费结算章，与发票一并交给客户。

2. 出口预付票结运费

（1）每到月结时间，打印购付汇联，通知月结客户缴纳运费。

（2）客户取购付汇联，缴款。

（3）确认运费入账后，提供发票给客户。

3. 出口预付月结运费

（1）核对客户所持的托运单上付费人与实际发货人是否一致，若不同客户应提供有效担保函。

（2）若相同，核对运价后，打印购付汇联给客户。

（3）审核本地客户提供的正本银行受理联和外地客户提供的银行付款水单影印件及有效担保函，在运费发票上盖运费结算章，与发票一并交给客户。

子任务1 港口使费结算

任务导入

某外轮完成装卸货离港后，船代结算员如发现索取的港口使费备用金不足或者略有盈余，如何尽快向委托方催收欠款或者将盈余退还给委托方并结算本航次的港口使费呢?

任务分析

通常在船舶离港后的30天内，代理人应及时汇总船舶在港所支付的各项费用和应收取的代理费，详细列出航次结账单，连同所付的各项收费单据寄交委托方，并将扣除上述费用后的备用金余额退回或结存，进行航次结算。

要完成上述工作任务，结算员需要熟悉港口费收项目和港口状况，熟悉常见的港口使费费用单据，掌握航次结账单的内容，具备较好的分析判断能力、沟通协调能力和商务谈判能力。

相关知识

一、航次结账单（Trip Account Sheet）

航次结账单指的是根据一船一结、一港一清的结算原则，代理人的有关人员对于航次代理的船舶，填具的该船舶某航次的费用结算账单，如图5-1所示。

无论是长期代理还是航次代理，港口使费备用金的结算都应以“一船一结”、“一港一清”为原则，并且都应在船舶离港后及时（或在一定的限期内）做出航次结账单，随附所付费用的收据寄交委托方。所不同的是，在航次代理情况下，备用金按航次结算，代理人在寄交航次结账单及随附的各项收费单据的同时，应将备用金的余额退还委托方或根据委托方的要求将余额结存；而在长期代理的情况下，备用金虽不必按航次结算，但在船舶离港后仍需及时将航次结账单及随附的各项收费单据寄交委托方，并按月向委托方抄送往来账，核清账目。

在航次代理的情况下，如果船舶已离港，还有船员因病、因伤留岸住院治疗，所有医疗费及病愈后的遣返费用，均需在遣返船员后始能结算。在这种情况下，应该先将该船港口费用部分制单结算，而备用金余款则可暂不退汇，留待遣返船员后再作最后结算退汇。

为了避免委托方借故拒付，所有附随于航次结账单的对外结算单据都要清晰无误、中英文对照，并且船舶费用单据应由船舶有关人员签署方为有效。原始单据是向委托方进行结算的主要依据，原则上在费用结清时才能对外寄送。

二、航次结算准期统计

作为航次结算员，应经常统计准期艘数以及超期艘数，确保很高的航次结算准期率。

1. 结算准期

从船舶开航之日起 30 天内或在委托方规定的日期内对外寄出账单，即为结算准期，所代理的该船舶即为结算准期船舶。需要注意的是，由于国内结算单位的原因或者使费欠款而造成不能按期对外寄出账单并已告知委托方的，不视为航次结算超期船舶。船次结算单如图 5－1 所示。

TRIP ACCOUNT

委托单位 Entrusting arty：

净吨 Nrt：　　船名 Vessel：

进港日期 Date of Arrival：　　离港日期 Date of Departure：

港名 Port：　　装卸货 Cargo Loaded/Discharged：

序号 No.	项目 Items	金额 Amount（RMB）	单据编号 Vou No.	备注 Remarks
1	引水及移泊费 Pilotage & Shifting			
2	港务费 Harbor Dues			
3	拖轮费 Tugs Hire			
4	停泊费及系解缆费 Berthing/Mooring/Unmooring			
5	开、关舱费 Opening/Closing hatches			
6	维护费 Escorting charges			
7	装卸区其他费用 Other Stevedore Charges			
8	理货费 Tallying			
9	吨税 Tonnage dues			
10	卫生检疫费 Quarantine Service			
11	过驳费 Lighterage			
12	垃圾费 Cleaning/Dumping vessel's garbage			
13	杂费 Sundries			
14	船长借支 Advance to Captain			
15	医药费 Medical Expenses			
16	修理费 Repairing			

图 5－1　航次结算单

17	围油缆费 Oil-Fence Fee			
18	服务费 Service Fee			
19	交通费 Taxi/Launch Hire			
20	代理费 Agency Fee			
21	船员遣返 Crew repatriation			
22	船舶检验费 Marine survey			
23	费用合计 Total Disbursements			
24	汇款 Remittance			
25	结欠我方 Balance in our Favor			
If any inquires，please call **BANK USD ACCT：（BANK：＊＊＊）**				制单 Made by

图 5-1　航次结算单（续）

2. 航次结算准期率

航次结算准期率为结算准期船舶艘数与统计结算准期船舶总艘数之比，计算公式如下：

$$航次结算准期率=\frac{结算准期船舶艘数}{统计结算准期船舶总艘数}\times 100\%$$

任务实施

一、敦促各部门结算费用

敦促港口装卸部门、船队、引航公司、供应部门、船检、商检、外轮服务公司、修理部门及海事、海关、边防、检验检疫等检查机关在船舶离港后 10 天内向船代公司结算船舶发生的费用。

二、审核费用单据及发票

航次账单原始费用单据很多，经常产生的有：海关吨税缴款书，港务费收据及签证单，海事签证费收据，引水费收据及引航签证单，作业区停泊费发票，移泊费收据及签证单，系、解缆费发票，拖轮费发票及签证单，卫生检疫费收据及签证单，开关舱费收据及签证单，装卸费发票，杂项作业和待时费收据及签证单，装卸费及装卸指导员工时费发票及签证单，理货账单及签证单，垫料收费单及签证单，船长借支借据，调换船员住宿、餐费、汽车费、机票费收据，供应伙食费用清单及船长签证单，供应燃料，淡水费发票及签证单，修船费用收据及项目签证书，船检测油费收据及船方申请书，代理费收款单，船员医疗费收据及申请单，转运备件汽车费、服务费收据，交通费、复印费和各种邮电费收据及相应的文电原稿，其他杂项收据等。

在港口使费结算工作中，必须严格把关，避免出现漏付、错付、多付的情况，具体审核步骤如下：

1. 审核结算单位

对结算单位和结算人进行审核，必须核实前来结算的人员是否代表结算单位。

2. 审核船名、航次、抵离港时间

审核船名、航次、抵离港时间，确定是否是船代公司自己代理的船舶，避免出现错付的情况。

3. 审核结算项目

审核结算项目是否是合理、正常的港口使费项目，如果是结算单位巧立名目的，应拒绝支付。如果无法确定其项目是否属于正常的，应要求结算单位出具相关的收费规定，否则拒绝支付。

审核结算项目是否是船舶在港期间实际发生的。如与船舶实际发生的不符，应向结算单位提出质疑，对解释不清的拒绝支付。例如：船舶是从国内港口来的，却发生了进境检疫费，除非有特殊规定（如 SARS），否则属于不合理收费，应拒绝支付。

4. 审核结算金额

审核结算金额是否超出港口使费预算，收费标准是否准确。对说不清收费标准的和收费标准不对的，应拒绝支付。对于超出预算的，需严格审核超出部分是否合理，对于不合理的收费拒绝支付。

5. 审核结算时间

一般，结算单位必须在船舶离港后 30 天内结算。如果超过 30 天，可以拒绝支付。

6. 审核委托方的确认

对于超出预算项目的，在支付之前，必须取得委托方对此项费用的书面确认。例如：加淡水、压舱水消毒、购买海图等。

7. 审核备用金

审核备用金是否足够支付港口使费。如出现备用金不足的，应及时向委托方索汇差额备用金，除非在委托方收到账单后再补汇。

三、缮制航次结账单

在船舶离港后 30 天内，缮制航次结账单。缮制航次结账单必须依据报价时与委托方的协议内容或预估的港口使费项目，逐项列明，对于委托方可能误会或不清楚的应附必要的说明。航次结账单结出后，将航次结账单的发生总额与实收备用金比较，查看是否欠款或需退款。

四、整理、装订费用单据

船舶离港15天开始（或按委托方指示），按照航次结账单的项目顺序，整理船舶所有账单，检查各项费用单据是否齐全、计算是否准确、适用费率是否正确等。审核无误后，按要求对费用及发票粘贴（委托方不同意粘贴的可以不粘贴）、装订。对外结算单据，要求清晰、无误，应有中英文对照。如无英文详名，代理公司应加译，以便委托方查核。

五、寄送航次结账单及费收单证

把航次结账单及费收单证寄给委托方，航次结算期一般为30天，即船舶离港后30天内结账。采用快递或航空挂号方式寄送时，应登记在记录本，记录应包括：快递或航空挂号码；日期；船名。航次结算单的邮费，有长期往来账户的，向委托方实报实销。

六、催收欠款或退款

接到委托方提供的退款书面指示或往来对账单时，及时核对、即时答复。结算中要坚持“一船一结”、“一港一清”原则，结算后如果使费有结余，余额按委托方要求退回或暂存委托方账户中留下航次使用。对航次结算后发生欠款或尚有以往欠款未清的，应及时向委托方催收欠款并跟踪欠款收妥情况，直至索汇欠款。若委托方提出使用以往余款，应及时予以核实，如发现委托方可能赖账，可采取其他措施进行维权。

如发生船员留岸住院治病的医疗费和病愈后的遣返费用，对外先结算港口使费部分，备用金剩余款项暂不退汇，留待最后结算。若使费欠款，原则上不得邮寄正本单据（有长期业务往来关系的应随时寄送）。若委托方坚持收到账单后再付欠款，按书面通知寄送，但在邮寄之前将全部单据复印留底备查。

办理退款手续需外汇备用金，对外一律按外币记账，内部按收到日银行牌价计入人民币账户，航次结账，可选择付款期内对我有利的牌价。

1. 催收欠款函电示例

M/V “V” RYTLX23TH RE ESTD DISBTS. AS PER OUR TLX19TH WE ASKED YOU REMIT USD65300 AS ADV DISBTS EXCLDG CASH ADV N PROVISIONS/STORES. NOW YOU HV RMTTD USD50000. PLS ADV WHEN YOU WL REMIT BAL USD15300 TO US.

RGDS

译文：

"V"轮。收到你 23 日有关备用金的电传。请参我 19 日电传要求你汇 65300.00 美元，该金额不包括船长借支、伙食和物料供应款。现你已汇 50000 美元，请告余额 15300.00 美元何时汇我。

2. 退汇函电示例

Dear Sirs,

m/v "H" —Voy. 86-105 at Qingdao 20-29/4/2012

Examination of your disbursement account for the subject vessel has now been completed and generally found in order. You are, therefore, requested to teleremit, without further delay, the balance of USD34005.70 due to us.

Meantime, we strongly protest against your attitude to collect considerable amounts on account disbursements prior to vessels' arrival, which surpass the actual expenses by 75%, as in the present case.

You will also realize that such unacceptable incident put us in a very embarrassing position towards the owners, who already expressed their disappointment for this unpleasant incident.

No doubt you will take all the necessary steps so that, in future, you provide us with more accurate estimations in order to avoid repetition of the present case. Trusting that you will give your special attention to this matter.

译文：

"H"轮 86－105 航次使费事

"H"轮 2012 年 4 月 20 日至 29 日在青岛港的使费账业已审核完毕，基本正确，因此请速将我们的余款 34005.70 美元汇还。

同时我们强烈抗议你以备用金为由于船抵前收取巨额费用的做法。这次你要的金额比实际开支超出 75%。你会认识到这件不能接受的事情使我们在船东面前十分难堪。船东已对这件不愉快的事表示失望。

无疑，你将会采取一切措施以便今后报给我们的估计数字更为准确，从而避免类似问题再度发生。深信你对此事将给予特别重视。

3. 船代结算人员催促船东付备用金与船公司财务人员的对话

Agent: Hello, is this the Financial department of "K line" Shipping Company? I want to speak to Aluna.

Aluna: Hi, I am Aluna, and who is speaking?

Agent: Oh, Aluna, this is Zhang speaking from Tianjin Agency China.

Aluna: Hello, Zhang, how may I help you?

Zhang: Well, I'd like to talk to you about the disbursement, totaling 6800 USD for M / V "Globe Victory" . The ship sailed from our port eight months ago, but unfortunately, we have received no disbursement at all. This is a long time and we are quite concerned about it. As you know, we mailed you all the original vouchers and bills as soon as the ship departed from here, but you haven't paid us yet.

Aluna: Zhang, I fully understand you and we did not want to delay it deliberately. We received all your original vouchers and bills in time, but we found some of them unreasonable or incorrect. I send two E-mails asking your people to check them again, but there has been no response from your side and we have been waiting for your feedback.

Zhang: Really? But I've never received your E-mails.

Aluna: Of course not, because I sent them to another person, not you. I was told by one of your staff that you were then on a business trip, so I sent the E-mails directly to somebody else.

Zhang: Oh, I see, Who is it? Do you still remember?

Aluna: Hmm, sorry, I can't remember now, but I can check my records and later I'll let you know.

Zhang: All right, what you said is correct. I was really occupied by some business outside my company for some time, so my job was temporarily taken over by two people who were not so experienced for this kind of business. That's where the problem started. Now I suggest you check at your end and I check at my end. When we both agree, you can remit to us the amount of the disbursement as soon as possible. You know, this year is coming to an end and all of our jobs must be finished in time, this is why I am urging you to do it today. Do you understand me, Aluna?

Aluna: Yes, sure, I certainly understand you. I agree to your proposal and I hope to settle it as rapidly as possible, otherwise I'll be involved in some difficulty, too. Let's have a phone talk or E-mail exchange a few days from today.

Zhang: Very good, bye-bye.

Aluna: Bye-bye, nice weekend to you.

资料来源：《国际船舶代理业务实用英语会话》（袁洪林编著）。

知识链接

船舶港口使费账单常见错误与预防对策

一、船舶港口使费的收取

船舶港口使费账单一般是指船舶挂靠港口期间所发生的各种费用的原始单（收）据及相关附件，通常由费用总括和费用明细两个部分组成。其中，费用总括通常列明使费账单中所有费用名称及金额，以及全部费用的总额；费用明细部分则按照费用总括描述费用的顺序，依次提供相关费用的原始单（收）据及相关附件。船舶港口使费账单通常由船舶代理负责收集、整理和编制。船舶所有人或船舶经营人通常委托船舶代理支付船舶在港期间发生的各项费用，后者凭借船舶港口使费账单向前者结清费用。

船舶港口使费账单中的费用一般分为港口费用和货物费用。其中，港口费用通常包括港务费、船舶吨税、引航费、拖船费、系（解）缆费、停泊费、锚泊费、灯标费、代理费、交通费、通信费等。港口费用通常由不同单位或部门收取，以国内港口为例：港务费由海事部门收取；船舶吨税由海关收取；引航费由引航站收取；拖船费由拖船公司收取；系（解）缆费、停泊费由码头经营人收取；锚泊费由港务管理部门收取；代理费由代理公司收取；交通费、通信费则由服务提供商收取。货物费用一般包括理货费、装（卸）费、绑扎费、租用装卸设备（如岸吊、浮吊、叉车、铲车、吊货索具等）费、陆路转运费等。各种货物费也由不同收费单位收取，以韩国港口为例：理货费通常由理货公司收取；装（卸）费、绑扎费通常由工会控制的装卸公司收取；租用装卸设备费通常由设备的业主收取；陆路转运费通常由物流公司收取。

对于同一种港口费或货物费，不同国家的港口之间甚至同一国家不同港口的计费标准也有所不同。通常被选用为港口费计算依据的船舶参数有：总登记吨位（GRT）、净登记吨位（NRT）、排水量（DWT）、体积（LOA × B × D）、船舶主机功率等；拖船费的计算依据更是多样化：既有选择 GRT 或 NRT 的，也有选择 DWT 或船长（LOA）的，还有选择船舶面积（LOA×B）或体积（LOA × B × D）的，甚至还有将上述参数进行组合或按拖船功率和使用时间来计费的；装（卸）费计算依据通常有：①工种和工时；②装（卸）货物的数量，可以是公吨或容积吨，也可以是长吨或短吨等；③前两种的混合。

由于船舶港口使费牵涉面广，收费单位、计费依据复杂，因此船舶港口使费账单很容易发生各种错误。这些错误收费直接影响船舶经营人的经营成本和利润。

二、常见错误

1. 费率错误

（1）采用已失效的费率。例如，从 2009 年 2 月 24 日起，印度港口的服务税费率由

12.36%降至10.30%，但近日仍有船舶代理在使费账单中按12.36%的费率加收服务税。

（2）采用不恰当的费率。例如，根据船舶类型的不同，2008—2009年苏伊士运河过河费费率共设13类。在船舶港口使费收取中，因搞错船舶类型而发生的计费错误不在少数。

2. 依据错误

（1）时间错误。例如，在特立尼达和多巴哥的Point Lisas港，对于LOA＞130 m的船舶而言，拖船费按1500美元/小时计收，如果计费时间弄错，就直接导致拖船费出错。

（2）次数错误。例如，国内外很多港口的垃圾费是计次收取的，如果清理垃圾服务次数计算有误，而船员在审签时又不注意，那么收取的垃圾费就会出错。

（3）船舶参数错误。作为计费依据的船舶参数可能是一个，也可能是多个。船舶代理向收费方申报的船舶参数是否准确直接影响相关收费的准确性。

（4）计费吨错误常见错误有两类：①采用错误的计费吨。例如，韩国港口设备装货费的计费吨选用设备体积/1.13与设备重量中的较大者，而韩国港口设备理货费的计费吨选用设备体积与设备重量中的较大者，将这两项费用弄错的情况较多。②多计计费吨。例如，船舶在苏丹港卸下包含集装箱在内的件杂货时，集装箱卸货费通常由港方收取，而其他件杂货卸货费由船舶代理请用的装卸公司收取。在实际操作中，装卸公司收取装卸费的计费吨中未扣除集装箱内装货物的计费吨的错误时有发生。

世界上很多港口某些费用的计费依据不止一个，如墨西哥Veracruz港的引航费计费依据有两个：GRT和吃水（D）。只要其中一个出错就导致引航费计算错误。

3. 货币兑换率错误

很多国家的货币与美元之间的兑换率时刻在变化。船舶代理如果选用不恰当的货币兑换率就直接导致船舶所有人或船舶经营人以美元支付的港口使费出现错误。如果船舶经营人能及时与船舶代理商定、确认账单所采用的兑换率，就能有效防止此类错误的产生。

4. 附加税错误对港口使费加收的附加税通常有增值税、服务税、商品交易税等。附加税错误通常表现为对征收范围外的费用征收附加税。

5. 收取不应由船舶所有人或船舶经营人支付的费用

例如，在装货条款为Free In的情况下，船舶代理（或收费方通过船舶代理）向船舶所有人或船舶经营人收取装货费。

6. 虚报或虚构费用

某港钢材装货费为5美元/吨，但船舶代理却按6美元/吨向船舶所有人或船舶经营人收取装货费，这是虚报费用。船舶离港时只用一艘拖船，但在船舶使费账单中却按两艘拖船向船舶所有人或船舶经营人收费，这就是虚构费用。

7. 重复报账

重复报账是指船舶代理（或收费方通过船舶代理）将船舶在港发生费用向船舶所

有人或船舶经营人报账后，再次甚至多次将同样费用向船舶所有人或船舶经营人报账。船舶代理的使费账单管理工作混乱是产生这类错误的主要原因。

三、预防对策

1. 重视和加强对船舶代理的选用和管理

从上述对船舶港口使费账单常见错误的分析中可以看出，各种常见错误的产生都直接或间接与船舶代理有关。船舶代理是船舶所有人或船舶经营人与港口各收费方沟通的桥梁。船舶代理的责任心和内部管理水平直接影响船舶使费账单的准确率。因此，船舶所有人或船舶经营人必须重视和加强对船舶代理的选用和管理。建议船舶所有人或船舶经营人在选用船舶代理时考虑以下原则：

①优先选用港口所在地的船舶代理。相对于其他代理而言，港口所在地的船舶代理更容易在现场直接跟踪船舶在港的各种信息并及时向各收费方传递、核对各种收费依据，能更有效地防止收费方的收费错误。

②直接委托目标代理作为船舶代理。委托船舶代理的层次越多，船舶资料被转发的次数就越多，船舶使费账单出错的可能性也越大。

③择优选用船舶代理。通常责任心强、内部管理完善的船舶代理编制的船舶使费账单较少出错。

2. 提供正确的船舶资料

船舶所有人或船舶经营人应将正确无误的船舶资料提供给船舶代理，这是船舶代理能够向其他收费方提供正确船舶资料的前提，而船舶代理提供正确的船舶资料是收费方正确收费的前提。

3. 熟悉各港最新使费费率及相关规定

世界上很多港口的使费费率变动频繁。使费费率变动通常有两种形式：(1) 费率调整。例如，苏伊士运河过河费费率几乎每年调整一次。(2) 费目增减。例如，自2009年1月1日零时起，我国港口停止征收航道养护费；又如，“9·11”事件之后，世界上很多港口加强港口保安工作，并增收保安费。船舶所有人或船舶经营人熟悉港口最新费率及相关规定，便于及时审核并纠正船舶代理使费预估中的错误。

4. 要求船员严格审签相关单据

船员在船舶生产现场承担审签来自船舶代理和各收费方的单据的责任。船舶所有人或船舶经营人应要求船员严格审签各种送签的单据。

5. 与船舶代理商定船舶账单采用的兑换率

为避免船舶代理利用兑换率波动牟利，船舶所有人或船舶经营人应与船舶代理商定船舶使费账单的基准兑换率。目前较常见的做法是：船舶代理采用收到船舶所有人或船舶经营人的使费备用金汇款当天的兑换率作为船舶使费账单的基准兑换率。

6. 只接受附有原始单据的费用

一般而言，每项收费通常只有一份原始发票或单据。船舶所有人或船舶经营人应要求船舶代理收集相关费用的原始发票或单据制作船舶使费账单，拒付采用复印件单据的费用。这是避免重复报账的重要对策。

子任务2　运费结算

任务导入

作为船舶代理人，委托方会要求其代收、代付运费，那么，结算员如何办理进口到付运费的代收和出口预付运费的代付，并向委托方报告代收、代付运费情况呢？

任务分析

要完成上述工作任务，结算员需要熟悉班轮运费和航次租船运费计费知识，能够代为计算、收取进口到付运费和出口预付运费，并通过函电积极与委托方沟通。

相关知识

一、班轮运价的构成

班轮运价是由基本运费率和附加费两部分组成。

1. 基本运费率（Basic Rate）

指每一计费单位（如每吨或每立方米）货物收取的基本运费。

2. 附加费（Surcharges）

为保持在一定时期内基本费率的稳定，又能正确反映出各港的各种货物的航运成本，班轮公司在基本费率之外，又规定了各种费用。

二、运价表

运价表又称运价本。根据运价表的制定人不同可分为班轮公会运价表、班轮公司自定运价表、双边运价表、货方运价表、协议运价表等。根据运价表的结构不同可分为等级运价表和单项费率运价表、航线运价。

业务中，等级运价表使用最多。表的前部列有常用商品等级表（中英文对照），不同商品有不同等级，每一等级有一基本费率，一般分为二十个等级，一级运费最低，二十级运费最高。在等级表后列有各航线的杂货与集装箱货的费率（等级费率和包箱费率），同时附有计收标准以及各种附加费的收取。

三、班轮运费的计收标准

班轮运费由基本运费和附加费构成。根据货物的重量、体积和价值主要分为三种计算方法，船公司在收取运费时通常选择运费最高的一种方式收费。通常的收取方法有下面几种：

（1）按商品的毛重计费，用“W”表示，以重量吨为计费单位。

（2）按货物体积计费，用“M”表示，以立方米为计费单位。

（3）按重量吨或体积吨计算运费，用“W/M”表示。并选择其中运费较高者作为计费单位。

（4）按货物的价格计算运费，用“ Ad. Val. ”表示。一般按 FOB 价格的一定百分比收取运费，即采取从价计费。

（5）按从价运费或毛重或体积计算运费，并选择其中运费高者作为计费的标准。用“Ad. Val. or W/M”表示。

（6）按重量吨或体积中收费较高的作为标准，再另行加收一定百分比从价运费，用“W/M plus A. V. ”表示。

（7）按货物的件数计收（Per unit /Per head）。如卡车按辆，活的动物按头计费。

（8）按议价（Open rate）计收。临时商定运价，如粮食、矿石、煤炭等大宗货物。

（9）按起码运费（Mini rate）计收。不足 1 运费吨（1 重量吨或 1 尺码吨）的货物均按一级货收取运费，称之为起码运费。

四、附加费

船公司除收取基本运费外，还征收附加费，以弥补基本运费的不足。常见的附加费有以下几种：

（1）燃油附加费（bunker adjustment factor，BAF)。燃油价格上涨时，船公司按基本运价的一定百分比加收的燃油涨价费。

（2）超长附加费（long length additional）。一件货物的长度超过运价表规定的长度（件杂货超过 9 米），即为超长货，需要加收附加费。

（3）转船附加费（transshipment additional）。货物转船时，船公司在转船港口办理换装和转船手续，而增加的费用，称为转船附加费。

（4）超重附加费（heavy lift additional）。一件货物毛重超过运价表规定的重量（国内货物超过 5 吨），即为超重货，需要加收附加费。

超重附加费是按重量计收的，超重重量越大，收取的费用越高，如果超重货物需要转船，每转一次，加收一次超重附加费。若单件的货物超重又超长，则对两者进行分别计费，然后按最高的收费标准收取附加费。

（5）直航附加费（direct additional）。运往非基本港的货物达到一定数量时，船公司可安排直航，而收取的费用。直航附加费一般比转船附加费低。

（6）港口附加费（port additional）。对有些设备条件差或装卸效率低的港口，船公司为了弥补船舶靠港时间长造成的损失收取的费用。一般按基本运价的一定百分比计收。

（7）港口拥挤费（port congestion surcharge）。对有些港口由于压港压船，导致停泊时间较长，船方因此而收取的费用。

（8）选卸附加费（optional surcharge）。对于直到货物装船时仍不能确定最后卸货港，要求在预先指定的两个或两个以上的卸货港中，待船舶开航后最终选择卸货港。但需要在积载方面给以特殊的安排，这要增加一定的手续和费用，甚至有时需要翻船（指倒舱翻找货物），根据这样的原因而追加的费用，称为选卸附加费。

（9）绕航附加费（deviation surcharge）。正常航道不能通行，需绕道才能到达目的港时，船方便要加收此费。一般为临时性附加费。

（10）货币贬值附加费（currency adjustment factor，CAF）。当运价表中规定的货币贬值时，使承运人的实际收入减少，为了弥补货币在汇兑过程中损失，船公司便按基本运价加收一定百分比的附加费。

（11）洗舱附加费（cozening fee）。因货物污染船舶，需要对货舱进行清洗，承运人对此而支付的额外费用称为洗舱附加费。清洗费用一般根据污染程度和清洗难度来定。

（12）旺季附加费（peak season surcharge）。往往出现在集装箱运输中。根据市场供求状态来征收的附加费。

（13）超额责任附加费（additional for excess of libility）。是托运人要求承运人承担超过提单上规定的赔偿额度时，对托运人增收的附加费，一般按照 FOB 价格的一定百分比征收。

（14）变更卸货港附加费（alteration of discharging port additional）。指货物在装船后需要变更卸货港，而增加的费用。变更卸货港的运费超过原卸货港运费时，提出变更的要求后补交运费差额。反之，不给予退还。

五、杂货班轮运费的计算

1. 计算公式

（1）运费总额＝基本运费额＋附加费综合

即：$F = F_b + \sum S$

（2）基本运费＝基本运价×计费吨

即：$F_b = f \times Q$

（3）从价运费计算中货物价格换算

从价运费是按货物的 FOB 价格的百分比计算的，按一般惯例，CFR 价格是 CIF 价格的 99％比例，那它们换算的关系如下：

$$P_{CFR} = P_{FOB} + FR = P_{FOB} + (Ad.\ Val.)\ P_{FOB} = (1 + Ad.\ Val.)\ P_{FOB}$$

2. 计算步骤

（1）查货物分级表。先根据货物的英文名称在货物分级表中查出该货物属于什么等级和按什么标准计费。货物分级表是班轮运价表的组成部分，包括“货名”、“计费标准”、“等级”三个项目，班轮货物分级表（节选），见表 5－1。

表 5－1　　班轮货物分级表

CLASSIFICATION OF COMMODITIES GENERAL CARGO		
COMMODITY	BASIS	CLASS
⋮	⋮	⋮
Fishing Implements	M	9
Fish Shrimps，dried brined	W /M	13
Flint	W	3
Flour	W	5
Fluorspar	W /M	4
wear，N. O. E.	M	11
Fruits，dried	W /M	11
Fruits fresh	M	7
Fruit Juice	W /M	8

（2）查航线费率表。根据货物等级和计费标准，在航线费率表中查出这一货物的基本运费费率。如：班轮航线费率表（中国—加拿大）（节选），见表 5－2。

表 5－2　　班轮航线费率表（中国—加拿大）

West Canada		East Canada	CLHalifax ntreal	Quebec
Class	Vancouver	St. . John		Toronto Hamilton
7	205. 00	248. 00		270. 00
8	219. 00	264. 00		288. 00

续 表

West Canada		East Canada CLHalifax ntreal	Quebec
Class	Vancouver	St. . John	Toronto Hamilton
9	235.00	283.00	309.00
10	257.00	305.00	333.00
11	285.00	337.00	368.00
12	317.00	373.00	407.00
13	350.00	414.00	451.00
14	383.00	454.00	496.00
15	416.00	495.00	540.00
16	449.00	536.00	585.00
17	492.00	591.00	644.00
18	547.00	645.00	704.00
19	629.00	735.00	802.00
20	711.00	844.00	920.00
Ad. val	4%	4%	4%

（3）查航线费率表。查出该货物所经航线和港口的有关附加费率。

（4）该货物的基本费率和附加费率之和即为该货物每一运费吨的单位运价。以该商品的计费重量和体积乘以单位运价即得总运费金额。

六、集装箱班轮运费计收

拼箱货：与传统杂货班轮的计费方式相同，按货物的重量或体积计收运费。

整箱货：通常以箱为单位计收运费，主要包括 FAK 包箱费率，FCS 包箱费率，FCB 包箱费率三种包箱费率。

1. FAK 包箱费率（freight for all kinds）

FAK 包箱费率也称均一包箱费率。指对每箱整箱不细分箱内货类、货量，只按箱子类型（普通货、一般化工品、半危险品、全危险品、冷藏货）制定出不同规格（20/40’）箱子的费率。因此，在 FAK 费率下，只需判别箱内货物属于何种类型的货物，就可查到这个集装箱的运费。

2. FCS 包箱费率（freight for class）

与 FAK 的差别在于它是对于普通货物按不同货物等级制定的相应的包箱费率。一般同杂货运输分法一样，仍是 1～20 级，但是集装箱货物的费率差级要远小于杂货费率级差，一般来看低级的集装箱收费高于传统运输，高价货集装箱低于传统运输；同一等级的货物，重货集装箱运价高于体积货运价。在 FCS 下，首先根据货名查到等级，然后按等级和箱子规格查到每只箱子的相应的运费。

3. FCB 包箱费率（freight for class and basis）

与 FCS 包箱费率不同的是，它既按不同货物等级或货类，又按计算标准制定出不同的费率。因此，同一级费率因计算标准不同，费率也不同。

七、航次租船运费计收

在洽订航次租船合同时，承租人和出租人对运费率、计费标准和运费的支付方式等都需要进行洽谈并在合同中订明。

（一）航次租船运费计费方法

租船租金率或运费率的高低主要决定于租船市场的供求关系，但也与运输距离、货物种类、装卸率、港口使用、装卸费用划分和佣金的高低有关。航次租船合同中规定运费率的方法主要有两种：

1. 按货物每单位重量或体积若干金额计算

如果运费率按货物每单位重量或体积若干金额计算时，运费等于船舶（或某舱）的承载能力乘以合同所定的运费率。当货物的积载因数大于舱容系数时，船舶装载的最多货量等于货舱总容积除以货物平均积载因数（此时满舱不满载）；当货物的积载因数小于舱容系数时，船舶装载的最多货量等于货物重量。按船舶装载能力计算运费的方法，根据船长宣载确定的货物数量支付运费，即使实际装船的数量少于宣载的承载能力，即所谓出现短装（或称亏舱）时，托运人仍须悉数支付全部运费，不会退还因短装所造成的“亏舱费”。但是，有些情况下，亏舱费亦可以按协商或规定托运人只负担其中的一部分。

2. 整船包价（Lump Sum Freight）

整船包价，又称包干运费，即合同中不规定运费费率，而仅规定整船运费，不论实际装货数量多少，租船人都得按包价照付。当合同中采用这种方式计算运费时，通常都要求船东在合同中对船舶载货重量和载货容积做出保证，如果船舶的实际载货重量和载货容积少于船东保证数量，则租船人有权按照比例扣减运费作为补偿。

（二）航次租船运费计费标准

当按运费率计算运费时，在合同中应确定计算运费的货物运费吨。特别是在以重量为标准时，既可约定为装货数量（Intaken Quantity），也可为卸货数量（Delivery Quantity）。装货数量是指由发货人在装货港提供并记入提单，经船长核定后签字，即提单货量，通常租船合同规定的载货量多为提单货量。卸货数量由收货人在卸货港对货物称重后确定的货量。由于这种计量方式由收货人或承租人负担称重费用，因此，租船合同一般规定承租方选择按卸货量计付运费。“金康”合同订为“按货物的卸货量（on the Delivery Quantity of Cargo）”计算运费。

（三）航次租船运费计收的时间

按照支付运费的时间来划分，航次租船运费可分为预付运费（Prepaid freight;

Freight in advance）和到付运费（Freight to collect）。

1. 预付运费

预付运费是指在签发提单前或签发时即须支付。在支付运费的情况下，如果约定按货物每单位重量或体积若干金额计算运费，则按照装船时的重量或尺码计算。虽然托运人申报并记载于提单上的重量或尺码是计算运费的基础，但是，如果在装船之前由具有一定资格的检量员对装船的货物进行衡量或丈量，在日后发现运费计算错误还可以追补差额。

从法理上讲，运费的支付应以到付为原则。但是，在运输实务中却普遍采用预付运费的方法。其主要原因是，国际贸易采用 CIF 或 CFR 价格成交时，卖方在装货港和在承运人签发提单时支付运费。对于舱面货、冷藏货、散装货、散装胶浆、活牲畜、鲜货、行李、家具以及易腐物品等货物，通常都规定运费必须预付。预付运费的预付时间通常可以是：

（1）装货完毕时支付（Payable on completion of loading）；

（2）签发提单时支付（Payable on Signing of B/L）；

（3）装货完毕后若干天后支付（Payable in certain days after shipment）。

运费支付时间一般指的是船东收到运费的日期，而不是承租人付出的日期。预付运费有全部预付和部分预付。预付运费的方法对船舶所有人有利，特别是在合同中具有"不论船货是否灭失，运费概不退还"（Freight to be discount less and non-returnable，ship and/or cargo lost or not lost）的条款情况下。但对承租人来说，预付运费却有一定的风险和利息损失。

2. 到付运费

到付运费是指承运人将货物运至合同规定或承租人选择的卸货港，才能收取该货物的运费。运费到付时，一般有三种情况：

船舶到达卸货港时支付（Payable on arrival to destination）；

卸货完毕时支付（Payable on completion of discharging）；

交付货物后支付（Payable after delivery of cargo）。

在运费到付的情况下，如果在运输途中货物灭失或因损事故在中途卸下货物，除非由承运人安排将货物继续运抵目的港，否则，承运人就丧失了取得该项运费的权利。如果在运输途中，部分货物发生灭失，则运费按比例扣除。可见，到付运费对承运人不利，运费的风险始终由承运人承担。

在有些情况下，为了支付一些经常的费用，如港口费、燃料费、船员给养费用等，通常可以要求承租人预付一部分费用，但对这部分费用究竟应该算作是承租人预付运费还是承租人对出租人的贷款有争议。"金康"合同中以"2%补偿保险费和其他费用"来暗示所收到的是运费。在到付运费下，若货物有损坏，通常还是要支付运费，属于承运人责任所造成的，收货人可以索赔。

此外，在航次租船中，除要订明以上内容外，还要订明支付的币种以及收益人和银行账户等。

任务实施

一、出口运费结算

1. 来电示例

RE MV "B" FREIGHT ACCOUNT FOR VOY85E-31 RCVD BUT F/ACCOUNT FOR VOY87E AMT USD 4338.72 UNRCVD YET PLS CONFIRM WHN SENDING US RGDS.

译文：

收到"B"轮第85E—31航次运费账，但87E航次运费总数4338.72美元的运费账未收到，请证实何时寄给我。

2. 复电示例

RYTLX28TH SEPT 2012 FRT ACCT FOR MV "B" V.87E WAS SENT TO YOU IN EARLY OCTOBER FOR YOUR CONVENIENCE WE SENT TWO COPIES OF SAME TO YOU ONCE AGAIN PLS NOTE RGDS.

译文：

参阅你方2012年9月28日的电传，"B"轮第87E航次的运费账我已于10月初寄给你，为你方便，我再次给你寄两份，此复。

3. 来函示例

Dear Sirs,

Subject: Remittance

In reference to the attached photocopies, we received payment against MV. "Q", in the amount of $246700.30. Please advise us the breakdown for this payment, as we are unable to identify the particular shipments involved, by vessel, bills of lading numbers, etc. in order that we may distribute the money to our records properly. Your assistance will be appreciated.

Yours truly,

译文：

关于汇款事宜

请参阅随函附上的影印本，我们收到付“Q”轮的款项，共计 246700.30 美元，因我们无法分清系何提单号项下的运费，故请列告该款细目，以便我们正确地分开入账。请惠予协助。谢谢！

4. 复函示例

Dear Sirs,

M. V. “Q” Sailed from Lianyungang May 30, 2012 Remittance USD246700.30

With reference to your letter Ref. 837 - 65 of November 26, 2012, we advise as follows:

Freight on Bs/L Nos BC1 - 100	USD213647.15
Less booking charge, etc.	12756.41
	USD226403.56
Less Bank's remittance fee	20296.74
Amount actually remitted to you	USD246700.30

Enclosed here with please find photocopy of freight account 68/73—258 for your reference.

Please note that two copies of said account were sent to Lykes HongKong.

Yours truly,

Encl.

译文：

关于汇款事宜

参阅你 2012 年 11 月 26 日第 837-65 号函，关于 246700.30 美元款项，经查，系“Q”轮 2012 年 5 月 30 日开航之提单 BC1-100 项下货载运费共计 213647.15 美元，经扣除订舱佣金等费用 12756.41 美元，余下 226403.56 美元，经由上海中国银行汇出，该行扣除手续费 20296.74 美元，实汇金额为 246700.30 美元。兹随函附寄 68/73-258 号运费账单，供参阅。此账单一式两份是寄给香港“莱克斯”办事处的。

二、进口运费结算

1. 来电示例

ROTLX MSG NO. 919102 DD 22/12/2012

RE M/V "D" V. 982 WB SLD INCHON DECEMBER. 23. 2012 CIF SHIPMENT B/L NO. 1903-240

SHIPPER：TDK CO.，LTD.，INCHON，KOREA

FRT AMOUNT：USD891. 54

AS MENTIONED IN OUR A/M TLX，FREIGHT OF THIS SHIPMENT SHOULD BE TO COLLECT AT QINGDAO. PLS CFM IF YOU RECEIVED FRT AT YR END AND REMIT TO US ASAP. ANYWAY PLS ADV BY RETURN.

译文：

参我 2012 年 12 月 22 日第 919102 号电传关于"D"轮 982 西行航次 2012 年 12 月 23 日离仁川，离岸价货，提单号：1903-240

发货人：韩国 仁川 TDK 公司

运费总数：891. 54 美元

我在上述电传已告你运费应在青岛收，请证实你是否收到运费并尽快汇我。但不管收到与否均请复电为盼。

2. 复电示例

RE MV "D" V. 982 B/L 1903-240 PLS BE ADVD TT FRT AMOUNT USD891. 54 DEDUCTED BOOKING CHARGE USD7. 85 N REMITTANCE HANDLING CHARGE USD31. 23 LEAVING BALANCE USD942. 92 WHICH WE REMITTED THROUGH BANK OF CHINA QINGDAO BRANCH ON 12/3/2013 BY T/T TO INCHON REF. 2006A835619. PLS CNFM ABV IN ORDER BRGDS.

译文：

"D"轮 982 航次提单 1903-240 号，运费总额 891. 54 美元，扣除订舱手续费 7. 85 美元和汇款手续费 31. 23 美元，余 852. 46 美元已于 2013 年 3 月 12 日由中国银行上海分行汇往东京，电汇号：2006A835619，此告。请证实上述正确无误。

Dear Sirs,

MV "K" —Discharging Calcium gliuconate 1235 Tons at Tianjin on 23/11/2012

Please be advised that on the next day of vessel's arrival, the master of the above vessel submitted an application to Tianjin Commodity Inspection Bureau for inward cargo survey. Now the Tianjin Commodity Inspection Bureau has sent us a bill in the sum of RMB530.00. As you have no credit balance in your account with us, we enclose herewith the bill and ask you to effect remittance of said amount to us for settlement.

Yours truly,

译文：

为"K"轮检验费事

贵司"K"轮 2012 年 11 月 23 日抵天津卸尿素 1235 吨，船长于船抵港翌日即向天津商品检验局申请进口货物检验。现天津商检局给我们送来检验费人民币 530 元账单一纸，因贵公司在我处已无余款，随函将账单寄上，请将该款汇还我司以清账。

知识链接

表 5－3　**常用附加费缩写**

缩写	解释
BAF	燃油附加费，大多数航线都有，但标准不一
SPS	上海港口附加费（船挂上港九区、十区）
ORC	本地出口附加费，和 SPS 类似，一般在华南地区使用
FAF	燃油价调整附加费（日本线、波斯湾、红海、南美）
YAS	日元升值附加费（日本航线专用）
GRI	综合费率上涨附加费，一般是南美航线、美国航线使用
DDC、IAC	直航附加费，美加航线使用
IFA	临时燃油附加费，某些航线临时使用
PTF	巴拿马运河附加费，美国航线、中南美航线使用
EBS、EBA	部分航线燃油附加费的表示方式，EBS 一般是日本、澳洲航线使用，EBA 一般是非洲航线、中南美航线使用
PCS	港口拥挤附加费，一般是以色列、印度某些港口及中南美航线使用
PSS	旺季附加费，大多数航线在运输旺季时可能临时使用
CAF	货币贬值附加费（Devaluation Surcharge or Currency Adjustment Factor，CAF）海运费的 5.4%。CAF 也适用于直达运费或含附加费运费

续 表

缩写	解释
GRR	General Rate Restoration（修复）：YM Line：（阳明公司）于旺季收的
RR	费率恢复，也是船公司涨价的手段之一，类似 GRR
DDC	Destination Delivery Charge 目的港交货费用
ACC	加拿大安全附加费
SCS	苏伊士运河附加费（Suez Canal Surcharge）
THC	Terminal（码头） Handling Charge 码头操作（吊柜）费
TAR	战争附加费 Temporary（临时的，Provisional） Additional Risks 本义为“临时附加费风险”实指战争附加费
CUC	底盘费。可能指车船直接换装时的吊装吊卸费
ARB	中转费
ACC	走廊附加费从 LBH（Long Beach）、LAX（Los Angeles）中转至加州（California）亚利桑那州（Arizona）内华达州（Nevada）的货收
AMS	automatic manifest system 自动舱单系统录入费，用于美加航线
IAP	Indonesia Additional Premium Surcharges 印尼港

实训活动方案设计

缮制航次结账单

活动时间	40 分钟
活动地点	教室或实训基地
教学资料	港口使费备用金索取函、确认函，以及业务案例
教学目标	根据任务背景，使学生能够缮制航次结账单
活动要求	每位同学根据任务背景，缮制一份航次结账单
活动程序	（1）阅读备用金索取函、确认函和业务案例； （2）独立制作一份航次结账单； （3）将航次结账单的发生总额与实收备用金比较，撰写欠款催缴或退款函电
评价方式	学生互评，教师点评

任务六　集装箱管理代理

教学目标

知识目标：

1. 掌握集装箱的基础知识。
2. 掌握集装箱租赁的业务知识。
3. 熟悉集装箱管理代理的各业务流程。

技能目标：

1. 能够根据货物性质选择适用的集装箱类型。
2. 能够完成租箱协议的拟定。
3. 能够根据箱管流程进行相关业务操作。

教学实施建议

教学方法：

讲述、启发、讨论、案例引导、情景模拟。

教学手段：

板书、课件演示、图片、视频展示。

学生活动：

请根据船代公司箱管部各岗位的工作任务，分别扮演不同岗位的工作人员，模拟完成箱管业务。

建议课时

8 课时。

岗位介绍

船代箱管部岗位职责如下：

(1) 依据公司颁发的《代理手册》和公司箱管部对集装箱管理的规定和要求，对港口口岸的本公司的集装箱实施跟踪、管理、发放、交接、起租、退租、中转、调运、堆存、检验、修理、清洗以及集装箱动态信息的收集、整理、输入、传送；

（2）维护公司利益，加快集装箱周转，提高集装箱利用率，减低运输成本；

（3）对港口口岸的堆场、修箱公司、用专人实施有效管理，保证客户财产的安全，确保公司集装箱管理工作正常运行；

（4）及时向公司箱管部报告港口口岸存在的问题，并提出建议和解决办法；

（5）在公司箱管部的授权范围内代表船东完成其他工作。

子任务1　集装箱租赁管理

任务导入

某货运代理公司接到货主委托，有一批重量为20吨，体积为76立方米的儿童玩具要运输到香港，现向某租箱公司的代理租赁集装箱。请你完成集装箱租赁协议的签订。

任务分析

想要完成集装箱租赁协议的签订，需要熟悉租箱协议条款。租箱的类型、规格、数量是租箱协议中首要拟定的条款。为完成该条款的拟定，箱管代理要综合考虑货物的性质、重量、体积和规格，从而初步确定需要租赁的集装箱类型、数量和规格。对于其他的主要条款，如租金、押金条款，交、还箱条款、租赁方式、租期等，应根据承租人的需要与之谈判确定。因此，为完成该任务，箱管代理应掌握以下专业知识。

相关知识

一、集装箱基础知识

（一）集装箱的定义

一般而言，集装箱是指经过专门设计、符合一定标准、满足一条件有一定强度、刚度和规格专供使用的大型容器。使用集装箱转运货物，可直接在发货人的仓库装货，运到收货人的仓库卸货，中途更换车、船时，无须将货物从箱内取出换装。

随着运输业的发展，集装箱不断被人们认识与接受，其定义也在不断更新与发展。

1. 国际集装箱安全公约（CSC）1972年版对集装箱定义如下：

集装箱是指一种运输设备，它具备以下特点：

具有耐久性，因而其相应的强度足能适合于重复使用；

经专门设计，便于以一种或多种运输方式运输货物，而无须中途重装：

为了系固和（或）便于装卸，设有角配件：

四个外底角所围闭的面积应为下列二者之一：至少为14平方米（150平方英尺），或如装有顶角配件，则至少为7平方米（75平方英尺）。

集装箱一词既不包括车辆，也不包括包装；但是，集装箱在底盘车上运输时，则连同底盘车包括在内。

2. 国际标准化组织（ISO）对集装箱的定义如下：

集装箱是一种运输设备，应满足以下要求：

①具有耐久性，其坚固强度足以反复使用；

②便于商品运送而专门设计的，在一种或多种运输方式中运输时无须中途换装；

③设有便于装卸和搬运的装置，特别是便于从一种运输方式转移到另一种运输方式；

④设计时应注意到便于货物装满或卸空；

⑤内容积为1平方米或1平方米以上。

注：集装箱一词不包括车辆或传统包装。

目前，中国、日本、美国、法国等世界有关国家，都全面地引进了国际标准化组织的定义。除了ISO的定义外，还有《集装箱海关公约》（CCC）、英国国家标准和北美太平洋班轮公会等对集装箱下的定义，内容基本上大同小异。我国国家标准GB 1992—2006《集装箱名称术语》中，引用了ISO的定义。

（二）集装箱的标准

为了有效地开展国际集装箱多式联运，必须强化集装箱标准化，集装箱标准化的进程将有利于全球集装箱货运市场繁荣与高效运作。集装箱标准按使用范围分，有国际标准、国家标准、地区标准和公司标准四种。

1. 国际标准集装箱

国际标准集装箱是指根据国际标准化组织（ISO）第104技术委员会制订的国际标准来建造和使用的国际通用的标准集装箱。

集装箱标准化历经了一个发展的过程。国际标准化组织ISO/TC 104技术委员会自1961年成立以来，对集装箱国际标准作过多次补充、增减和修改，现行的国际标准为第1系列共13种，A、B、C、D四种箱型。其宽度均一样（2438毫米）、长度有四种（12192毫米、9125毫米、6058毫米、2991毫米）、高度有四种（2896毫米、2591毫米、2438毫米、2438毫米）。详见表6-1。第2系列和第3系列均降格为技术报告。

为便于计算集装箱数量，人们以20英尺集装箱（Twenty-foot Equivalent Units，TEU）作为换算标准箱。20英尺的集装箱与其他规格集装箱的换算方法为：20英尺集

装箱＝1TEU；40 英尺集装箱＝2TEU；30 英尺集装箱＝1.5TEU；10 英尺集装箱＝0.5TEU

注：第 2 系列主要是原欧洲铁路联盟的中型标准；第 3 系列是指苏联的尺寸系列标准。

2. 国家标准集装箱

各国政府参照国际标准并考虑本国的具体情况，来制订本国的集装箱标准。

3. 地区标准集装箱

此类集装箱标准，是由地区组织根据本地区的特殊情况制订的，此类集装箱仅适用于本地区。

表 6－1　第 1 系列集装箱规格尺寸和总重量

<table>
<tr><th rowspan="2">规格（英尺）</th><th rowspan="2">箱型</th><th colspan="2">长</th><th colspan="2">宽</th><th colspan="2">高</th><th colspan="2">最大总重量</th></tr>
<tr><th>公制（毫米）</th><th>英制（英尺英寸）</th><th>公制（毫米）</th><th>英制（英尺英寸）</th><th>公制（毫米）</th><th>英制（英尺英寸）</th><th>千克</th><th>LB</th></tr>
<tr><td rowspan="4">40</td><td rowspan="4">1AAA
1AA
1A
1AX</td><td rowspan="4">12192</td><td rowspan="4">40′</td><td rowspan="4">2438</td><td rowspan="4">8′</td><td>2896</td><td>9′6″</td><td rowspan="4">30480</td><td rowspan="4">67200</td></tr>
<tr><td>2591</td><td>8′6″</td></tr>
<tr><td>2438</td><td>8′</td></tr>
<tr><td><2438</td><td><8′</td></tr>
<tr><td rowspan="4">30</td><td rowspan="4">1BBB
1BB
1B
1BX</td><td rowspan="4">9125</td><td rowspan="4">29′11.25″</td><td rowspan="4">2438</td><td rowspan="4">8′</td><td>2896</td><td>9′6″</td><td rowspan="4">25400</td><td rowspan="4">56000</td></tr>
<tr><td>2591</td><td>8′6″</td></tr>
<tr><td>2438</td><td>8′</td></tr>
<tr><td><2438</td><td><8′</td></tr>
<tr><td rowspan="3">20</td><td rowspan="3">1CC
1C
1CX</td><td rowspan="3">6058</td><td rowspan="3">19′10.5″</td><td rowspan="3">2438</td><td rowspan="3">8′</td><td>2591</td><td>8′6″</td><td rowspan="3">24000</td><td rowspan="3">52900</td></tr>
<tr><td>2438</td><td>8′</td></tr>
<tr><td><2438</td><td><8′</td></tr>
<tr><td rowspan="2">10</td><td rowspan="2">1D
1DX</td><td rowspan="2">2991</td><td rowspan="2">9′9.75″</td><td rowspan="2">2438</td><td rowspan="2">8′</td><td>2438</td><td>8′</td><td rowspan="2">10160</td><td rowspan="2">22400</td></tr>
<tr><td><2438</td><td><8′</td></tr>
</table>

4. 公司标准集装箱

某些大型集装箱船公司，根据本公司的具体情况和条件来制订集装箱标准，这类集装箱主要在该公司的运输范围内使用。如美国海陆公司的 35 英尺集装箱。

此外，目前世界还有不少非标准集装箱。如非标准长度集装箱有美国海陆公司的 35 英尺集装箱、总统轮船公司的 45 英尺及 48 英尺集装箱；非标准高度集装箱，主要有 9 英尺和 9.5 英尺两种高度集装箱；非标准宽度集装箱有 8.2 英尺宽度集装箱等。由于经济效益的驱动，目前世界上 20 英尺集装箱总重达 24 英尺的越来越多，而且普遍受到欢迎。

（三）集装箱类型

随着集装箱运输的发展，为适应装载不同种类货物的需要，出现了不同种类的集装箱。这些集装箱不仅外观不同，而且结构、强度、尺寸等也不相同。

1. 根据集装箱的用途分类：

（1）干货集装箱（Dry Cargo Container）。干货集装箱也称通用集装箱或杂货集装箱，用以装载除液体货、需要调节温度货物及特种货物以外的一般件杂货。这种集装箱使用范围极广，常用的有 20 英尺和 40 英尺两种，其结构特点是常为封闭式，一般在一端或侧面设有箱门。

（2）开顶集装箱（Open Top Container）。开顶集装箱也称敞顶集装箱，这是一种没有刚性箱顶的集装箱，但有可折式顶梁支撑的帆布、塑料布或涂塑布制成的顶篷，其他构件与干货集装箱类似。开顶集装箱适于装载较高的大型货物和需吊装的重货。

（3）台架及框架集装箱（Platform Based Container）。台架集装箱是没有箱顶和侧壁，甚至有的连端壁也去掉而只有底板和四个角柱的集装箱。台架集装箱有很多类型，其主要特点是：为了保持其纵向强度，箱底较厚；箱底的强度比普通集装箱大，而其内部高度则比一般集装箱低；在下侧梁和角柱上设有系环，可把装载的货物系紧。

台架集装箱没有水密性，怕水湿的货物不能装运，适合装载形状不一的货物。台架集装箱可分为：敞侧台架式、全骨架台架式、有完整固定端壁的台架式、无端仅有固定角柱和底板的台架式集装箱等。平台式集装箱是仅有底板而无上部结构的一种集装箱。该集装箱装卸作业方便，适于装载长、重大件。

（4）通风集装箱（Ventilated Container）。通风集装箱一般在侧壁或端壁上设有通风孔，适于装载不需要冷冻而需通风、防止汗湿的货物，如水果、蔬菜等。如将通风孔关闭，可作为杂货集装箱使用。

（5）冷藏集装箱（Reefer Container）。冷藏集装箱是专为运输要求保持一定温度的冷冻货或低温货而设计的集装箱，又称之为恒温恒湿箱。它分为带有冷冻机的内藏式机械冷藏集装箱和没有冷冻机的外置式机械冷藏集装箱。适用装载肉类、水果等货物。冷藏集装箱造价较高，营运费用较高，使用中应注意冷冻装置的技术状态及箱内货物所需的温度。温度可在－28℃～＋26℃调整。内置式集装箱在运输过程中可随意启动冷冻机，使集装箱保持指定温度；而外置式则必须依靠集装箱专用车、船和专用堆场、车站上配备的冷冻机来制冷。

（6）散货集装箱（Bulk Container）。散货集装箱除了有箱门外，在箱顶部还设有 2～3 个装货口，适用于装载粉状或粒状货物。使用时要注意保持箱内清洁干净，两侧保持光滑，便于货物从箱门卸货。

（7）动物集装箱（Pen Container）。这是一种专供装运牲畜的集装箱。为了实现良好的通风，箱壁用金属丝网制造，侧壁下方设有清扫口和排水口，并设有喂食装置。

（8）罐式集装箱（Tank Container)。这是一种专供装运液体货而设置的集装箱，如酒类、油类及液状化工品等货物。它由罐体和箱体框架两部分组成，装货时货物由罐顶部装货孔进入，卸货时，则由排货孔流出或从顶部装货孔吸出。

（9）汽车集装箱（Car Container）。这是专为装运小型轿车而设计制造的集装箱。其结构特点是无侧壁，仅设有框架和箱底，可装载一层或两层小轿车。由于集装箱在运输途中常受各种力的作用和环境的影响，因此集装箱的制造材料要有足够的刚度和强度，应尽量采用质量轻、强度高、耐用、维修保养费用低的材料，并且材料既要价格低廉，又要便于取得。

表 6－2 **海运集装箱规格参数**

类别	代码	常见类型	箱型代号及说明（UN/ISO 1995）	尺寸分类（英尺）	容积（立方米）	载重（千克）	适用货物	备　注	图　片
通用集装箱	G	GP HQ GH HC	G0P：一端或两端有箱门 G1P：货物上方有透气罩 G2P：一端或两端有箱门，一侧或两侧有“全开式”侧门 G3P：一端或两端有箱门，一侧或两侧有“局部”侧门	20	33.2	21740	除温控货物、液体及动植物外，只要适箱货即可装运	1. 堆层极限：重箱 6 层，轻箱 7 层；安全堆层≤4 层。 2. 箱门具有水密性，可 270°开启。侧门尺寸、位置可选。 3. GP 与 VH 的区别在于，GP 没有通风装置	 
				40	67.7	26630			
				40HQ	76.3	26520			
敞顶集装箱	U	OT	U0T：一端或两端开口 U1T：一端或两端开口并有活动的上端梁 U2T：一端或两端以及一侧或两侧开口 U3T：一端或两端以及一侧或两侧开口并有活动的上端梁 U4T：一端或两端以及一侧部门开口和另一侧全部开口 U5T：全部敞顶并带固定的侧壁和端壁，无开门	20	32	30480	如钢材、木材、玻璃等可以顶部装货，适合机械等超大型货物或重型货物	1. 不能堆叠。 2. 箱顶开口尺寸为：5.44 米×2.19 米。 3. 可用吊车从箱顶吊入箱内，不易损坏货物，既能减轻装箱劳动强度，又便于在箱内把货物固定	 
				40	65	26670			

续　表

类别	代码	常见类型	箱型代号及说明（UN/ISO 1995）	尺寸分类（英尺）	容积（立方米）	载重（千克）	适用货物	备　注	图　片
框（台）架集装箱	P	FR（PF） PL PC PS	P0T：平台集装箱 P1F：双固端结构 P2F：固定角柱，活动侧柱式或活动顶结构 P3C：可折的完整端结构 P4C：可折角柱，活动侧柱或活动结构 P5S：敞顶、敞端（骨架式）	20	/	21500	长大件和重件货，如重型机械、钢材、木材、机床及各种设备	1. 不能堆叠。 2. 没有箱顶和侧壁，可以用吊车从顶上装卸，也可以用叉车从箱侧装卸，也可以两个以上的框架集装箱并在一起组成装货平台，用以装载特大件货物。 3. 怕水湿的货物不能装运。 4. 专用于从顶部或两侧装箱的较重货物	 
				40	/	40800			
恒温恒湿箱	R	RF RH RE RT RS	R0E：机械制冷的保温集装箱 R1T：机械制冷/加热的集装箱 R2S：自备电源的机械制冷集装箱 R3S：自备电源的机械制冷/加热集装箱	20	26	21450	冷冻货或低温货，如鱼、肉、水果、蔬菜等有温度要求，如鲜活、恒温等的货物	1. 安全堆层≤4 层；侧门尺寸、位置可选。 2. 在船舶、火车、集装箱堆场使用此类集装箱，均须配备有专门的供电设施。 3. 制冷范围：−25℃～25℃。 4. 温度的控制是通过温控来实现的。 5. 冷藏箱内侧板的红色装货线标明允许装货的实际高度	 
				40	60	26630			

续 表

类别	代码	常见类型	箱型代号及说明 （UN/ISO 1995）	尺寸分类 （英尺）	容积 （立方米）	载重 （千克）	适用货物	备　注	图　片
散货集装箱	B	BU BK	B0U：无压封闭式 B1U：无压气密式 B3X：承压一水平方向卸货，试验压力 150 千帕 B4X：承压一水平方向卸货，试验压力 265 千帕 B5X：承压一倾斜卸货，试验压力 150 千帕 B6X：承压一倾斜卸货，试验压力 265 千帕	20	32	21550	装运麦芽、粒状化学品和谷物等	1. 箱顶 3 个圆形开口，直径 0.455 米，彼此相距 1.83 米 2. 侧门尺寸、位置可选	 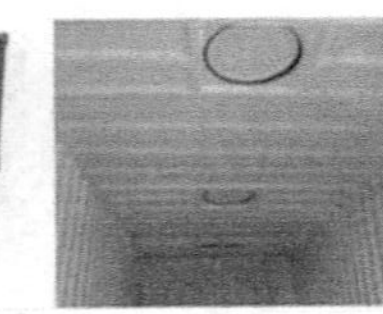
通风集装箱	V	HT	V0H：无机械通风装置，上下两侧自然通风 V2H：箱内设有机械式通风装置 V4H：外置式机械通风装置	20	33	17500	装载球根类作物、视频及其他需要通风、容易受潮变质的货物	1. 侧门尺寸、位置可选	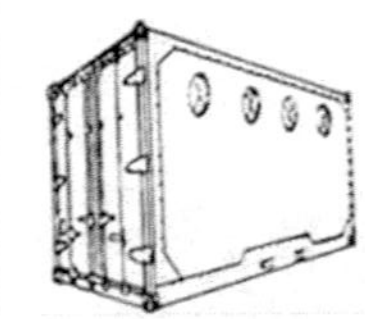 
				40	67	26700			

续　表

类别	代码	常见类型	箱型代号及说明（UN/ISO 1995）	尺寸分类（英尺）	容积（立方米）	载重（千克）	适用货物	备　注	图　片
罐状集装箱	T	TN TD TG TK	T0N：非危险性液体货，最低压力 45 千帕 T1N：非危险性液体货，最低压力 150 千帕 T2N：非危险性液体货，最低压力 265 千帕 T3D：危险性液体货，最低压力 150 千帕 T4D：危险性液体货，最低压力 260 千帕 T5D：危险性液体货，最低压力 400 千帕 T6D：危险性液体货，最低压力 600 千帕 T7G：气体货物，最低压力 910 千帕 T8G：气体货物，最低压力 2200 千帕	20	14.95	20750	装运油类、酒类、液体食品及液态化学品，酒精等液体危险品	1. 压力：17.64 牛/平方米	 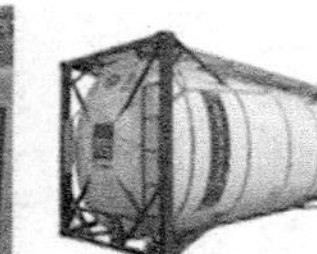
					18.3	26290		2. 压力：6.86 牛/平方米	

注：标准来源于 UN/ISO 标准代码 1995 版，ISO/DIS 6346.2 的第 4.2.2 条款。

2. 根据集装箱的主体材料分类

(1) 钢制集装箱。钢制集装箱的框架和箱壁板皆用钢材制成，其主要优点是强度高、结构牢、焊接性和水密性好、价格低、易修理、不易损坏，主要缺点是自重大、抗腐蚀性差。

(2) 铝制集装箱。铝制集装箱有两种：一种为钢架铝板；另一种仅框架两端用钢材，其余用铝材。主要优点是自重轻、不生锈、外表美观、弹性好、不易变形，主要缺点是造价高，受碰撞时易损坏。

(3) 不锈钢制集装箱。一般多用不锈钢制作罐式集装箱。不锈钢制集装箱主要优点是强度高、不生锈、耐腐性好，缺点是投资大。

(4) 玻璃钢制集装箱。玻璃钢集装箱是在钢制框架上装上玻璃钢复合板构成的。主要优点是强度大，隔热性、防腐性和耐化学性均较好，能承受较大压力，易清扫，修理简便，集装箱内容积较大等。主要缺点是自重较大，造价较高。

(四) 集装箱的标记

为了便于对集装箱在流通和使用中识别和管理，便于单据编制和信息传输，所以国际标准化组织制定了集装箱标记，此标准即《集装箱的代号、识别和标记》(ISO 6346—1981 (E))。

国际标准化组织规定的标记有必备标记和自选标记两类，每一类标记中又有分别标记和作业标记。具体来说，集装箱上有箱主代号；箱号或顺序号、核对号；集装箱尺寸及类型代号。

图 6－1 集装箱后端门的集装箱标志

1. 必备标记

(1) 识别标记。它包括箱主代号、顺序号和核对数字。

①箱主代号。根据国际标准化组织规定，箱主代号由四个大写的拉丁文字母表示，前三位由箱主自己规定，第四个字母一律用“U”表示。如图 6－1 中的“HJCU”代表是韩进海运公司的箱子。

②顺序号。顺序号又称箱号，由 6 位阿拉伯字母组成。如有效数字不是 6 位时，则在有效数字前用“0”补足 6 位。如图 6－1 中的“142913”。

③核对数。核对数字是用来对箱主代号和顺序号记录是否准确的依据。它位于箱号后，用一位阿拉伯数字加一方框表示。如图 6－1 中的7。

（2）作业标记。它包括以下三个内容：

①额定重量和自定重量标记。额定重量即集装箱总重。自重即集装箱空箱质量（或空箱重量），ISO688 规定应以千克（kg）和磅（lb）同时表示。

②空陆水联运集装箱标记。由于该集装箱的强度仅能堆码两层。因而国际标准化组织对该集装箱规定了特殊的标记，该标记为黑色，位于侧壁和端壁的左上角，并规定标记的最小尺寸为：高 127 毫米，长 355 毫米，字母标记的字体高度至少为 76 毫米。如图6－2所示。

图 6－2　空陆水联运集装箱标记

③登箱顶触电警告标记。该标记为黄色底三角形，一般设在罐式集装箱和位于登顶箱顶的扶梯处，以警告登顶者有触电危险。如图 6－3 所示。

图 6－3　登箱顶触电警告标记

2. 自选标记

（1）识别标记。

①国家和地区代号，如中国用“CN”；美国用“US”。

②尺寸和类型代号（箱型代码）。

（2）作业标记。

①超高标记。该标记为在黄色底上标出黑色数字和边框，此标记贴在集装箱每侧的左下角，距箱底约 0.6 米处，同时该贴在集装箱主要标记的下方。凡高度超过 2.6 米的集装箱应贴上此标记。

②国际铁路联盟标记。凡符合《国际铁路联盟条例》规定的集装箱，可以获得此标记。该标志是在欧洲铁路上运输集装箱的必要通行标志。

3. 同行标记

集装箱在运输过程中能顺利的通过或进入他国国境，箱上必须贴有按规定要求的各种通行标志，否则，必须办理烦琐证明手续，延长集装箱的周转时间。

集装箱上主要的通行标记有安全合格牌照、集装箱批准牌照、防虫处理板、检验合格徽及国际铁路联盟标记等。

（五）整箱货与拼箱货

1. 整箱货（Full Container Load，FCL）

整箱货为拼箱货的相对用语，它是由发货人负责装箱、计数、积载并加铅封的货运形式。整箱货的拆箱，一般由收货人办理，也可以委托承运人在货运站拆箱，但是承运人不负责箱内的货损、货差。除非货方举证确属承运人责任事故的损害，承运人才负责赔偿。承运人对整箱货，以箱为交接单位。只要集装箱外表与收箱时相似和铅封完整，承运人就完成了承运责任。整箱货运提单上，要加上“委托人装箱、计数并加铅封”的条款。

2. 拼箱货（Less Than Container Load，LCL）

拼箱货为整箱货的相对用语，指装不满一整箱的小票货物。这种货物，通常是由承运人分别揽货，并在集装箱货运站或内陆站集中，而后将两票或两票以上的货物拼装在一个集装箱内，同样要在目的地的集装箱货运站或内陆站拆箱分别交货。对于这种货物，承运人要负担装箱与拆箱作业，装拆箱费用仍向货方收取。承运人对拼箱货的责任，基本上与传统杂货运输相同。

（六）集装箱货物的交接

1. 交接地点

货物运输中的交接地点是指根据运输合同，承运人与货方交接货物、划分责任风险和费用的地点。目前集装箱运输中货物的交接地点有门（双方约定的地点）、集装箱堆场、船边或吊钩或集装箱货运站。

（1）门（Door）。“门”指收发货人的工厂、仓库或双方约定收、交集装箱的地点。在多式联运中经常使用。

（2）集装箱堆场（Container Yard，CY）。集装箱堆场（又简称“场”）是交接和保管空箱（Empty Container）和重箱（Loaded Container）的场所，也是集装箱换装运输工具的场所。

(3) 船边或吊钩（Ship's Rail or Hook/ Tackle）。船边或吊钩（又简称“钩”）指装货港或卸货港装卸船边或码头集装箱装卸吊具，并以此为界区分运输装卸费用的责任界限。

(4) 集装箱货运站（Container Freight Station，CFS）。集装箱货运站（又简称“站”），是拼箱货交接和保管的场所，也是拼箱货装箱和拆箱的场所。集装箱堆场和集装箱货运站也可以同处于一处。

注：“门”、“场”、“钩”主要是整箱货（FCL）的交接场所；“站”主要是拼箱货（LCL）的交接场所。

2. 交接形式

结合集装箱的流转形态，集装箱货物在交接形式上也有所不同，大致可分为以下四类。

(1) 整箱交，整箱接（FCL/FCL）。货主在工厂或仓库把装满货后的整箱交给承运人，收货人在目的地以同样整箱接货，换言之，承运人以整箱为单位负责交接，货物的装箱和拆箱均由货方负责。

(2) 拼箱交，拆箱接（LCL/LCL）。货主将不足整箱的小票托运货物在集装箱货运站或内陆转运站交给承运人，由承运人负责拼箱和装箱（Stuffing，Vanning）运到目的地货站或内陆转运站，由承运人负责掏箱和拆箱（Unstuffing，Devanning），拆箱后，收货人凭单接货。货物的装箱和拆箱均由承运人负责。

(3) 整箱交，拆箱接（FCL/LCL）。货主在工厂或仓库把装满货后的整箱交给承运人，在目的地的集装箱货运站或内陆转运站由承运人负责拆箱后，各收货人凭单接货。

(4) 拼箱交，整箱接（LCL/FCL）。货主将不足整箱的小票托运货物在集装箱货运站或内陆转运站交给承运人。由承运人分类调整，把同一收货人的货集中拼装成整箱，运到目的地后，承运人以整箱交，收货人以整箱接。

在上述几种交接方式中，以整箱交、整箱接效果最好，也最能发挥集装箱运输的优越性。

3. 交接方式

在集装箱运输中，根据实际交接地点不同，集装箱货物的交接有多种方式，在不同的交接方式中，集装箱运输经营人与货方承担的责任、义务不同，集装箱运输经营人的运输组织内容、范围也不同。集装箱货物的交接方式有以下几种：

(1) 门到门（Door to Door）交接方式。该方式是指运输经营人由发货人的工厂或仓库接受货物，负责将货物运至收货人的工厂或仓库交付。在这种交付方式下，货物的交接形态都是整箱交接。

(2) 门到场 (Door to CY) 交接方式。该方式是指运输经营人在发货人的工厂或仓库接受货物，并负责将货物运至卸货港码头堆场或其内陆堆场，在堆场向收货人交付。在这种交接方式下，货物也都是整箱交接。

(3) 门到站 (Door to CFS) 交接方式。该方式是指运输经营人在发货人的工厂或仓库接受货物，并负责将货物运至卸货港码头的集装箱货运站，或其在内陆地区的货运站，经拆箱后向各收货人交付。在这种交接方式下，运输经营人一般是以整箱形态接受货物，以拼箱形态交付货物。

(4) 场到门 (CY to Door) 交接方式。该方式是指运输经营人在码头堆场或其内陆堆场接受发货人的货物 (整箱货)，并负责把货物运至收货人的工厂或仓库，向收货人交付。

(5) 场到场 (CY to CY) 交接方式。该方式指运输经营人在装货港的码头堆场或其内陆堆场接受货物 (整箱货)，并负责运至卸货港码头堆场或其内陆堆场，在堆场向收货人交付 (整箱货)。

(6) 场到站 (CY to CFS) 交接方式。该方式指运输经营人在装货港的码头堆场或其内陆堆场接受货物 (整箱货)，并负责运至卸货港码头集装箱货运站，或其在内陆地区的集装箱货运站，一般经拆箱后向收货人交付。

(7) 站到门 (CFS to Door) 交接方式。该方式指运输经营人在装货港码头的集装箱货运站或其内陆的集装箱货运站接受货物 (经拼箱后)，负责运至收货人的工厂或仓库交付。在这种交接方式下，运输经营人一般是以拼箱形态接受货物，以整箱形态交付货物。

(8) 站到场 (CFS to CY) 交接方式。该方式指运输经营人在装货港码头集装箱货运站，或其内陆的集装箱货运站接受货物 (经拼箱后)，负责运至卸货港码头或内陆地区的堆场交付。在这种方式下，货物的交接形态同站到门交接方式。

(9) 站到站 (CFS to CFS) 交接方式。该方式指运输经营人在装货港码头集装箱货运站，或内陆地区的集装箱货运站接受货物 (经拼箱后)，负责运至卸货港码头集装箱货运站，或其内陆地区的集装箱货运站，经拆箱后向收货人交付。在这种方式下，货物的交接形态一般都是拼箱交接。

以上九种交接方式，是集装箱运输中集装箱货物基本的交接方式。除装货海港码头堆场 (或海港码头的集装箱货运站) 到卸货海港码头堆场 (或卸货海港码头集装箱货运站)，交接方式适用于海运单一方式运输 (包括海上转运) 外，其他交接方式都是集装箱货物多式联运下的交接方式。

二、集装箱租赁业务

(一) 班轮公司获取集装箱的方式

集装箱班轮公司要提供优质服务，除了拥有准确的班期、快速的船舶、合理的挂靠港序、优质的服务以外，拥有足够数量的符合国际标准的各类海运集装箱也是必不可少的要素。目前，班轮公司获取集装箱的方式主要有以下两种：

1. 集装箱购买

班轮公司购买集装箱就是运用自筹资金向集装箱制造厂商直接购买集装箱。不过，集装箱是一种造价十分高昂的运输设备。根据目前集装箱制造市场的行情，一只40英尺普通干货箱造箱成本在2500～2800美元。如果通过贷款的方式来购买，那么班轮公司还需要每年为此支付大量的利息。尽管集装箱造价高昂，但由于集装箱对于需要提供优质服务的班轮公司来说是必不可少的设备，而且从长期投资来看，班轮公司自行购买集装箱远比通过其他方式获取集装箱要经济。因此各大班轮公司都愿意斥资购买一定数量的集装箱作为自己的固定资产投资。

2. 集装箱租赁

班轮公司除了自己购买集装箱以外，在自备集装箱不能满足实际用箱需求或出现突发性需求时，可通过集装箱租赁市场获取一定数量的集装箱来解决缺箱问题。一般地，班轮公司租赁集装箱的原则是根据自身的实际情况，以降低经营成本为目标确定集装箱的购置或租用数量。

集装箱租赁对于班轮公司而言具有重要的作用：

(1) 船公司或其他集装箱运输经营人因业务发展需要增加集装箱数量或需要对长期使用的集装箱进行更新时，可采用以租代购的方式补充和更新，以减少占用资金；

(2) 在各航线来回程货源不平衡情况下，可通过单程租赁或其他临时租赁方式解决空箱回运问题；

(3) 在某些货物、货源量随季节变化时，可以通过短期或者临时租赁方式租用集装箱来满足这种不平衡的需要，提高箱子的利用率；

(4) 通过租赁既能满足不同货主、不同运输要求的不同类型（特别是特种箱）的集装箱，以减少自有箱中利用率低的各种类箱，又能保证运输实际需要。

集装箱数量的配备要根据投资合理、效益最优的原则来确定，其实质就是要以最经济的方式保证有足够数量的自购箱、租箱来满足用箱需求，从而实现公司的效益最大化。因此，确定自购箱及租箱的数量也应在前述前提下，运用优化技术，以用箱成本（短期和长期）最低为目标函数，确定自购箱量、长租箱量及灵活租箱数量的最佳比例。

自购箱的成本可近似认为是由折旧费用、修理费用、堆存费用（发生闲置时产生）及管理费用构成，这可以根据置箱价格、折旧年限以及相关的统计资料估算得到；而长期租箱和灵活租箱的箱天成本近似，以租金费率计算。通常，每天租箱的成本约是自购箱成本的1.5～2.5倍。在实际生产经营中，由于货源数量的季节性变化和往返程货运量的不平衡以及长期租箱在租期内如同自购箱一样，当自购箱量和长期租箱量在集装箱配备总量中所占的比例超过一定程度时，集装箱班轮公司将承当大量的空箱闲置费用及调运费用，并且数额随自备箱量和长期租箱量比例的增大而增加，也就是说，集装箱配备总量中灵活租箱所占的比例增大，在货运量下跌时，空箱闲置和调运费用将会降低（不过，在灵活租箱使用期间需要支付相对较高的租金）。

集装箱班轮公司在配备集装箱过程中，如果能合理确定各种租箱方式的比例，将会改善集装箱的周转状况并提高其利用程度，在保证完成全部重箱周转量的同时，使集装箱总量与船舶总箱位的比例（称之为箱位比）保持在较低水平，从而降低集装箱管理总成本。除了上述因素以外，班轮公司在确定自购箱数量时，还应考虑到自身的投（融）资能力以及未来的发展规模、同时对于航运市场必须有一个比较科学的预测并有适当的措施来降低投资风险。

由于集装箱运输具有航线覆盖面广、集装箱分布不规则、流动性大、随机事件多等特点，无法建立一个合适的数学模型来进行精确分析，通常根据投资合理、效益最优的原则、结合相关统计数据进行估算的方法来确定。

具体来说，可以这样来考虑，凡常年使用的箱量，应用自有箱。我们可以从一段时间的集装箱货运量（重箱量）统计来进行分析，以月为单位来统计各月箱运量。当然，各月不同，有高有低，则依最低运量所需要的集装箱数量为自有箱量，因为该点对应运量所需的集装箱数量利用率为100%（资产利用率最高）。

设各月用箱量 a_1、a_2、a_3、a_4、a_5、a_6、……、a_n（如图6-4所示）。

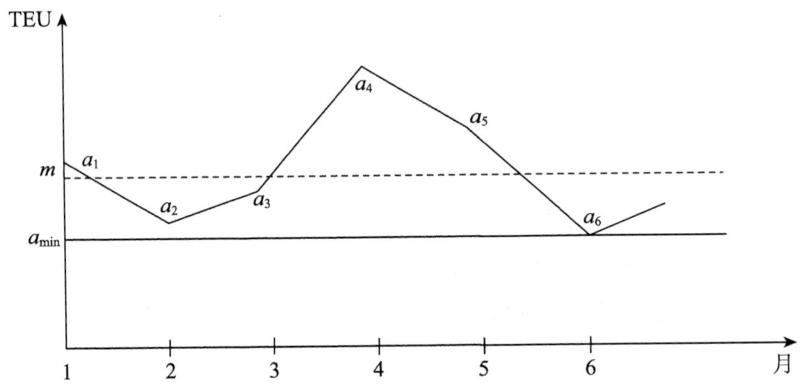

图6-4　各月用箱量统计

以最小自备量确定租箱量的方法如下：

（1）以最小用箱月份的用箱量作为自备箱量（a_{min}）（即购买集装箱）；

（2）以平均每月用箱量（m）和最小用箱月份的用箱量（a_{min}）之差作为长期租箱量($m-a_{min}$)（即期租集装箱）；

（3）对超出平均每月用箱量（m）的月份，以各月用箱量（a_i）和平均每月用箱量

（m）之差作为短期租箱量（即程租集装箱）（a_i-m）。

（二）集装箱的租赁方式

集装箱的租赁方式多样，主要的租赁方式如下：

1. 期租（Time Lease）

期租是承租人在一定时间内租用集装箱的租赁方式。在租期内，承租人可以像自有箱一样自由调配使用租来的箱子。

根据租期的长短，期租可以分为长期租赁与短期租赁两种形式。长期租赁的时间通常在5年或5年以上，在租期届满后，承租人要将集装箱归还给出租人。长租的特点是租期长，租金相对为低，适合于船队规模稳定扩大发展的船公司。短期租赁一般不限租赁天数，对于旧箱可以随提随还，如果是新箱的话，租赁公司一般要求最低租赁时间为3～4个月。短租的特点是灵活性较强，适合波动较大和不稳定的市场，也适合季节性出货的运输。另外，租金相对较高，租箱成本则相应提高。

长期租赁对租箱公司来说，能保证较长时间内有稳定输入，租金较低；短期租赁较为灵活，租金较高。

2. 程租（Spot Lease）

程租是指租期由航程时间决定的租赁方式，一般分为单程租赁和来回程租赁两种。在单程租赁情况下，承租人只是从起运港到目的港单程的使用集装箱，这种方式一般用于一条航线上来回程货源不平衡的场合，减少空箱运回。

来回程租赁一般用于来回程有货源的航线，这种方式的租期由来回程所需时间决定，有时可能会有多个来回程。

程租方式一般对提箱、还箱地点有严格限制，租金比期租要高。

3. 灵活租赁（Master Lease）

灵活租赁在租期上类似于长期租赁（一般为一年），而在箱子的具体使用上类似于短租或程租。在灵活租赁合同中，除明确租期外，还订有承租人每月提箱、还箱的数量和地点。在这种租赁方式下，承租人在租期内至少保证租用一定数量的箱子，这就类似于长期租赁；但在具体使用过程中，承租人可根据自己的实际需要，在合同规定的时间、地点随租随还，这又类似于短租或程租。采取这种方式可使承租人能更好地适应货源不平衡、季节不平衡等变化的需要。一般来说，灵活租赁的租金要比长期租赁的高。

上述租赁方式一般统称为经营性租赁，是班轮公司租赁集装箱的重要方式，很多大型班轮公司都拥有相当数量的经营性租箱。对于某些主营近洋线的班轮公司来说，经营性租赁往往占到70%以上。

4. 金融租赁（Finance Lease）

该方式是由出租人将承租人指定的集装箱租给承租人使用很长时期，在租期届满，租金支付完毕并且承租人根据金融租赁合同的规定履行完全部义务后，集装箱的所有权即转归承租人所有。

金融租赁通常采取 5～8 年租期，到期后以每个箱子 1 美元的价格买断集装箱所有权。该种租赁方式属于融资性租赁。一般来说，经营性租赁的出租人一般为专业的租箱公司，而融资性租赁的出租人往往为银行或者投资公司。

（三）租箱方式的选择

班轮公司在办理租箱业务的实际操作中，选择租赁方式的一般原则为：

（1）班轮公司开辟新航线或扩大运输规模时，可以采用长期租赁或金融租赁的方式承租一定数量的集装箱。

（2）当班轮公司拟自备一定数量的集装箱却无足够资金时，可采用金融租赁的方式租入一定数量的集装箱，待租期届满时，按照双方商定的费率将所租用的集装箱全部买入。

（3）当班轮公司经营航线单一，挂靠港口较少时，若航线两端往返程货源不平衡，则可以采用单程租赁或连续几个单程租赁的方式；若航线两端往返货源较为平衡时，可以采用来回程租赁或连续几个来回程租赁的方式。

（4）当班轮公司经营多条航线时，因各条航线相互衔接，集装箱流动性较大，货源不平衡，且随航线之间相互衔接而交叉分布，可采用灵活租赁解决。

（四）集装箱租赁合同主要条款

无论以何种形式租箱，集装箱的出租人和承租人一般都应事先签订集装箱租赁合同（又称租箱合同，Container Lease Agreement），作为划分双方责任和义务的依据。承租人在签署合同之前一般要与出租人（或其代理人）商定租箱方式、数量，租金，交、还箱的时间、地点，租、退箱费用，损害修理责任及保险等事宜。在合同执行期间，箱体由承租人管理使用，承租人负责对箱体进行维修保养，确保避免灭失。租期期满后，承租人将箱子还至租箱公司指定的堆场。堆场对损坏的箱体按合同中规定的技术标准修复，修理费用由承租人承担。承租人还应按照合同向租箱公司支付提、还箱费及租金。

租箱合同范本见附录三。其主要条款一般有四个方面内容。

1. 交箱条款

是制约出租人的主要条款，出租人应在合同规定的时间和地点将符合条件的集装箱交给承租人。主要内容包括：

（1）交箱期。指出租人将箱子交给承租人的时间。交箱期一般 7～30 天。

（2）交箱量。为了适应市场上箱货供求关系的变化，合同中对交箱量有两种规定方法，一种是规定的交箱数量（或最低交箱量）；另一种是实际交箱量（可高于或低于前者）。

（3）交箱时箱子状况。出租人交付的集装箱应符合有关国际公约与标准规定。交接时，集装箱出租人和承租人应共同验箱，并签署设备交接单。

2. 还箱条款

是制约承租人的主要条款，指承租人在租用期满后，按合同规定的时间、地点将状况良好的箱子还给出租人。主要内容：

（1）还箱时间。超期不还和提前归还通称“不适当还箱”。对于超期不还的情况，合同一般规定加收租金。对于提前归还的情况，合同有提前中止条款的，按条款规定处理；没有中止条款的，仍需补交追加租金。

（2）还箱地点。承租人应按合同规定或出租人另用书面形式确认的具体地点还箱。在订立合同时，承租人应尽量使还箱地点与箱子最终使用地点一致或接近，这样可以减少空箱运输费用。

（3）还箱时箱子状况。承租人在还箱时应保证箱子外表状态良好，即保证箱子保持提箱时双方签订的设备交接单上说明的状况。该条款一般规定如果还箱时外表有损坏，承租人应承担修理责任与费用。租箱合同中一般还规定还箱期满若干天（有的是30天）后，承租人仍未还箱，出租人将作为箱子全损处理。承租人应按合同规定的金额支付赔偿金，在出租人未收到赔偿金前，承租人仍需按实际天数支付租金。

3. 损害修理责任条款

如租箱时在合同中订立损害修理（Damage Protection Plan，DPP）条款并按规定付费，则承租人对租期内所造成的箱体损坏在一定程度上不负修理责任，可将未修理的箱子退还出租人。不论箱子在租期内是否损坏，DPP费用一律不予退还。DPP条款从某种意义上讲，相当于承租人对租箱期内集装箱的损害进行了保险（但不是向保险公司投保）。但承租人必须了解，DPP费用一般只保箱体的部分损害，不承担全损和共同海损等责任。DPP费用一般按租箱天数收取。

4. 租金及费用支付条款

承租人在租期内应按时付费，否则构成违约，出租人有权采取相应的行动，直至收回集装箱。该条款一般包括以下内容：

（1）租期：交箱之日起到还箱之日止的一段时间。

（2）租金计算方法：按每箱天计收。租用天数计算一般从交箱当日起到接受还箱次日止。超期天数另行支付（租金一般翻倍），有提前中止条款的，租箱人支付提前中止费用（相当于5～7天的租金）后，租期到集装箱进入还箱堆场日为止。

（3）租金支付方式：一般有按月支付和按季支付。租箱人收到租金支付通知单后，在规定的时间内支付（一般30天），如延误需按规定费率加付利息。

（4）交、还箱手续费：租箱人按合同规定支付交、还箱手续费。该费用主要用来抵偿因在堆场交、还箱所产生的费用（装卸车费、单证费等），数额或由合同规定，或按交、还箱所在堆场的费用确定。

任务实施

一、根据货物资料确定租箱的类型、规格和数量

集装箱出租人（一般为租箱公司）代理应根据承租人手中的将要出运的货物种类、重量、规格或体积，考虑集装箱尺寸及配货毛重（见表 6－3），从而确定租箱的类型、规格和数量。比如，某普通杂货体积 50 立方米，根据国际标准集装箱的尺寸，需要 2 个 20 英尺的集装箱；而如果采用 40 英尺的集装箱，一个就够了；那么我们应该选择一个 40 英尺的干货集装箱。

二、通过协商，确定租金和押金

通过调研集装箱租赁市场行情，了解不同类型和规格的集装箱的租金和押金水平，在与承租人协商时可作为参考依据。

三、通过协商，确定交、还箱的地点

表 6－3　　集装箱尺寸及配货毛重

规格	长×宽×高（米×米×米）	配货毛重（吨）	体积（立方米）
20 尺普柜	5.69×2.13×2.18	17.5	26
40 尺普柜	11.8×2.13×2.18	22	54
40 尺高柜	11.8×2.13×2.72	22	68
45 尺高柜	13.58×2.34×2.71	29	86
20 尺冻柜	5.42×2.26×2.24	17	26
40 尺冻柜	11.20×2.24×2.18	22	54
40 尺高冻柜	11.62×2.29×2.50	22	67
45 尺冻柜	13.10×2.29×2.50	29	75
20 尺开顶柜	5.89×2.32×2.31	20	31.5
40 尺开顶柜	12.01×2.33×2.15	30.4	65

知识链接

集装箱核对数或校验码（Check digit）

集装箱核对数或校验码仅包含一位数，不由箱主公司制定，而是按规定的计算方法算出，用来检验、核对箱主号、设备识别码与顺序号在数据传输或记录时的正确性与准确性，它与箱主代号、设备识别码和顺序号有直接的关系。实践中是通过箱主代号、设备识别码和顺序号计算出校验码的，若计算出的校验码与实际记录的校验码一致，则说明箱主代号、设备识别码和顺序号在数据传输或记录时未出错，否则应重新核对。核对号位于顺序号之后，在柜子上加方框以醒目（但在单证上无须加方框，箱号的 11 个字符中最后一个即为核对数字）。

核对号的计算方法如下：

（1）将表示箱主代码的 4 位字母转化成相应的等效数值，字母和等效数值的对应关系见表 6-4。从表中可以看出，去掉了 11 及其倍数（22、33）的数字，这是因为后面的计算将把 11 作为模数。

（2）将前 4 位字母对应的等效数值和后面顺序号的数字采用加权系数法进行计算求和。

计算公式为：$S=\sum C_i\times 2^{i}$

表 6－4　　核对号计算中箱主代码的等效数值

字母	A	B	C	D	E	F	G	H	I	J	K	L	M
等效数值	10	12	13	14	15	16	17	18	19	20	21	23	24
字母	N	O	P	Q	R	S	T	U	V	W	X	Y	Z
等效数值	25	26	27	28	29	30	31	32	34	35	36	37	38

最后，以 S 除以模数 11，取其余数，即得核对号。

例：集装箱的箱主代号和顺序号为 ABZU 123456，求其核对数字。

其等效数值、加权系数和乘积之和可列表求得，见表 6－5。

表 6-5　求核对数的计算

名　称	代　号	等效数值	加权系数	乘　积
箱主代号	A	10	2 的 0 次方	10
	B	12	2 的 1 次方	24
	Z	38	2 的 2 次方	152
	U	32	2 的 3 次方	256
顺序号	1	1	2 的 4 次方	16
	2	2	2 的 5 次方	64
	3	3	2 的 6 次方	192
	4	4	2 的 7 次方	512
	5	5	2 的 8 次方	1280
	6	6	2 的 9 次方	3072
合　计				5578

从表 6-5 中得乘积之和为 5578，除以模数 11，

即 5578÷11=507 余数 1，当余数为 1 时，核对数字为 1。

若余数为 10，则取“0”为核对数。这是理论上的计算方法，在实际应用中，可以通过查表的方法获得。

注：箱主代号、顺序号、核对数字共 11 个字符统称为箱号（Container No.），其作用、功能及重要性好比一个人的姓名一样。

知识链接

IICL 及主要租箱公司

（一）IICL

国际集装箱出租者协会（Institute of International Container Lessors，IICL）是集装箱租赁业同业公会。IICL 的成员管理着美国及全球约 90%的租用集装箱船队，共计拥有世界一半左右的集装箱船队和挂车。IICL 是非政府组织。它由国际海事组织（IMO）、国际标准化组织（ISO）、世界海关组织（WCO）、联合国贸易和发展会议（UNCTAD）机构组成。

IICL 成立于 1971 年，当时集装箱运输在运输系统中正时兴。本部一直设在华盛顿。由于第一代船舶与集装箱得来的经验，安全与设备质量是运输体系中的主要组成部分。该组织对国际集装箱安全公约（CSC），集装箱自动化检测程序（ACEP）以及对于国际海事组织的国际集装箱安全公约的统一解释是有帮助的。在美国，该组织为

美国州部门以及海岸警卫队工作，在制定国际集装箱安全公约法规以及美国《集装箱安全法》下实施该公约。通过税务与法律委员会，IICL与美国财政部联系密切，准备双重税收协议的草案，以避免在许多国家潜在的集装箱多重税收。

在国际标准化组织的集装箱标准业务方面，IICL已经处于领先水平。它的大多数的国家分支结构组织最近正在开发和维护用于电子和传输维护以及集装箱维修的代码。IICL在国际海事组织（IMO）以及联合国贸易和发展会议（UNCTAD）享有咨询顾问的地位。

IICL由国际13大集装箱租箱公司联合组建，每年在全世界30多个国家中的40多个考试中心举办“集装箱验箱师”全球统一考试。上海是亚洲主要的考试中心，目前我国已有600多位学员得到了“集装箱验箱师”称号，当前大多成为了租箱公司、船公司、集装箱堆场、集装箱码头、集装箱运输公司等机构的高级专职型技师，其高薪以及良好的就业前景成为国际证书的一大亮点。

（二）世界主要租箱公司（见表6-6）

表6-6　世界主要租箱公司

Beacon Intermodal Leasing, LLC	Beacon
CAI International, Inc.	CAI
Flexi-Van Leasing, Inc.	FLEXI-VAN
GE SeaCo Services Ltd.	GE SEACO
SeaCube Containers LLC	SeaCube
TRAC Intermodal	TRAC
Triton Container International Limited	TRITON

1. Beacon Intermodal Leasing, LLC

Beacon Intermodal Leasing is an industry leading lessor of intermodal marine cargo containers. We specialize in offering tailored leasing options for both dry and refrigerated containers to the world's shipping companies.

Through its ownership by BTMU Capital Corporation, a wholly-owned subsidiary of The Bank of Tokyo-Mitsubishi UFJ, Ltd., Beacon has the financial power and stability to meet the ever growing container needs of our shipping clients. Beacon's ultimate ownership by one of the world's largest financial institutions provides the company with a distinct competitive advantage in a capital intensive industry.

Beacon invests in both dry and refrigerated containers and expects significant portfolio growth as the world's container fleet continues to expand. Beacon's strategy is to be recognized as a strong and dependable supplier of high quality containers offered for lease at competitive prices.

资料来源：http：//www. beaconintermodal. com.

2. CAI International，Inc

CAI offers a solution for institutional investors to own assets and enjoy financial returns while leaving the life cycle management of operating a container fleet to our experienced professionals. Direct investment in containers is an attractive opportunity for many funds，banks and other financial institutions.

Container portfolios generate returns from container rental and sales，giving funds and institutions an attractive investment option. CAI provides comprehensive management of assets，handling all marketing，operations，and billing to strategically maximize the investor's total return. Investor portfolios typically have terms of eight to twelve years.

资料来源：http：//www. capps. com.

3. Flexi-Van Leasing，Inc

The intermodal transportation industry is vital to the continued strength and growth of the world's economic system. Flexi-Van takes pride in being one of the largest suppliers of intermodal equipment to this important sector of the world's economy. In recent years，the markets we serve have changed a great deal and at a rapid pace，both in the terms of their sophistication and relative monetary value. Flexi-Van is dedicated to remaining a leader in the industry，and will act to ensure that our customers are provided with the best quality equipment where and when they need it. Our leasable equipment fleet consists of over 150000 chassis and over 3200 generator sets. Flexi-Van's investment in equipment over the years is a significant sign of our commitment to the intermodal transportation industry. We continue to aggressively acquire new equipment and refurbish/rebuild our existing fleet to the latest industry standards. Leasing from Flexi-Van enables customers to concentrate on operating their businesses with the knowledge that Flexi-Van will be there to help satisfy their diverse needs. Our Service Centers and affiliated depot agents provide expert repair and maintenance services. Flexi-Van's nine company operated Service Centers offer repairs and refurbishing of intermodal containers，chassis，trailers and generator sets. Flexi-Van's expertise in maintaining its own fleet，assures your quality maintenance and repairs. Our Intermodal Information Management group processes，analyzes and controls movements and administration of equipment. Customers can outsource to Flexi-Van functions such as chassis pool billing and control；fleet tracking；chassis license administration；trucker insurance certificate verification. This allows our customers to concentrate on their primary business functions. Flexi-Van used its Intermodal specialization to build proprietary software to automate not just the day-to-day management and tracking tasks, but the strategic functions of utilization and fleet optimization. Using the latest technologies, users of Flexi-Van's chassis pool web application can manage their fleet via the Internet. Flexi-Van's highly skilled and trained sales representatives are prepared to customize services to meet our customer's needs. The skills, assets and knowledge of Flexi-Van, combined with that of our customers, provide an unbeatable team for the continued strength of the transportation industry. Flexi-Van should be your leading strategic service partner in the Intermodal Transportation Industry.

资料来源：http：//www.flexi-van.com.

4. GE SeaCo Services Ltd.

SeaCo Ltd is a Bermuda based shipping container investment and leasing group, which was formed in February 2009 to hold the container leasing investments of Sea Containers Group, following its US Chapter 11 re-organisation in 2008.

SeaCo Ltd's main asset was a 50% joint venture interest in GE SeaCo Srl of Barbados (one of the world's largest container lessors with nearly 1 million Twenty-Foot Equivalent Units ("TEUs") under management), which interests, along with its owned container fleet (which had been managed by GE SeaCo), were sold to HNA Group Co Ltd of PRC in December 2011. GE Seaco Srl was renamed Seaco Srl in connection with the sale to HNA, and continues its active operations under the ownership of HNA, with historical associations only to Seaco Ltd.

资料来源：http：//www.seacoltd.com.

5. SeaCube Containers LLC

SeaCube Container Leasing Ltd, and its associated companies acquire, own, manage and lease containers which are essential intermodal equipment used in global containerized cargo trade. This equipment has enabled the growth in global containerized trade because it allows efficient movement of goods via multiple transportation modes, including ships, rail, and trucks. We lease out equipment primarily under long-term contracts to the world's largest shipping lines.

SeaCube Container Leasing owns and manages both Dry and Refrigerated shipping containers including generator sets used to power the refrigerated containers when transported over land for prolonged periods of time while en-route to their final destination. We have long-term relationships with an extensive group of customers in the intermodal shipping industry. Our companies employ 75 people in 7 offices world-wide to provide you high quality equipment and excellent service with the global coverage.

资料来源：http：//www.seacubecontainers.com.

6. TRAC Intermodal

TRAC Intermodal is the world's largest provider of marine and domestic chassis operating throughout the United States, Canada and Mexico. The Company's operations include long-term leasing, short-term rentals through extensive chassis pool programs and pool/fleet management through the utilization of the Company's proprietary PoolStat® system. TRAC Intermodal's active fleet consists of approximately 245000 chassis and containers. We are the leader in providing chassis solutions to the intermodal industry. Come see how our chassis products can help increase supply chain efficiency, control costs, and promote safety.

资料来源：http：//www.tracintermodal.com.

7. Triton Container International Limited

Triton is a full-service global leasing company that is the largest owner-lessor of marine intermodal cargo containers in the world. Since 1980, Triton has focused on designing and maintaining a superior quality fleet, providing first-class customer service, and maintaining a selective lessee portfolio.

Triton's container fleet, comprised of dry van, refrigerated, flat rack and open top equipment, is one of the youngest and most uniform in the industry. Through its worldwide network of Triton regional service subsidiaries, agents and depots, and a dedicated, experienced staff, Triton meets its customers' needs by providing equipment in demand locations at flexible and competitive lease terms.

资料来源：http：//www.tritoncontainer.com.

子任务2　其他箱管工作认知

任务导入

无论是进口集装箱货物还是出口集装箱货物，船代公司都要为货主（货代）办理提箱、还箱及结算等业务。假定您是船代箱管部经理，请设计提箱、还箱等工作流程，所用到的单据都有哪些？

任务分析

各船舶代理公司的箱管流程不尽相同，但是基本环节基本相同，本书以中海集运箱管部的业务流程为基础，来掌握箱管中各种业务操作流程。

相关知识

一、中海箱管系统简介

Cargo系统是中海集装箱运输有限公司操作海上集运整个核心业务的典型应用系统。该系统帮助中海集运逐步实现了网上电子订舱、网上箱管、网上查询、网上提单确认、打印等一系列网上在线服务。

二、港口代理通知放箱的英文会话

Agent at Loading Port Informs Agent at Discharging Port to Release the 5×40' Containers

(Conversation between Mr. Ma—discharging port agent and Mr. Brown—loading port agent)

Brown: Hello, is that Shanghai Agency? This is Brown speaking from New York Agency, USA.

Zhang: Yes, Mr. Brown, this is Zhang speaking from Shanghai Agency. May I help you, please?

Brown: I want to speak to Mr. Ma at your end. Is he in the office at this moment?

Zhang: Yes, he happens to be here, just a second, please.

Brown: All right, thank you.

Ma: Hello, Mr. Brown, this is Ma speaking, I'm glad to speak to you.

Brown: Me too, thank you, Mr. Ma. I am sorry to trouble you now. I need your help with the 5 containers we sent you. Do you know something about them?

Ma: Well, not yet. It's said that the consignee is still waiting for the original B/L from the shipper, therefore, the containers have not been released.

Brown: Right, that's what I want to talk to you about. In accordance with the written instruction from the shipper, the cargo can now be released to the consignee even if the consignee has no original B/L in hand.

Ma: I see. But why was the original B/L not sent to the consignee in time, say 5 days ago? The container demurrage began to be paid from yesterday. If the original B/L had been given to the consignee earlier, the demurrage would not have happened.

Brown: Yes, nobody could have foreseen the problem. But because of the poor arrangement between the shipper and the consignee, as well as the late solution of the letter of credit and some problem at the bank, the consignee has so far not received the original B/L, However, everything is settled now, so the shipper has agreed to release the cargo now to the consignee as quickly as possible.

Ma: Very good. In this case, do you think you can E-mail us the written confirmation from the shipper, so that we may release the containers to the consignee accordingly?

Brown: Sure, I'll do it within ten minutes.

Ma: OK, I'll wait for it and meanwhile I am going to notify the consignee to come rapidly to my company to get the delivery order.

Brown: Thank you, I appreciate your good cooperation, Mr. Ma.

Ma: Oh, that's nothing, we should offer our good service to the customers.

Brown: You are right. Anything else, Mr. Ma? If there's nothing else, I would like to say good-bye to you.

Ma: Thanks, Mr. Brown, hope to see you again later.

New Words

1. release *vt.* 放货
2. demurrage *n.* 滞期费
3. solution *n.* 解决办法
4. foresee *vt.* 预见

Patterns and Phrases

1. letter of credit 信用证
2. delivery order 提货单
3. written confirmation 书面确认
4. to happen to be……/ to happen to do sth. 恰巧正…
5. in accordance with 按照……
6. in time 及时地

资料来源：《国际船舶代理业务实用英语会话》（袁洪林编著）。

任务实施

（一）出口放箱流程

出口放箱流程如图 6－5 所示。

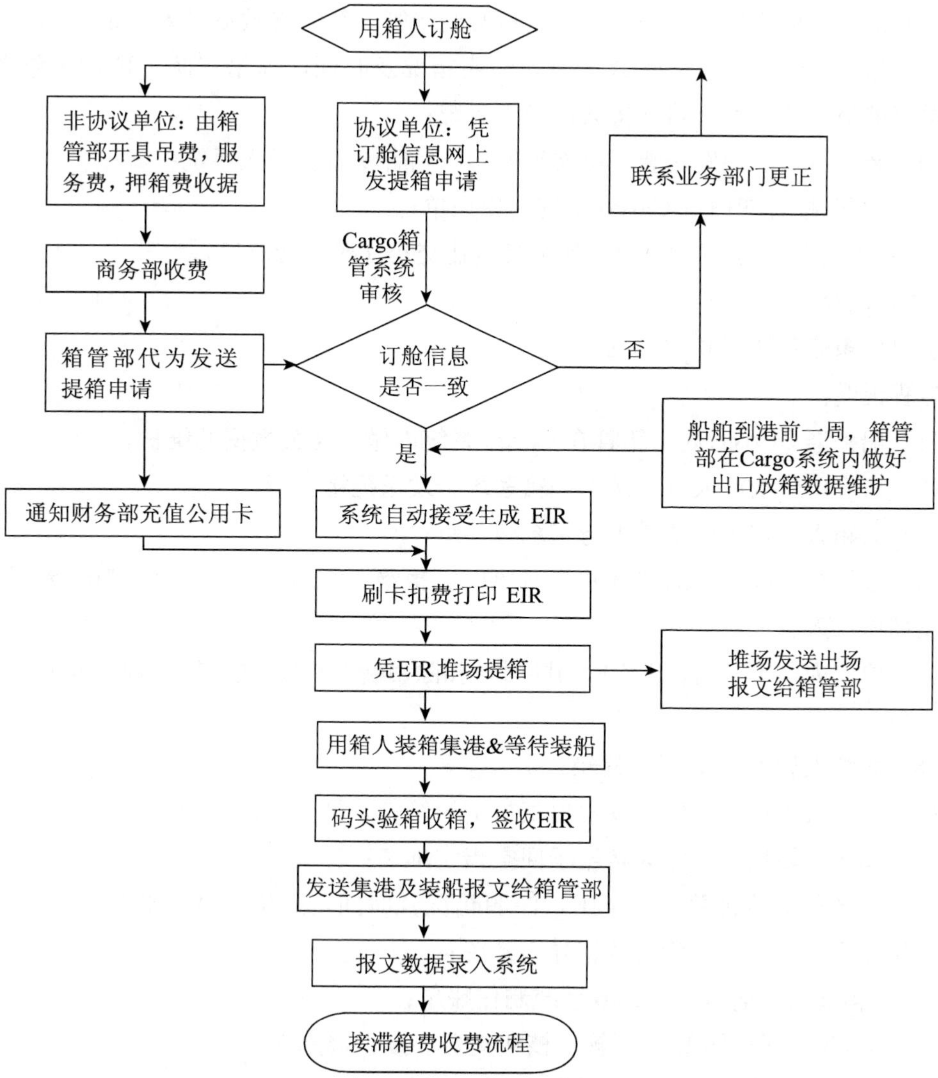

图 6－5　出口放箱流程

流程说明：

(1) 箱管按船期在 Cargo 系统内将相关数据做好维护；

(2) 用箱人订舱后，委托协议换单人登录网上提箱系统，发送提箱申请；

(3) 系统根据事先维护的数据，自动审核提箱申请是否与系统内一致；

(4) 与系统一致的申请，自动接受并生成 EIR；与系统不一致的自动拒绝并注明原因，反馈协议人更正；

(5) 协议人刷 IC 卡打印 EIR 的同时，扣除吊费（IC 卡在签协议时办理，用于充值吊费）；

(6) 协议人凭 EIR 去堆场提箱，装箱集港；

（7）协议人提箱后，堆场发送出场报文给箱管，箱管将数据导入系统；

（8）箱子集港后，码头签收 EIR，注明箱况及时间，返给车队一联用于结费，同时发送集港报文给箱管。箱管将数据导入系统；

（9）装船后，外理发送装船报文给箱管，箱管将数据导入系统；

（10）箱管按日期通过 Cargo 系统制作账单；

（11）协议人凭码头进场 EIR 到箱管核费交费（接收费流程）。

（二）进口放箱流程

进口放箱流程如图 6－6 所示。

流程说明：

（1）船到港 24 小时内，箱管在 Cargo 系统内做好相关数据的维护；

（2）协议单位换单人登录网上提箱系统，发送提箱申请；

（3）放箱人员审核申请是否与系统内一致；

（4）接受与系统一致的申请并生成 EIR。拒绝与系统不一致的提箱申请并注明原因，反馈协议人更正；

（5）协议人刷 IC 卡打印 EIR 的同时，扣除吊费。（IC 卡在签协议时办理，用于充值吊费）；

（6）协议人凭 EIR 去码头提箱；

（7）协议人提箱后，码头发送出闸报文给箱管，箱管将数据导入系统；

（8）箱子拆箱后，用箱人将箱子回空指定堆场；

（9）堆场负责验箱并签收 EIR，注明箱况及时间，返给车队一联用于结费，同时发送进场报文给箱管，箱管将数据导入系统；

（10）箱管按日期通过 Cargo 系统制作账单；

（11）协议人凭进场 EIR 到箱管核费交费（接收费流程）。

对非协议单位的进出口放箱操作流程如下：

（1）非协议单位填写“集装箱使用预收费收据”相关信息；

（2）箱管人员在收据上注明相关费用，签字确认；

（3）非协议单位凭签字的“集装箱使用预收费收据”到商务窗口交费，并将一联收据返回箱管；

（4）箱管人员登录网上提箱系统，发送提箱申请；

（5）通过系统审核申请是否正确并生成 EIR，对有问题的查明原因并改正；

（6）箱管人员通过 OA 通知财务人员将客户所交费用充入公用 IC 卡内；

（7）箱管刷卡打印 EIR，客户签字确认后领取 EIR；

（8）客户凭 EIR 办理提箱及核费手续（与协议单位操作相同）。

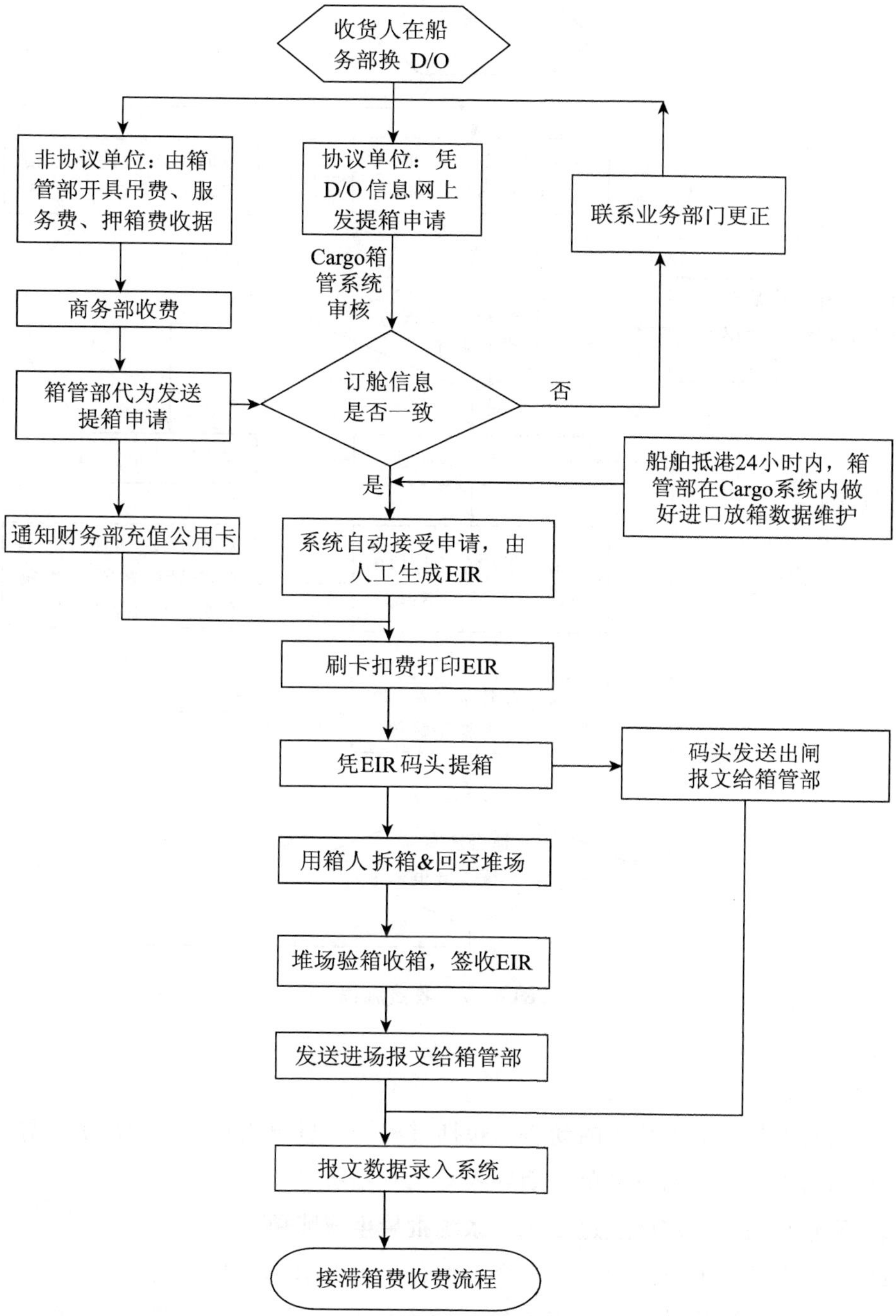

图 6－6　进口放箱流程

（三）收费流程

收费流程如图 6－7 所示。

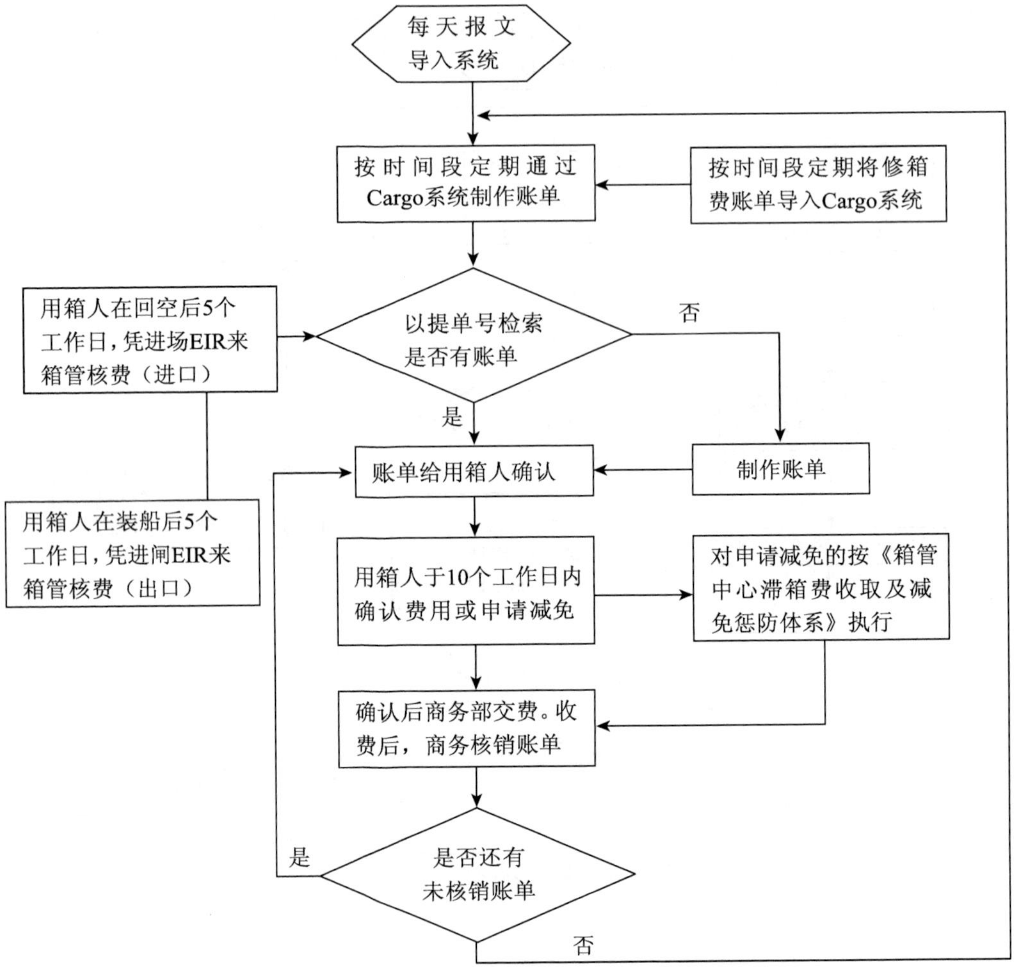

图 6－7　收费流程

流程说明：

（1）箱管人员每天将箱子的动态（包括进出场、进出码头、装卸船等）导入系统；

（2）箱管人员将修箱费账单定期导入 Cargo 系统；

（3）箱管相关人员定期通过 Cargo 系统批量生成账单；

（4）客户在箱子回空或装船后 5 个工作日，凭 EIR 来箱管核费；

（5）箱管人员根据提单号检索系统是否有账单，没有账单的制作账单，并将账单调出给客户确认；

（6）客户在收到账单后 10 个工作日内确认费用或申请减免，如超过 10 个工作日，箱管加收滞纳金；

（7）客户确认费用无误后，在商务部交费，商务收费后，核销账单（对申请减免的按《箱管中心滞箱费收取及减免惩防体系》执行）；非协议换单人在交费后，箱管在押箱联签字确认无其他费用，在商务办理退费；

（8）箱管定期将未核销的账单按用箱人分类调出，并通知用箱人尽快核费、交费。

（四）残箱验箱、修箱流程

残箱验箱、修箱流程如图 6－8 所示。

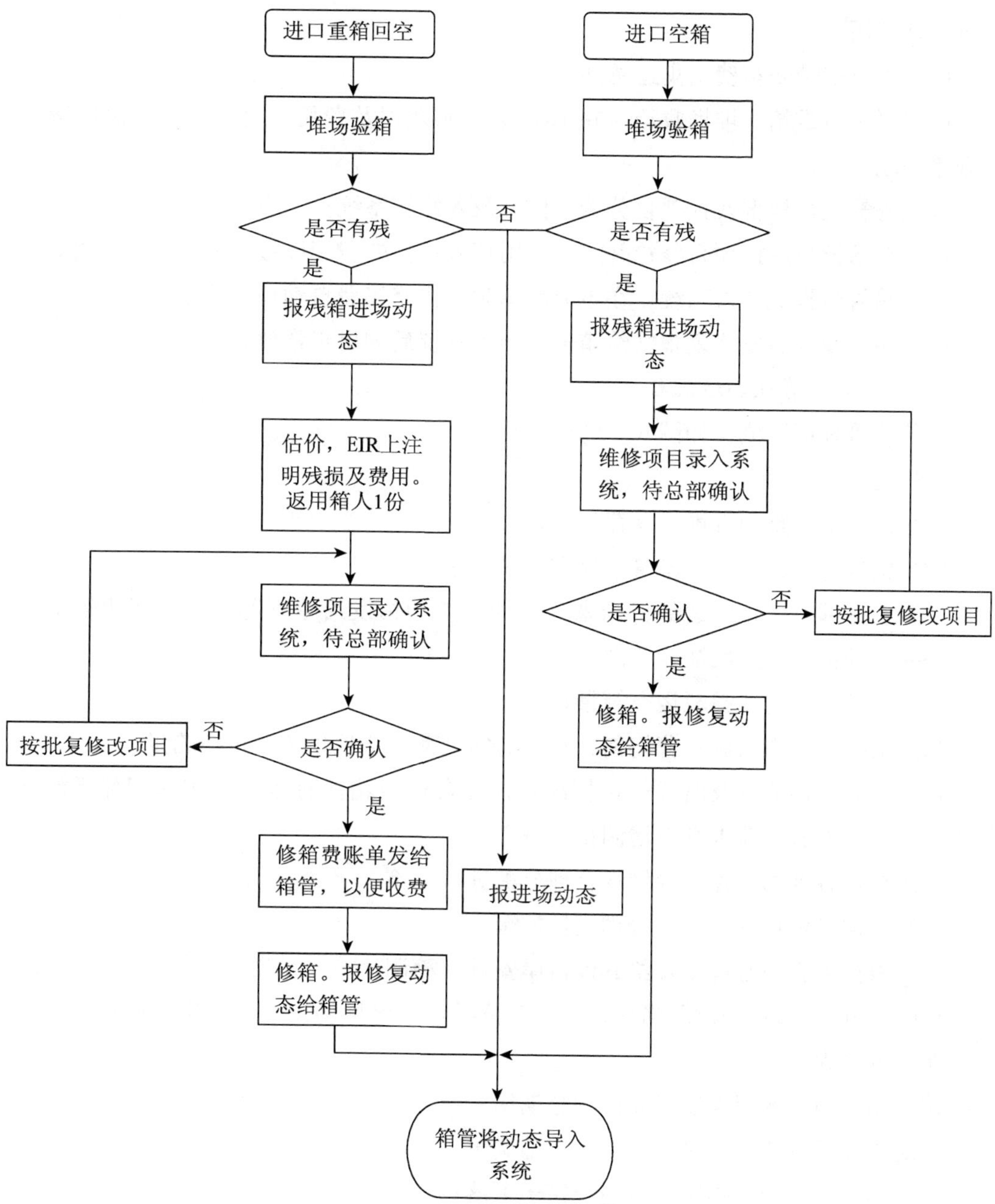

图 6－8　残箱验箱、修箱流程

流程说明：

（1）对进口空箱，堆场收箱时将发现的残箱码放在残箱区，并在进场报文中报残箱进场，以便箱管录入残箱动态；

（2）堆场验箱人员验明残损项目并录入修箱系统，待总部批复；

（3）总部批复后，按批复修箱。修复后报箱管修复动态，箱管录入系统，集装箱即可正常使用；

（4）进口空箱修箱费由集运总部支付；

（5）对进口重箱，堆场收箱时在 EIR 上注明残损及费用，返用箱人一份核费。并报残箱进场动态；

（6）验箱人员根据残损项目分清责任方录入修箱系统；

（7）总部批复后按项目修箱并将需要用箱人承担的费用以报文形式发给箱管；

（8）箱管将报文导入系统，在生成账单时会将修箱费自动加入账单；

（9）箱子修复后发修复报文给箱管，导入系统后即可正常放箱。

（五）集装箱管理调运流程

集装箱管理调运流程如图 6－9 所示。

流程说明：

（1）每天汇总整理各堆场盘存信息；

（2）根据每天的进出场箱量计算实际平衡差；

（3）业务部、多式联运部将未来 3 天的用箱预估发给箱管部，箱管部比较实际与预估平衡差的情况，并反馈相关部门；

（4）合理预留南北疆驳运空箱量；

（5）根据片区内京唐、曹妃甸、秦皇岛的盘存，合理预留调运空箱量；

（6）根据上述信息及航线舱位情况，计算合理空箱保有量并将用箱情况反馈给箱管中心，如不能满足需求则申请调箱；

（7）根据各堆场盘存，给堆场合理分配进口空箱；

（8）根据各堆场的盘存，合理安排放箱；

（9）根据箱管中心指令，给其他口岸安排空箱调运；

（10）每周通过系统调取当地箱子盘存情况，监督堆场按先进先出原则用箱，清理超期箱。具体为：

①堆场空箱，督促堆场优先使用超期箱；

②对长期闲置的特种箱，向总部申请调出；

③对提走的空箱和提箱车队追查箱子下落；

④对进口重箱，和进口部门协同，联系收货人，要求其尽快还箱；

⑤对出口集港重箱，和业务协调，安排尽快装船；

⑥对内陆点空箱，和联运部协调按先进先出原则用箱。

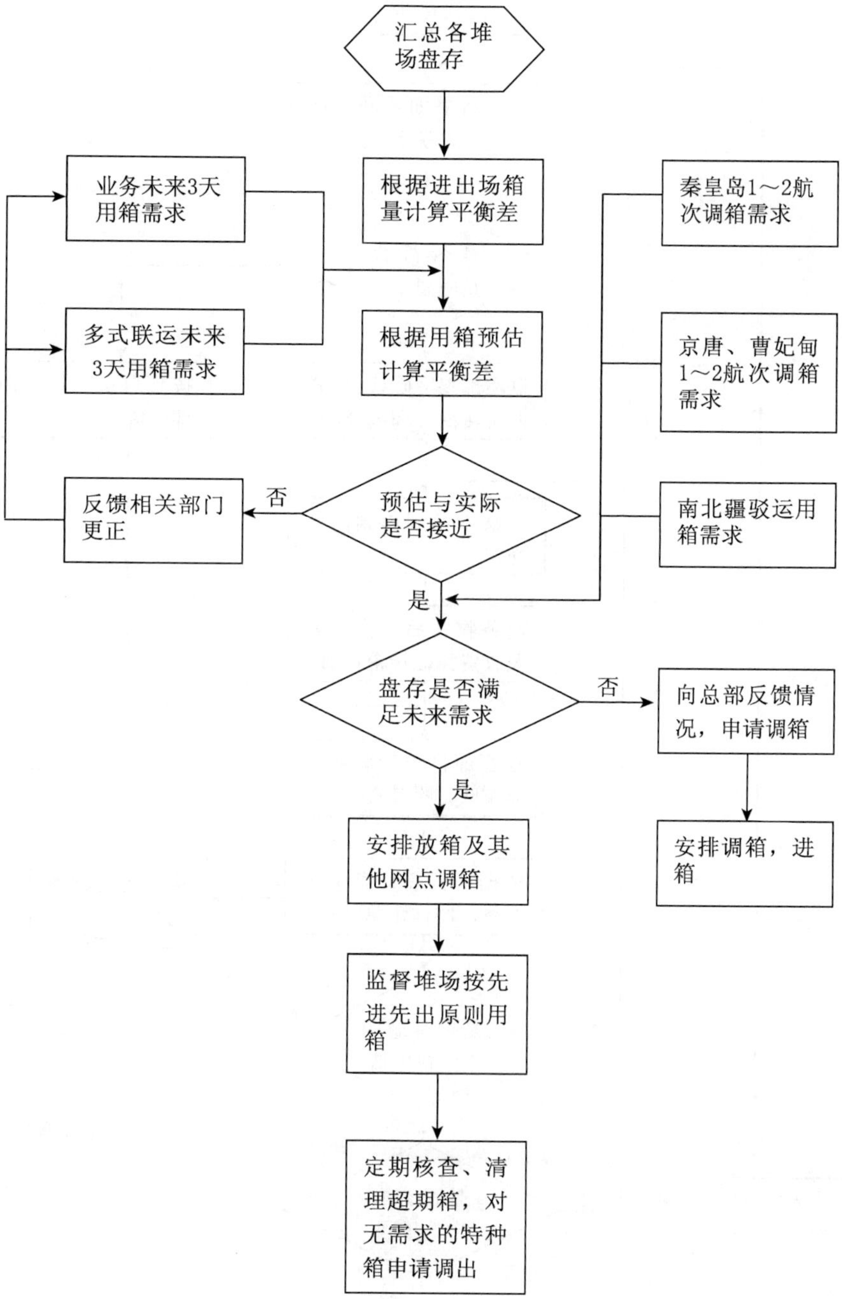

图 6－9　集装箱管理调运流程

（六）重去重回流程

重去重回流程如图 6－10 所示。

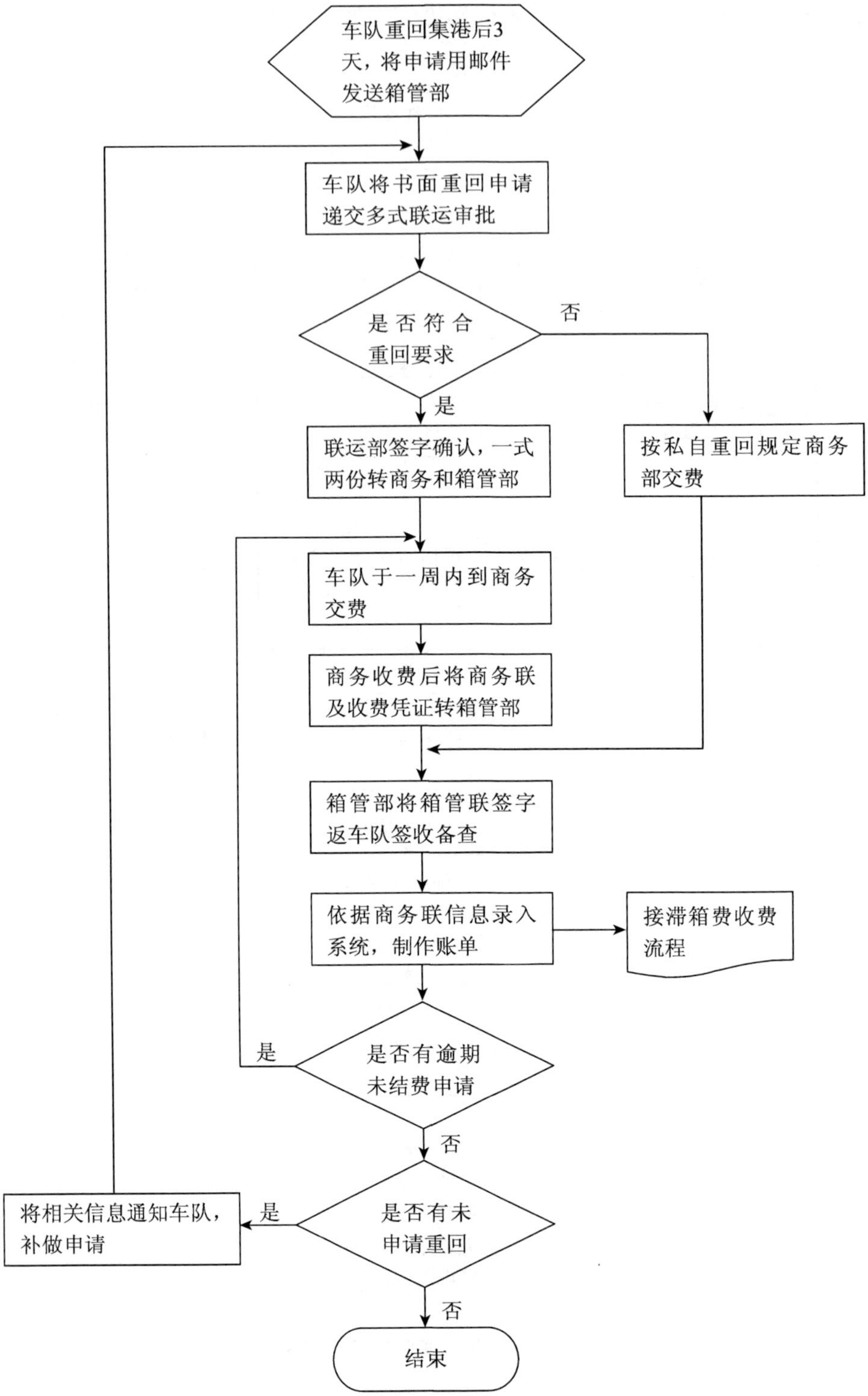
车队重回集港后3天，将申请用邮件发送箱管部
车队将书面重回申请递交多式联运审批
是否符合重回要求
否
是
联运部签字确认，一式两份转商务和箱管部
按私自重回规定商务部交费
车队于一周内到商务交费
商务收费后将商务联及收费凭证转箱管部
箱管部将箱管联签字返车队签收备查
依据商务联信息录入系统，制作账单
接滞箱费收费流程
是
是否有逾期未结费申请
否
将相关信息通知车队，补做申请
是
是否有未申请重回
否
结束

图 6－10　重去重回流程

流程说明：

重去重回操作原则为：进出口都到门，或者至少有一方到门，才允许重回。都是CY的，原则上不允许重回；另外，只有自己做的进口货可以申请重回，不得代其他车队申请，否则按私自重回处理，按20英尺标准箱400元，40英尺标准箱600元的标准收取罚金。

基于以上原则，目前的重去重回基本有两种情况：

1. 正常途径

车队通过正常途径申请，由箱管和多式联运审批，操作流程如下：

（1）车队重去重回集港后三天内，按要求格式将相关信息发邮件给箱管。

（2）车队同时将书面申请递交多式联运部审批。

（3）多式联运部核实是否符合重回要求，应收费用等，符合的签字确认，一式两份。不符合的走私自重回流程。

（4）多式联运将签字后的申请递交箱管一份（箱管联），商务一份（商务联）。

（5）车队在递交申请后一周内，到商务交费。

（6）商务收费后，将商务联及收费凭证转箱管放箱人员。放箱人员在箱管联上签字返给车队备查，并要求车队在商务联上签字证明已收到箱管联。

（7）箱管放箱人员将商务联转系统录入人员，录入人员将相应邮件内的数据导入系统，以便正常制作账单，并将商务联留底备查。

（8）箱管放箱人员通知手中箱管联超过一周尚未结费的车队尽快交费，并停止其换单协议，直到费用结清为止。同时将所停协议车队通知多式联运部。

（9）箱管定期检查是否有未申请的重回，并通知相关车队补做申请。

2. 非正常途径

车队未通过正常途径，私自重回。操作流程如下：

（1）箱管部每周查询无账单的进口提单号（本月查询上月）。

（2）将无账单的提单号按车队筛分，并打印出来，发给相应车队，要求车队在一周内反馈，否则暂停协议。

（3）对车队反馈有如下几种情况：

①箱子尚未回空：对超期的要求车队预交滞箱费，归入超期箱管理。

②已回空：和堆场核实，如确实回空，堆场报文错误，补做账单。

③重去重回：符合正常手续漏报的，通过正常程序补费，补做账单（一周内解决）。

④私自重回，按规定交费后，补做账单（费用结清后开通协议）。

（七）数据录入

1. 数据系统录入要求

（1）动态的及时性。要确保在集装箱动态发生的48小时内，将所发生的动态做到

TS系统中。

（2）动态的逻辑性。要确保集装箱动态符合TS箱管系统的动态逻辑性。

2. TS系统集装箱动态的导入

（1）装卸船动态。每天用E-mail接收外理开船后发送的装卸船文本报文，经过修改时间、码头、港口等信息，符合中海格式要求后，通过EDI将集装箱的装船和卸船动态导入到TS系统。

（2）进出闸动态。每天用E-mail接收各码头每天发送的进出闸报文，通过EDI将集装箱的进出闸动态导入TS系统。

（3）进出场动态。每天用E-mail接收各堆场每天发送的进出场报文，通过EDI将集装箱的进出场动态导入TS系统，每天两次。

（4）与其他公司融舱的装卸船动态。进口：用E-mail接收内外贸进口单证提供的电子表格舱单，经过对动态、日期和码头的添加后导入TS系统。

出口：每天登录外贸出口的Cargo系统，查询当日出口船，再电话询问外贸出口航线人员，确定此船的实际离港时间，等船离港后再打电话给外理要这条船的装船报文，修改后导入TS系统。

（5）处理堆场发送的修改动态的邮件，修改TS系统的动态信息。

（6）用E-mail接收车架的装卸船信息，做成能固定的TS报文格式后，导入TS系统。

（7）内陆点进出场，每天用E-mail接收内陆点的进出场电子表格报文，将其做成统一规定格式后导入TS系统。

（8）做退租箱的退租动态和其他一些错用箱的动态。

3. Cargo系统集装箱动态的导入

（1）装卸船。

进口：用E-mail接收内外贸进口单证提供的电子表格舱单，经过动态、日期和码头的添加后，在放单前导入Cargo系统，以便设备交接单的打印。

出口：将导入TS系统的外理装船报文导入Cargo系统。

（2）进出闸。

将导入TS系统的进出闸报文导入Cargo系统。

（3）进出场。

将导入TS系统的进出场报文导入Cargo系统。

实训活动方案设计1　集装箱基础知识运用

活动时间	80分钟
活动地点	教室或实训基地

续　表

教学资料	集装箱装箱单、EIR，以及业务情景假设
教学目标	通过模拟办理货物出运情景，使学生掌握集装箱装载货物方法、填写集装箱货运单据，并充分认识主要单证填写方法与流程
活动要求	通过角色扮演的方式，要求全体学生参与，熟悉各自所扮演的货物装箱、提箱相关方的工作职责及需要处理事项。活动结束后，学生应写出：①集装箱货物装箱单填写主要程序与方法；②货物装箱方法；③EIR、D/O 填写注意事项
活动程序	（1）每班分若干小组，分别代表货代、船代箱管理部、第三物流公司； （2）货代扮演者根据假设的业务情景，申请船代放箱，联系第三物流公司提箱，填制事先打印好的集装箱装箱单
评价方式	学生互评，教师点评

实训活动方案设计 2　集装箱租赁业务模拟

活动时间	80 分钟
活动地点	教室或实训基地
教学资料	集装箱租赁合同、集装箱租赁方式、集装箱租赁条款
教学目标	通过模拟集装箱租赁情景，使学生掌握集装箱租赁方式、集装箱租赁条款，并充分认识集装箱租赁业务中注意事项
活动要求	通过角色扮演的方式，要求全体学生参与，熟悉各自所扮演角色的工作职责及需要处理事项。活动结束后，学生应写出：①集装箱租赁方式使用方法；②集装箱租赁条款使用方法；③集装箱租赁合同签订过程中注意事项
活动程序	（1）每班分若干小组，分别代表租箱公司代表、船公司代表； （2）租箱公司代表根据假设的业务情景，假设有 1000TEU 集装箱要出租，船公司代表提出租箱申请，签订集装箱租赁合同
评价方式	学生互评，教师点评

任务七　国际船舶服务代理

教学目标

知识目标：

1. 掌握船员换班和遣返手续的办理程序及注意事项。
2. 了解船员服务代理业务项目。
3. 掌握船舶供应服务项目。
4. 熟悉船舶供应服务的注意事项及流程。
5. 熟悉船员服务常用英语。
6. 了解船舶修理的种类。

技能目标：

1. 能够模拟办理船员接班和遣返手续。
2. 能够根据不同的船员换班情况，估算相关费用。
3. 能够用英语与船员交流。
4. 能够为船舶代办加油加水手续。
5. 能够为船舶办理供应船舶备件服务。
6. 能够为船舶办理供应食品、物料等服务。
7. 能够为船舶办理维修手续。

教学实施建议

教学方法：

讲述；启发；讨论；案例引导；情景模拟。

教学手段：

板书；课件演示；图片、视频展示。

学生活动：

根据委托方/船东要求，学生模拟船代办理船员换班情景。

建议课时：

6 课时。

岗位介绍

一、综合业务员工作职责

（一）船员服务代理业务

（1）估算船员换班和遣返费用，发送委托方并催促委托方及时打款。

（2）随时跟踪来港换班船员动态，保证换班的正常进行。

（3）审核船员证书有效性。

（4）办理船员上、下船并办理换班手续。

（5）安排换班船员住宿。

（6）安排换班船员和遣返船员的交通事宜。

（7）根据委托方的委托，安排需要就医的船员前往医院就医。

（8）办理探亲船员家属的上、下船手续。

（二）船舶供应服务业务

（1）根据委托方要求，选择合适的燃润油水供应方；

（2）协助船舶进行加油、加水作业；

（3）可协助接收船舶备件并安排送船；

（4）可为船舶联系伙食供应方并安排送船。

（三）船舶修理服务业务

（1）根据委托方要求，审核船舶修理项目可行性；

（2）联系船坞/船舶修理方；

（3）对于某些修理项目，向有关当局办理审批手续；

（4）协助船舶办理维修有关事项。

二、综合业务人员工作流程

（一）船员服务代理业务

1. 船员换班

（1）接到委托方的船员换班请求后，根据船舶在港停靠时间，判断能否接受在该港办理船员换班委托。

如果船舶来该港进行加油、加水、供应备件等非装卸作业时，停靠该港的时间较短。由于船员在换班时，需要就船舶的运行特点、操作程序等工作进行细致的交接，尤其是高级船员（船长、轮机长等），所以一般需要一定的工作交接时间。若船舶停靠时间较短，换员时间紧张，工作交接不充分，可能会对船舶的安全航行造成隐患，该种情况不宜更换船员。

若船舶停靠时间较短，委托方由于某种原因坚持要办理船员换班时。船舶代理人可根据船舶在锚地等泊时间的长短，派遣机动艇前往船舶等泊地点接送换班船员，船员在交接过程中，机动艇除基本费用外还需支付等待费用。

（2）接受委托方的申请后，向委托方索要换班船员资料或复印件（以便向海关申报），核查上、下船船员证书有效性。

船员资料包括船员信息和证书；其中船员信息包括船员姓名、国籍、职务；船员证书包括船员的海员证、护照、船员适任证书和健康证等，即将上船船员需保证船员证书均在有效期内（实际操作中有效期需保持 6 个月以上）才可上船换班；下船船员证书若已过期，需协助船公司根据海关规定办理完相关延期惩罚手续后，才可下船。

（3）根据船舶到港时间及在港停靠时间，掌握上船换班船员须抵达港口时间以及交通工具，询问是否需要接站及安排住宿，及时跟踪换班船员动态。

（4）发送船员邀请函。若船员前往远洋轮工作需持有该国海事局签发的出境证明。出境证明需要船东的邀请函。由于出境证明具有一个月的时效性，船舶代理人需及时给船员管理公司发送邀请函，船员管理公司凭借该邀请函办理船员的出境证明，船员持出境证明登轮工作。

（5）根据委托方的换班请求，估算船舶换班费用，发送邮件并索汇。

在接受船员接班和遣返委托时，船舶代理人必须明确船员接班和遣返的费用由谁承担。一般情况下，船员接班和遣返的费用都是由船东承担的。在船东不是委托方的情况下，必须向委托方索汇有关费用，收齐有关的票据后，单独制成账单寄给委托方。

船员换班费用包括代理费用、船员换班费用（按人次计费）、陆上交通费、机动艇费用、通信费、办理签证费用。

（6）跟踪换班船员动态。根据船期，紧密跟踪换班船员来港动态。船员到港后，及时协助船员向边检机构递交资料并办理登轮手续。

（7）安排船员上、下船。船舶代理人应掌握船员接班的总体安排。及时告知船长，船长通知下船船员提前做工作交接准备，以免耽误换班的正常进行，严重的将影响船舶船期。

（8）安排下船船员行程。根据委托方的请求，安排下船换班人员的行程。根据下船船员离港时间，订购回程机票；根据下船船员要求，可安排住宿。

（9）委办的船员接班事项完成后，船舶代理人应及时向船东汇报办理情况和安排结果。

2. 船员遣返

船员享有在受雇用期间或在受雇用期满时享有被送回本国或其受雇用的港口或船舶开航的港口的权利。船舶代理人为船员办理遣返的工作流程如下：

(1) 接受船员遣返委托。委托人可以是船东、船员或船舶经营人。一般船员遣返的情况发生于下列几种原因：

①船员的劳动合同终止或者依法解除；

②船员不具备履行船上岗位职责能力；

③船舶灭失；

④未经船员同意，船舶驶往战区、疫区的；

⑤由于破产、变卖船舶、改变船舶登记或者其他原因，船员用人单位、船舶所有人不能继续履行对船员的法定或者约定义务的。

(2) 索要遣返船员有关信息。有关信息除包括船员基本信息和船员证件外，还需明确船员遣返地区/国家、遣返日期；遣返船员机票订购要求和其他要求等。

船员遣返的地区包括：船员的居住地、户籍所在地或者船籍登记国；船员与船员用人单位或者船舶所有人约定的地点。

(3) 估算船员遣返费用，发送邮件并索汇。除上述所说的代理费、陆上交通费等外，还有船员遣返的费用。船员遣返费用主要包括差旅费、行李托运费、食宿费以及相关的其他费用。

通常情况下，通过合适而快速的工具安排船员遣返应是船东的责任，一般的运送方式应为空运。相应的船员遣返费用也应由船东负担。船东不得在船员开始受雇时要求其预付遣返费用，也不得从船员的工资或其他权利中收取遣返费用；但是如果船员根据本国法律、法规或集体协议被视为严重失职并因此被遣返，则船东保留向该船员收取遣返费用或部分遣返费用的权利。

(4) 办理遣返船员的签证。签证是一个国际主管机关在外国公民所持有的护照上签注、盖章，表示准其出入本国国境。签证根据出入境情况可分为出境签证、入境签证、入出境签证、出入境签证和过境签证。按照国际惯例，如无特殊限制，一国公民只要持有有效护照、前往国入境签证或联成机票，途经国家均应发给过境签证。对取道办理签证国际或口岸签证国家，则须持有前往国邀请函或口岸签证批准证件，方可申请改过的过境签证。去互免签国家，不必签证。海员证可作为身份证明的有效文件。

(5) 办理船员下船手续。

(6) 安排船员遣返行程。

(7) 委办的船员遣返事项完成后，船舶代理人应及时向船东汇报办理情况和安排结果。

3. 船员就医

根据委托方的书面委托，船舶代理人应安排船员前往医院就医，就医结束后，应将医生诊断证明交船方。如遇特殊病情，船员需要驻留医院治疗的，船舶代理人在征得船长或委托方的同意后方可办理。

如果船上有急需治疗的船员或船舶抵港的目的就是将生病的船员或其他人员送上岸进行医疗急救时，船舶代理人必须寻求各检查机关的合作，使急需治疗的人员在船舶抵港后能够立即得到治疗，也就是先安排急需治疗的人员下船，然后再办理有关手续。如果船舶航道引航锚地因气候的原因或其他原因使船舶不能进港时，船舶代理人视情况还需安排交通工具到引水锚地接急需治疗的人员。

如船员伤势较重、情况危急，船舶代理人在接到委托方的书面或口头委托后，可替其支付医疗费用。但此情况一般建立在船东较好的信誉之上。

4. 船员登陆

《中华人民共和国出入境边防检查条例》第 10 条规定，抵达中华人民共和国口岸的船舶的外国籍船员及其随行家属和香港、澳门、台湾船员及其随行家属，要求在港口城市登陆、住宿的，应当由船长或者其代理人向边防检查站申请办理登陆、住宿手续。经批准登陆、住宿的船员及其随行家属，必须按照规定的时间返回船舶。登陆后有违法行为，尚未构成犯罪的，责令立即返回船舶，并不得再次登陆。

船舶抵港后，如有船员需登陆和住宿的，船舶代理人应协助船方向边防检查站申请办理登陆、住宿手续。如果船方有安排交通工具等其他要求的，船舶代理人视其合理性和落实费用后应尽可能地满足。

船舶代理人申办“船员登陆证”的相关材料：

（1）船方提出并填写的“船员登陆申请表”；

（2）船员护照或海员证；

（3）台湾船员需提供“台湾居民来往大陆通行证”或能证明其台湾船员身份的其他证件（“台湾护照”除外），由船方提出并填写“船员登陆申请表”；

（4）边检站认为办理“船员登陆证”需提供的其他材料。

5. 船员家属探亲

船舶抵港后，若船员家属欲上船探亲，需由船舶代理人带领船员家属及其相关证件到边防检查机关办理“登轮许可证”后，方可上船探亲。

（二）船舶供应服务业务

1. 船舶加水、加油

（1）审核加油、加水作业可行性；

（2）安排协调作业计划；

（3）根据委托方要求，选择燃润油水（燃油、润滑油、淡水）供应业务的企业；

（4）向海关申报需加油船舶相关手续；

（5）代供燃润油水企业向海关或海事处申报作业手续。

2. 船舶备件

（1）根据委托方要求，可安排船方送备件上船；

（2）若委托方不在挂靠港城市，可通过邮寄接收备件并送船；

（3）若委托方不在挂靠港国家内，可通过邮寄接收备件，报关后，方可送船。

3. 船舶物料、食品

（1）根据委托方要求，可安排船方送船舶物料、食品上船；

（2）根据委托方要求，可代为船舶选择船舶物料、食品供应商；

（3）可代为船方核实物料、食品的质量和数量。

（三）船舶修理服务业务

（1）接到委托方/船长关于要求在港进行船舶修理的申请后，审核船舶修理项目可行性；

（2）通知修理方进行项目检测和维修费用预测；

（3）通知委托方，得到委托方确认后，才能联系修理方实施修理；

（4）根据《中华人民共和国海洋环境保护法》，进港维修船舶需填写“修理船舶污染物质报告书”，由船舶代理人向海事当局的危管防污处进行申报，核准之前，船方不得擅自对船舶污染物质进行处理。

（5）船舶在进行上述修理作业之前，船舶代理人代船方向海事局递交“船舶修理事项申请书”。等待海事局的批复后。方可进行船舶修理事宜。

子任务1　船员服务代理业务

任务导入

2012年11月，一艘散货船舶“天昊”轮以1200余万美元的价格卖给一家新加坡船东，双方经协商，交船地点定为澳大利亚贝尔湾港（BELL BAY），交船时间为2013年1月。“天昊”轮在航行完最后一个航次后直接前往贝尔湾进行交船仪式。该新加坡船东要求派遣自己的整套船员运营船舶。随即“天昊”轮船东委托贝尔港的一家船舶代理公司为该轮20名船员办理船员遣返手续。

任务分析

该船员的遣返属于船舶变卖船员用人单位、船舶所有人不能继续履行对船员的法定或者约定义务，属于合理的船员遣返情况之一。

船舶代理公司在接到该委托后，应迅速安排船员的回国手续，减少在澳大利亚港的滞留时间，为船东节省船员食宿费用。

同时，该轮遣返船员数量较多，短时间内预订机票可能无法将全部船员一次性遣返回国，船员需分批次遣返。船舶代理人考虑到船舶管理的交接工作，建议将普通船员先遣返回国，高级船员作为第二批次遣返。

相关知识

一、船舶船员职务组成及其工作主要内容

远洋船舶一般都在万吨级以上，全船的人员一般定员 19～24 人。船员分为高级船员和普通船员。其中高级船员分为管理级和操作级，普通船员又称支持级。

（一）管理级

1. 船长

船长是船舶领导人，负责船舶安全运输生产和行政管理工作，对公司经理负责。主要工作包括领导全体船员贯彻国家的方针政策、法令法规和公司下达的各项指示和规定；优质全面地完成运输生产和其他任务，最大限度地保障船舶和生命财产的安全以及发挥船舶正常航海和运货；严守国际公约和地区性规定和承担应尽的国际义务；遇到应急情况时果断而稳妥地处理各项事务。

2. 大副

大副主持甲板日常工作，协助船长做好安全生产和船舶航行，担任航行值班；主管货物装卸、运输和甲板部的保养工作；负责制订并组织实施甲板部各项工作计划；负责编制货物积载计划、维护保养计划；主持安全月活动和相关安全工作。

3. 轮机长

轮机长是全船机械、电力、电气设备的技术总负责人。全面负责轮机部的生产和行政管理工作；检查轮机部各项规章制度的执行以使各种设备保持良好的技术状态。

4. 大管轮

大管轮在轮机长的领导下，参加机舱值班，维护机舱正常的工作秩序；主管推进装置及附加设备，锅炉以及润滑冷却、燃油、启动空气、超重动力和应急装置的使用和维护。

（二）操作级

1. 二副

二副履行航行和停泊所规定的值班职责；主管驾驶设备包括航海仪器和操舵仪等

的正确使用和日常维护；负责航海图书资料，通告及日常管理和更正工作，以及各种记录的登录。

2. 三副

三副履行航行和停泊所规定的值班职责；主管救生、消防设备的日常管理和维护工作。

3. 二管轮

二管轮履行值班职责，主管辅机及其附属系统、应急发电系统与燃油柜、驳运泵、分油机、空压机、油水分离设备和污油柜的使用和维护工作。

4. 三管轮

三管轮履行值班职责，主管副锅炉及其附属系统、各种水泵、甲板机械、应急设备和各种管系。

（三）支持级

1. 水手长

水手长在大副领导下，具体负责木匠和水手工作；做好锚、缆、装卸设备的养护维修工作；带领水手做好油漆、帆缆、高空、舷外、起重、操舵及其他船艺工作。

2. 木匠

木匠执行木工及有关航次维修和保养工作；负责起锚机的操作和保养工作；负责淡水舱、压载舱及植物油舱的测量及维护工作。

3. 一水

一水执行操舵、航行值班职责和日常甲板部维护保养工作。

4. 二水

二水执行带缆、收放舷梯和甲板部各种工艺工作。根据船舶的不同吨位，一般配置1～3名二水。

5. 机工

机工在轮机员的领导下，执行机炉舱和机械设备的检修、保养工作。大型船舶还会配置1～2名二机辅助机工进行船舶机舱设备的检查和保养工作。

6. 服务员（俗称大台）

服务员负责生活场所卫生、生活用品保养以及接待工作。

7. 厨师

厨师负责船员的伙食工作。

二、《海员遣返公约》中船员应享有的遣返权利

根据《海员遣返公约》的规定，船员在下列情况中应享有遣返权利：

（1）当一特定时间或特定航次的雇用期在国外期满；

（2）当根据协议条款或雇佣合同所规定的通知期期满；

（3）因患病、受伤或其他身体状况需要遣返且身体条件适于旅行；

（4）船舶失事；

（5）因破产、变卖船舶、改变船舶登记或其他任何类似原因，船东不能继续履行其作为海员雇主的法律或契约责任；

（6）在船员不同意前往的情况下，船舶位于本国法律法规或集体协议所界定的战乱区域；

（7）根据产业裁定书或集体协议，或出于其他任何类似原因而终止或中断雇用。

同时，该公约还规定，本国法律或法规或集体协议应规定船员在船上持续工作最长多少时间后有权要求遣返，这段时间最长不超过 12 个月。在决定最长多少时间时，应考虑到船员的工作环境等多种因素。

三、实用英语

（一）办理船员遣返业务

Conducting the Repatriation of Crew for a Ship

（Conducting between Captain and Agent）

Agent：Hi，Captain，very delighted to see you again.

Captain：Yes，me too，Mr. Wang. Please sit down and have a soft drink.

Agent：Thank you，Captain.

Captain：Well，Mr. Wang，perhaps you have heard that some of my crew will be repatriated on this voyage，how will you manage it?

Agent：Yes，we heard about it. Could you please let me know how many people will be repatriated and who they are?

Captain：OK，here's the list with all the details.

Agent：I see . In all there is one Boatswain，one Second-officer and one Electrician.

Captain：Yes，that's correct.

Agent：How about their passports or seaman's book，have you got them ready?

Captain：Yes，they're on my desk now.

Agent：And what about the application forms for the immigration officer and policeman?

Captain：Oh，sorry，I forgot，but I can get them read in 10 minutes.

Agent：All right，what about the costs for all the formalities and arrangements concerned?

Captain: I don't quite understand, what do you mean?

Agent: To put it simply, who will pay the fees for their repatriation?

Captain: Clearly that's the owner's duty. I'll write you a letter to confirm which party will pay it in the end.

Agent: Yes, very good. But later on there must be some new crew coming on board to take over the jobs of those repatriated.

Captain: Of course, there new crew will join the ship before our departure.

Agent: I see, Captain, that's all we need to know. As your agent, I can handle the arrangements very well in duce time. Don't worry about that. Right now I have to go to another vessel, but I'll come back within an hour. During this time, please try to finish the application form for the outgoing crew and also the application form for the ones coming on board.

Captain: That's no problem, Agent. I'll have it done before you return.

Agent: Thanks a lot. By the way, please inform the departing crew to get everything ready in advance.

Captain: Sure, I'll take care of it.

Agent: All right, Captain, I look forward to seeing you again.

Captain: Yes, see you again and thank you, Agent.

New Words

1. repatriation　*n.* 遣返
2. electrician　*n.* 电工
3. boatswain　*n.* 水手长

Patterns and Phrases

1. outgoing crew　下船船员
2. to take over one's job　接班，结果某人的工作
3. to have sth done　完成了什么事（此事是由别人做的）
4. in duce time　在既定的时间里
5. in the end　最后

（二）办理船员换班业务

Replacement of Crew Members of a Ship
(Conversation between Captain and Agent)

Agent: Hello, Captain, has everything been going well?

Captain: Yes, thank you. Take a seat here, please. Agent, have you heard that some of our crew will be signed off and others will be signed on?

Agent: You're right. Here is a fax from your crew management company just saying that. But do you know how many will be signed in?

Captain: Well, I had a phone conversation with the head of that company after my receiving the same fax you got. I was told that perhaps 3 people are off and the same number on, he said that he would send me and my agent another fax with the final decision later today.

Agent: All right, if so. Let's keep any eye on it. Oh, Captain, since we'll do the replacement sooner or later, we had better make preparations before hand, do you agree with me?

Captain: Certainly, Agent, I quite agree with you. What exactly are the things I should be preparing for the change?

Agent: Well, the following thing might be helpful for the job:

(1) You, as the ship's Captain, are request to write three copies of applications for the replacement with your signature and the ship's stamp on it, one copy for the Immigration Office, another copy for the Police Office and the final one for me.

(2) Please assign the crew some preparation work for the new comers.

(3) Please collect their seaman's books or passports in case the officers need them.

(4) Please advise them to get their own luggages ready for departure.

Captain: Excellent, you have stated the procedure very exactly, I'll do it the by way you suggest.

Agent: By the way, who will pay the fee for the Immigration Office and the Police Office at last? You , the crew themselves or your crew management company.

Agent: Are you quite sure the fee will be paid by that company without any trouble?

Captain: I think so, no problem.

Agent: Very good, we'll send a fax to the crew management company to clarify the thing in advance. So, Captain, I'll return for more detailed discussions with you when I get some information from the crew management company.

Captain: Yes, agent, I'll be waiting for you. Many thanks for your help.

Agent: OK, see you later.

Captain: Yes, see you again, Agent.

New Words

1. sign off （不受雇）下船
2. sign on （受雇）上船
3. respectively *adv.* 分别地
4. helpful *adj.* 有帮助的
5. request *vt.* 请求
6. assign *vt.* 分配……（工作）
7. collect *vt.* 收集
8. remark *n.* 批注

Patterns and Phrases

1. to keep an eye on sth. 盯着/留神什么
2. to make preparation for 做好……准备
3. sooner or later 早晚
4. in case 万一，一旦

资料来源：《国际船舶代理业务实用英语会话》（袁洪林编著）。

任务实施

步骤一：接受船东的书面委托，办理“天昊”轮的船员遣返工作。

步骤二：跟踪船舶动态，确定船员靠泊时间并编制整体的遣返计划。

步骤三：根据船员遣返计划，查询机票信息并通知船东，等待确认。

步骤四：索要遣返船员资料，前往海事局办理下船手续。

步骤五：如有需要安排船员住宿。

步骤六：将船员遣返产生的相关单据以及账单，与船东邮件确认，索汇费用。

步骤七：确认费用后，将相关单据邮寄给船东，复印副本留底。

知识链接

登轮许可证的办理

船舶靠港后，船方工作人员会登船检查或协助工作；船员家属也会前往该船舶挂靠港看望船员。除船员，登轮人员需由船舶代理人带领船员家属及其相关证件到边防检查机关办理“登轮许可证”（如图 7-1 所示）后，方可上船。

“登轮许可证”的办理材料有：

（1）“登轮许可证申请函”；

（2）申请人有效身份证或驾驶证原件、复印件；

（3）首次申请时需提供所在单位或用人单位的审查材料，再次申请时凭上次签发的“登轮许可证”可免交审查材料；

（4）本地接待单位或派出单位出具的介绍信；

（5）船员家属登轮需提供船方申请及亲属关系证明；

（6）边检站认为办理“登轮许可证”需提供的其他材料。

“登轮许可证”分为临时“登轮许可证”、长期“登轮许可证”。船员家属一般办理的是临时“登轮许可证”。

应用案例：上海港首例船员家属长期登轮证申请获批

外高桥边检站为巴拿马籍“海一”轮船员家属杜女士签发了长期有效登轮证，在证件有效期内，她可在全国任何一个对外开放港口（港区）登轮会亲，并随丈夫工作的船舶在国内港口间移泊。这是公安部 12 项便民服务举措推出后，上海边检机关首次签发此类证件。

根据公安部规定，2012 年起，中国籍船员家属或登轮作业人员在向外国籍或港澳籍船舶停靠的港口边检机关申领登轮证件后，在证件有效期内，船员家属可持该证在全国任何一个对外开放港口（港区）登该船员服务船舶会亲，并随该船舶在国内港口间移泊。

杜女士的丈夫林先生在巴拿马籍“海一”轮上工作，该轮常年航行于国际航线，回国时间往往较短，且需要在国内各港口间往来。每次林先生回国，刘女士都不得不提前赶赴“海一”轮靠泊港口办理登轮证件，以便登轮和丈夫团聚。

如果丈夫工作的船舶开往国内其他港口，她想在国内再见丈夫一面的话，须申办“随船工作证”，或下船后前往国内下一港再办证登轮，费时费力。边检站民警介绍说，过去边检机关签发的船员家属登轮证只能使用一个航次，也就是说船员每出入境一次，船员家属就需要重新办理，而此次根据公安部 12 项便民措施签发的新的长期登轮证则没有航次限制，只要在有效期内即可使用。

<table>
<tr><td colspan="5">登轮许可证</td><td rowspan="10">注意事项
1. 持证人员应自觉接受边防检查人员的查验和管理。
2. 如果登轮未贴照片，应与本人身份证件同时使用。
3. 持证人应严格遵守登外轮人员守则，严守国家机密，遵守涉外纪律，自觉维护国家声誉和民族尊严。
4. 上下外轮时，不得携带违禁物品，工作完毕后应立即离船。
5. 此证不得毁坏，涂改或转借他人，如有遗失应即向发证机关报告。
6. 此证到期或不再登轮时，应交回发证机关。</td></tr>
<tr><td colspan="2">临时/长期</td><td colspan="2">NO.</td><td></td></tr>
<tr><td>姓名</td><td colspan="2"></td><td colspan="2" rowspan="4">照片</td></tr>
<tr><td>职务</td><td colspan="2"></td></tr>
<tr><td>性别</td><td colspan="2"></td></tr>
<tr><td>出生日期</td><td colspan="2"></td></tr>
<tr><td>单位</td><td></td><td colspan="2"></td><td></td></tr>
<tr><td>所属船舶</td><td></td><td colspan="2"></td><td></td></tr>
<tr><td>有效期</td><td>自</td><td colspan="2">至</td><td></td></tr>
<tr><td colspan="5">签发机关（盖章）
签发日期</td></tr>
</table>

图 7－1　登轮许可证

知识链接

船员就医

应用案例：直升机急救受伤船员

2011 年 12 月，一艘名为“和谐号”（化名）在宁波一舟山港外锚地嵊泗县绿华山港区等待港口指令进行靠泊作业。当船舶在锚地等泊的过程中，船上一名船员在处理船上垃圾的时候，垃圾吊突然故障倾斜，倾斜的吊具横梁将该名船员左手砸伤，导致左手无名指从根部断裂。

事故发生后，船长第一时间联系船东和宁波—舟山港船舶代理请求救助。船东当即表示救人第一，请船舶代理尽快提供救援。由于船舶所在位置距离港口泊位还有 80 余海里，无论是船舶继续向泊位航行还是港口派船艇前来接送伤者，均需浪费大量的时间，极有可能错过最佳的治疗时机。同时，宁波—舟山港船代根据伤者情况联系当地医院，当地医院表示伤者伤患处较为严重，应送往上海大型医院进行救治。船东立即委托上海港某一船舶代理机构处理该事故。上海某船舶代理机构接到委托后，迅速联系海事局，申请派遣直升机前往该轮接送受伤船员，同时，该船舶代理人第一时间联系相关医院，准备好救助医疗设备和方案。

由于上海船舶代理机构的及时响应，该名船员于事发后一个小时之内即被送往了医院进行治疗，没有造成更严重的伤势。

子任务2 船舶供应服务业务

任务导入

2012年9月，装载煤炭的巴拿马籍“神州”轮挂靠在秦皇岛港，卸载煤炭2.6万吨，准备在秦皇岛港加油480吨并补充伙食。

任务分析

在接到该船舶供应的委托后，秦皇岛船代主要需要考虑两个方面的事情：一是船舶加油，二是船舶伙食的供应。为此，我们需要掌握下列知识。

相关知识

一、船舶供应服务项目

所谓船舶供应就是给船舶供应所需的物资的统称。需要供应的物资包括船舶燃油、润滑油、淡水；船舶备件配件、垫舱物料、船图海图、化工产品等；船舶主、副食品、烟酒饮料、生活用品等以及船员个人需要的各类商品。

船舶代理人在为船舶提供供应服务时，应区分是委托方对船舶提供供应还是船员个人需要提供供应服务。如果是委托方需要时，船舶代理人应得到委托方的书面委托，并索汇备用金后安排供应服务。如果是船员个人需要，则需要船员以现金支付款项。

船舶供应代理业务具体服务项目包括：

（一）船舶加水、加油

船舶长期在海上航行，尤其是远洋船舶，一个航次的完成往往需要在挂靠港补充燃油、润滑油和淡水。一般船长会根据挂靠港以及船舶燃油、润滑油的剩余情况考虑是否加油。如果需要加油，则在船舶靠港前通知船舶管理公司，等待船舶管理公司的加油指示后，发送给船代加油需求。

船舶代理人接到船舶加油、加水书面委托后，落实协调船舶加油、加水时间，在现场做好协调配合工作。

对于需要加油的船舶，船舶代理人可根据委托方的要求选择燃油、润滑油供应方，注意供应方是否有供应燃油的资质。供应方是指在中华人民共和国境内从事经营运输船舶燃润油水上供应业务的企业，船舶燃润油系指轻柴油、重柴油、燃料油、重油等船用燃油及船用润滑油。为了规范船舶燃油、润滑油供应市场，加强船舶燃润油供应的行业管理，保证港口和船舶生产的安全，防止水域污染，交通部1998年颁布了《船舶燃油供应企业资质认可管理暂行规定》。根据规定，供油企业须申请资质认可，通过船舶燃油供应资质认可后，获得“船舶燃油供应资质认可证书”的企业，方可从事水上供油业务。

船舶需要加油时，船舶代理人事先应向海关申报，申报的内容包括；加油时间、地点、加油船舶名称、国际、航线、加油数量和种类。同时，从事该轮供油作业的船舶，应在作业之前提前24小时，直接或通过代理人向海事处办理申报手续，经批准后，方可进行船舶供油作业，申报的内容应包括：船舶供油作业申请书，受油船委托书或相关协议等，或者备案单位船舶应在作业之前提前2小时，直接或通过代理人以传真形式向辖区海事处办理申报手续，申报内容包括供油船舶船名、供油地点、受油船舶船名、船舶识别号或国际海事组织编号、供油品种及数量、供油预计起始时间等情况。

二、船舶备件

为保证船舶适航性和航行安全，船舶上需保持适当量的船舶的主要备件，包括船舶维修保养体系定期更换的主推进装置及辅助设备易损件，以及不可预料的备件消耗。船上适量的备件库存，可减少停航时间，但备件数量过多则需占用大量的资金和库存空间。在正常情况下，一艘远洋船舶备有大约4000件价值60万美元的备件。

因此，根据船舶的航线挂靠计划，船东一般会委托船舶代理人将船舶所需备件送上船。

对于船上备件，目前一般情况是船方自己订购。对于国内供应方，如果备件的供应方是本港口的单位，一般供应方自己送上船舶，船舶代理人做好协调和配合工作即可；如果备件的供应方是国内其他地区的单位，可通过邮寄的方式，由船舶代理人签收，代供应方送上船。对于国外的备件供应方，船舶代理人需要将到货的备件送上船舶前，办理备件保管手续，一般需要船方提供空运单（Airway Bill）、商业发票（Commercial Invoice）和装货清单（Packing List）。

从美国、日本来的备件，还需提供正本的非木质包装的证明。收到备件到货通知书后，船舶代理人应及时签收并送上船舶。

三、船舶物料、食品

由于船舶航行时间较长，需要开航前，在港口储备足够的船舶物料以及到下一挂靠港之前所需的食品、烟酒饮料等。

船舶物料种类包括：

（1）黑白金属：包括各种型钢、钢板、无缝钢管、接缝钢管、镀锌钢管、优质碳素钢材、合金钢材；

（2）有色金属：包括有色金属原材及合金、紫铜材、黄铜材、青铜材和铅、铝、锌材等；

（3）金属制品：包括各种阀门、管接头、螺栓、垫圈、开口销、焊接材料和其他金属制品等；

（4）化学品：各种化学原料、试剂、油漆、清洁剂等；

（5）电工材料；

（6）各种工具；

（7）仪器仪表；

（8）安全设备、劳保用品；

（9）垫料、橡胶及纤维品；

（10）各种杂品。

船舶食品包括主、副食品、烟酒饮料：委托方会在船舶到港前委托船舶代理人采购船舶食品以及船舶物料。船舶代理人除关心船舶代理人合理报价外，还需注意商品质量和数量情况，做到价格和质量相符，要求并跟踪供应方按约定的时间交货，不耽误开船时间。

四、实用英语

（一）安排船舶加油加水

Arrangement for a Ship to Take Water and Oil
（Conversation between Captain and Agent）

Agent：（Knocking at the door）May I come in?

Captain：Yes，come in，please. Oh，it's you，Agent Zhao，very happy to see you here again.

Agent：Likewise，Captain. The time has flown so fast since your ship left here a few weeks ago. How about this voyage，did everything go smoothly? And any bad weather or rough sea?

Captain：In general，it was stealing，we only had rough see for a few hours，it didn't matter at all.

Agent：Very good. Well，Captain，we received the E-mail you sent two days ago. You mentioned that you would take some fresh water，fuel oil and diesel oil here in the port, is that correct?

Captain: That's correct. I'd got instructions to take them here from my charterer before I sent you that E-mail.

Agent: I see. You mentioned you would take 250 tons of fresh water, 480 tons of fuel oil and 120 tons of light diesel oil. Is there any change to that now?

Captain: Well, no much change. I'd prefer to take 50 tons more of fresh water, because it is very hot now, and all the crew seem to use more water for showers every day. So that would be 300 tons of fresh water, as for the oil, no change at all.

Agent: OK, clear. Captain, what time do you think the oil barge can come alongside you ship to supply the oil for you?

Captain: In my opinion, a few hours before our departure. Well, Agent, when do you imagine that the discharge well be completed?

Agent: I suppose approximately 11 o'clock tomorrow morning if all goes smoothly.

Captain: OK, Let's say tomorrow afternoon.

Agent: All right, settled, tomorrow afternoon. What about the fresh water? What time is better?

Captain: Any time. For instance, this afternoon or tomorrow morning.

Agent: I would rather say tomorrow morning for the waterboat is quite busy this afternoon.

Captain: Never mind, 9 o'clock tomorrow morning.

Agent: Good, tomorrow morning 9 o'clock.

Captain: No problem.

Agent: Please make sure your carpenter gets everything ready before your ship takes the water. And when the waterboat comes alongside your ship, two seamen are needed to take the line for the waterboat on deck, so that the work will be done quickly and smoothly.

Captain: Yes, that's fine.

Agent: Besides, before the oil barge comes to your ship, your 3 engineer has to get everything ready for taking on the oil. For example, check the oil quantities in the tanks concerned, open all the valves to be used correctly before hand and block all the drain holes on deck to keep the oil from overflowing down into the sea carelessly. At the same time, please have some. Now Captain, another two important points; One is when the oil barge nears to your ship, your 3rd-engineer is needed to show the oil barge the correct position where your filling pipes are, so that the oil barge can berth better. The other one is, before the pumping starts, both parties, I mean your 3rd-engineer and the calculator forms the oil barge, should take the soundings for the check of oil quantities on both your ship and the oil barge. You see, this is a very important and necessary step which can usually avoid the potential dispute on the quantity between two parties at the time of signing the receipt. Because some ships used to have such trouble before, you know.

Captain: Well, it's very kind of you to remind us of this situation. I'll make sure of these points. Great thanks for your reminder.

Agent: Hmm, Captain, the last thing; If you'd like to take a sample from the oil barge before pumping. You're welcome to do so. It's up to you.

Captain: Yes, that's important for us. I'll pass all you have told me to my 3rd-engineer. Thank you very much for help once again.

Agent: It's my pleasure. We are good friends and I'm happy to be of service to you. Assuming that have nothing else now, Captain, I'll go to the other ship. Good-bye.

Captain: OK, Agent, see you next time.

New Words

1. likewise *adv.* 同样，照样的
2. oil barge 油驳
3. ideal *adj.* 理想的
4. carpenter *n.* 木匠
5. tank *n.* 油柜
6. valve *n.* 阀门
7. block *vt.* 堵住
8. overflowing *n.* 溢出来，溢出物
9. sawdust *n.* 锯末
10. emergency *n.* 紧急情况，突发事件
11. assume *vt.* 假设，假定
12. filling pipe 加油管

Patterns and Phrases

1. once again 再一次

2. to take line 带缆
3. to keep sb from doing sth. 预防/防止某人做什么
4. to be aware of sth. 明白/清楚什么
5. to remind sb of sth. 提醒某人某事
6. in case of an emergency 万一/一旦出现紧急情况
7. never mind 没关系

资料来源：《国际船舶代理业务实用英语会话》(袁洪林编著)。

任务实施

一、船舶加油

(1) 收到委托方/船长加油申请后，根据船舶到港以及在港时间，与船长制订加油计划。根据船舶在港情况，可选择在泊位或锚地进行加油。

(2) 根据船方要求，联系供油商，确定加油量以及加油时间。

(3) 预估加油费用，并催促船方尽快打款。

(4) 根据船方委托，联系供油方，确定加油量以及加油时间。

(5) 向海事局申报供油作业申请，等待批复。

(6) 监控船舶加油，防止加油过程中出现原油泄漏等意外事故。

二、伙食供应

(1) 收到委托方/船长伙食供应申请后，根据船方的伙食采购计划，联系伙食供应商。

(2) 根据船舶靠港计划，安排伙食上船供应时间。

(3) 严格监控伙食的质量，伙食到港后核对伙食的数量。

(4) 跟踪船舶伙食供应时间，不得耽误船期。

子任务3 船舶修理服务业务

任务引入

船舶进港需要进行维修，船代接收委托后，帮助船舶办理相关手续。

任务分析

船舶进港维修，船代接到委托后，需根据委托方的要求，及时联系船坞或修理方和船方，向海事局相关部门递交申请。

相关知识

船舶修理的目的是使由于正常或不正常原因引起的磨损通过修理更换已经磨损的零件、附属设备，使设备的精度、工作性能、生产效率得以恢复，从而使船舶处于良好的试航状态。船舶维修的类别以及内容包括以下几方面。

一、坞修

坞修是指在船坞内对水线以下船体结构、推进装置以及浮于水面时不能施工的其他构件或设备所进行的修理工作。船舶坞修是一项很重要的工作，它不同于船员的日常维修保养，也不同于针对性的航次专项修理，而是与其密切相关的一项综合性系统工程。优质、高效的坞修，是船舶正常运营和安全管理的重要保证，坞修检验结合期间检验或特别检验，也是船舶保持船级的必要程序。

轮机坞修工程主要是船舶推进装置、舵和水线下的船舷阀件等的检修。具体项目如下：

（1）海底阀箱的检查与修理；

（2）海底阀的检查与修理；

（3）螺旋桨的检查与修理；

（4）螺旋桨轴及轴承；

（5）舵系的检查和修理。对具有中国船级社（CCS）船级的船舶为了保持船级还应按照《钢质海船入级与建造规范》要求定期进行坞内检验、螺旋桨轴和尾轴的检验，检验间隔期一般不超过 5 年。以上两项保持船级检验均需船舶进坞完成，船级检验可以与船舶坞修结合进行。

二、小修

小修是按规定周期有计划地结合船舶年度检验进行修理的小工程，主要是对船体和主副机等进行重点检查。小修的目的是修复在营运中过度磨损的部件和配件，经过小修能保持安全营运到下次计划修理。

小修的工程范围应尽可能缩小，对机电设备进行不拆开或少拆开的常规检查。不进行加装或移位等改建项目。具体项目包括：

（1）船舶主机修理；

（2）船舶副机修理；

（3）电机电气部分修理；

（4）甲板部分修理；

（5）其他部分修理（如空气瓶出舱、放残、试压等）。

小修间隔期客货轮为 12 个月，远洋货轮为 12～18 个月。如船舶技术状况较好，经验船师检验同意后，可以延长 6 个月，但最多不超过 12 个月。

三、检修

检修是修船的最大修理类别，每隔 2～3 次小修期进行一次，尽量结合验船的特别检验进行。检修时除进行一般小修工程外，还应拆开必要的机器设备，对船体和各主要设备进行一次比较全面的检查，修复小修中未能消除的缺陷，通过检修，船舶的技术状况应达到一、二类级别的要求，使主要的设备和系统安全运转到下次检修。对于维持类性质的船舶一般不安排检修。

四、海上事故修理

事故修理是指船舶在营运中，如遇到不可抗拒（台风、龙卷风）的因素或意外船舶碰撞，触礁所造成的海损事故。要根据船舶损坏程度和船检部门提出的修理意见和要求进行临时性的修理，以便能取得适航证书。事故修理日期如接近计划修理时，可以考虑合并进行。

任务实施

一、根据申请处理相关业务

船舶代理人接到委托方/船长关于要求在港进行船舶修理的申请后，应立即通知修理方进行项目检验和修理费用预测，然后通知委托方，得到委托方的确认后，联系修理方实施修理。

根据《中华人民共和国对外国籍船舶管理规则》第 20 条的规定，如船舶进行的修理项目包括以下项目，应向港务监督（海事局）申请批准：

（1）拆修锅炉、主机、锚机、舵机、电台；

（2）试航、试车；

（3）放艇（筏）进行救生演习；

（4）烧焊（进船厂修理的除外）或者在甲板上明火作业；

（5）悬挂彩灯。

二、具体作业操作内容

在上述项目中，遇到较多的是明火作业、修理主机、修理锚机和舵机的情况。

在开始上述作业和修理之前，船舶代理人代船方向海事局递交“船舶修理事项申请书”经批准后方能进行。“船舶修理事项申请书”具体内容如图 7－2。

APPLICATION FORM FOR REPAIRING WORK ON BOARD

<table>
<tr><td>船名
Ship's Name ________
到港日期
Date of Arrival ________</td><td>国籍
NATIONALITY ________
预计离港日期
E. T. D ________</td><td>船舶所有人
Ship's Owner ________
停泊位置
Berthed at ________</td></tr>
<tr><td colspan="3">申请事项
Items of Application</td></tr>
<tr><td colspan="3">作业部位（或设备）
Part（or Equipment） to be worked</td></tr>
<tr><td colspan="3">作业单位
Working Corporation</td></tr>
<tr><td colspan="3">作业时间
Working Time： From ________ HRS. ________ Day ________ Month
To ________ HRS. ________ Day ________ Month</td></tr>
<tr><td colspan="3">备注
Note：</td></tr>
<tr><td colspan="3">此致
中华人民共和国上海港务监督
TO Shanghai Harbor Superintendence Administration of P. R. C

船长签字
Captain of Signature ____________
轮机长签字
C/Eng's Signature ____________
日期
Date ____________</td></tr>
</table>

图 7－2　船舶修理事项申请书

船舶代理人将海事局对上述项目的批复结果及时通知委托方和船长。不同港口，对于需向海事局申报的船舶维修项目有不同的要求。如上海海事局要求船舶若进行以下作业，则需向海事局申请批准：

（1）洗舱作业包括原油洗舱、液货舱清洗、驱气、置换等；

（2）船舶残油、油泥及油污水接收作业；

（3）使用化学消油剂；

（4）排放压载水、洗舱水、舱底水作业；

（5）使用焚烧炉作业；

（6）装有毒害、污染危害物质或粉尘飞扬的散装货物时进行冲洗甲板或舱室作业；

（7）浮船坞进行沉船作业；

（8）舷外拷铲、油漆作业。

三、及时告知港方

对于影响船舶动力和操作的修理，如修理主机、舵机，船舶代理人应将预计修理时间告知港方，以方便船舶在港计划的安排。

四、明火作业需特批

除专程来港修理的船舶外，在锚地修理主机、舵机、锚机或油轮、液化气等危险品，船舶需在港进行明火作业，均需海事局特批。

知识链接

船舶燃油供应企业资质认可管理暂行规定

第一章　总　则

第一条　为了规范船舶燃油、润滑油（下称燃润油）供应市场，加强船舶燃润油供应的行业管理，保证港口和船舶生产的安全，防止水域污染，制定本规定。

第二条　本规定适用于中华人民共和国境内从事经营运输船舶燃润油水上供应业务的企业（下称供油企业）。

第三条　本规定所称船舶燃润油系指轻柴油、重柴油、燃料油、重油等船用燃油及船用润滑油。

第四条　供油企业必须按本规定要求条件及申报程序进行资质认可，未经资质认可或资质认可未通过的供油企业不得从事水上供油业务。

第五条　供油企业必须依法经营，严格执行国家有关能源、质量、计量、价格、税收、环保等方面的法规和政策，接受行政管理部门监督检查。

第二章 资质认可程序

第六条 设立供油企业须向交通部申请资质认可，通过船舶燃油供应资质认可后，获得“船舶燃油供应资质认可证书”（下称资质认可证）的企业，方可从事水上供油业务。

第七条 资质认可证有效期为四年。供油企业在有效期满前90天内向交通部提出资质认可复审申请，对于符合规定要求的，给予续签资质认可证；对于未通过复审的供油企业，限期整改，整改仍不合格，不予续签资质认可证。逾期不申请复审的供油企业，视为自动放弃船舶供油业务，注销其资质认可证。

第八条 申请资质认可的供油企业应提供以下有关资料：申请报告；设备、设施（码头、油库、输运油设施等）技术状况；定期维修证明；计量检定证书；消防检定证明；环保检定证明；供油船舶的港监、船检证明；加油人员的定期培训持证上岗情况及其他有关材料。交通部在受理申请后40天内对申请企业作出是否认可的决定。

第三章 资质认可条件

第九条 供油企业应有一定规模的储运设施。作业在海港的供油企业其综合储油能力应在5000吨以上，并拥有载重吨500吨以上的供应油轮。作业在内河港的供油企业其综合储油能力应在1000吨以上，并拥有载重吨100吨以上的油轮。

第十条 供油企业必须有合法、稳定的油品来源。

第十一条 供油企业的油库设施应符合国家有关规定的要求，油库在运营前必须经公安消防、环保等部门的检验合格。

第十二条 供油企业应使用油品专用码头，码头应符合国家有关规范、标准的要求，并严格按照港务监督机构核准的船舶等级和油品的种类、数量进行作业。

第十三条 供油船舶必须持有港务监督机构和船舶检验机构签发的船舶登记证书和船舶检验证书。供油船舶必须按照船舶建造规范要求，设置相应的防污染结构和设备。

第十四条 供油船舶的船员须持有中华人民共和国港务监督机构签发的有效的适任证书和油轮船员专业知识特种培训的相应证书。

第十五条 供油企业的组织机构、基础管理工作应适应供油业务要求。有健全的燃润油供应组织机构及质量保证体系，有明确的员工工作职责及岗位责任制，有完善的管理制度、操作规程和工作标准。

第十六条 供油企业应有与经营规模相适应、掌握专业知识的管理人员、技术人员和营销人员。

第十七条 供油企业和计量管理和计量设备应符合《中华人民共和国计量法》的

规定。油品计量器具必须按期送有关部门检定，不得使用未经检查、检定不合格或不在检定有效期内的计量器具。油罐罐容和油轮舱容必须按期经国家有关计量监督部门标定，使用有效的罐容表和舱容表。

船舶油品质量交接应符合《石油及液体石油产品船舶油舱计量交接标准》（JT/T 38—1994）的规定，油罐内的油品计量应严格执行《罐内液体石油产品》（JJG/ 1014—1989）的规定。

第十八条　供油企业应配备必要的油料化验设备，能按国家规定的试验方法承担供应油品的质量指标化验分析。

第四章　管理与监督

第十九条　对于无资质认可证从事船舶供油业务的企业，经查证，由港务监督部门暂扣其船舶证书，责令其限期办理资质认可，并按有关规定给予处罚。

第二十条　供油企业应按照《船舶供受燃油管理规程》（JT/T 339—1997）的要求，规范供油服务，保证供油数量和质量。

第二十一条　供油企业必须建立有效的安全管理体系，加强供油的安全管理。根据经营规模配备安全员及安全设施，制订应急方案和计划，并定期进行消防和防污染演习。

第二十二条　供油企业必须按照《中华人民共和国海洋环境保护法》、《中华人民共和国防止船舶污染海域管理条例》及其他法规、规章的要求，防止水域污染，在港供油船的压舱水、洗舱水等油污水的排放必须按当地港务监督部门的规定实施，严禁随意排放。

第五章　附则

第二十三条　在本规定实施前已开业的供油企业，应在本规定实施之日起 100 天内申请资质认可。

第二十四条　本规定由交通部负责解释。

第二十五条　本规定自发布之日起施行。

实训活动方案设计　船员换班情景模拟

活动时间	30 分钟
活动地点	教室或实训基地
教学资料	某船舶抵港后换班船员相关，以及业务情景假设
教学目标	通过模拟办理船员换班手续，使学生熟悉船代办理船员换班的相关程序

续 表

活动要求	通过角色扮演的方式，要求全体学生参与，熟悉船代在船员换班过程的工作程序及注意事项。活动结束后，学生应写出：①办理船员换班的主要程序；②主要与哪些相关部门办理手续；③需要核对信息有哪些，并通过网上搜集资料，了解相关船员证件
活动程序	(1) 每班分 5 组，分别代表船代人员、边检部门、换班船员、下船船员、委托方/船东； (2) 委托方/船东提出船员换班申请；船代人员索要换班船员与下船船员相关信息； (3) 根据船员换班情况估算船员换班费用； (3) 船代人员在边检部门办理船员登轮手续
评价方式	学生互评，教师点评

参考文献

[1] 中国船舶代理及无船承运人协会．国际船舶代理与无船承运人业务实务[M]．北京：中国海关出版社，2009.

[2] 袁洪林．国际船舶代理业务实用英语会话 [M]．大连：大连海事大学，2007.

[3] 马军功，王智强，罗来仪．国际船舶代理业务与国际集装箱货代业务 [M]．北京：对外经济贸易大学出版社，2003.

[4] 王学峰，汪爱娇．国际船舶代理业务 [M]．北京：人民交通出版社，2006.

[5] 徐秦．国际船舶代理实务 [M]．武汉：武汉大学出版社，2012.

[6] 赵刚．国际航运管理 [M]．大连：大连海事大学出版社，2006.

[7] 徐秦．航运管理实务 [M]．北京：人民交通出版社，2011.

[8] 真虹．港口管理 [M]．北京：人民交通出版社，2009.

[9] 杜学森．集装箱码头操作与管理实训 [M]．北京：中国劳动社会保障出版社，2009.

[10] 陆华．集装箱运输与多式联运 [M]．上海：上海交通大学出版社，2008.

[11] 杨茅甄．集装箱运输实务 [M]．北京：高等教育出版社，2003.

[12] 毛钧．集装箱堆场管理与操作实务 [M]．大连：大连海事大学出版社，2010.

[13] 张继业．国际货运代理实务 [M]．北京：对外经济贸易大学出版社，2011.

[14] 郭萍．租船实务与法律 [M]．大连：大连海事大学出版社，2002.

[15] 潘全胜．船舶港口使费账单常见错误与预防对策 [J]．水运管理，2010 (1)．

附　录

附录一　船舶进出口申报单证

1. 国际航行船舶进口岸申请书

船　名	中文				国　籍	
	英文					
船舶所有人	中文				呼　号	
	英文				IMO 编号	
船舶尺度	全长		宽　度		船　速	
总 吨 位			净吨位		载重吨	
建造时间			水面以上最大高度			
出 发 港			出发日期			
经过港口			预到日期		预靠泊位	
船舶类型			进口淡吃水	前　　米、后　　米		
预离日期			开往港口		出口最大淡吃水	
进口	旅客总数　　名	其中	中国籍	男　　名、女　　名		
			外国籍	男　　名、女　　名		
	载货	名称 吨数　　吨	其中	普通货物	吨	
				危险货物	吨	
出口	预计旅客总　数　　名	其中	中国籍	男　　名、女　　名		
			外国籍	男　　名、女　　名		
	预计载货	名称 吨数　　吨	其中	普通货物	吨	
				危险货物	吨	
核准机关 盖　　章 年　月　日			此　致 海　事 海　关 边防检查 检验检疫 代理人 年　月　日			

2. 总申报单

国际海事组织总申报单（中文）

□抵港　　□离港

<table>
<tr><td colspan="2">1.1 船名及船舶种类</td><td rowspan="3">2. 抵/离港口</td><td rowspan="3">3. 抵/离日期及时间</td></tr>
<tr><td colspan="2">1.2 IMO 编号</td></tr>
<tr><td colspan="2">1.3 呼号</td></tr>
<tr><td>4. 船旗国</td><td>5. 船长姓名</td><td colspan="2">6. 上一港/下一港</td></tr>
<tr><td colspan="2">7. 国籍证书（船籍港，签发日期，编号）</td><td colspan="2" rowspan="3">8. 船舶代理名称和联系方式</td></tr>
<tr><td>9. 总吨</td><td>10. 净吨</td></tr>
<tr><td colspan="2">11. 船舶在港位置（锚位或泊位）</td></tr>
<tr><td colspan="4">12. 航次摘要（先后挂靠港口，并在即将卸下留存货物的港名下画线标注）</td></tr>
<tr><td colspan="4">13. 货物简述</td></tr>
<tr><td>14. 船员人数（包括船长）</td><td>15. 旅客人数</td><td colspan="2" rowspan="3">16. 备注</td></tr>
<tr><td colspan="2">所附单证（标明份数）</td></tr>
<tr><td>17. 货物申报表</td><td>18. 船用物品申报单</td></tr>
<tr><td>19. 船员名单</td><td>20. 旅客名单</td><td colspan="2" rowspan="2">21. 船舶对废弃物和残余物接收设施的需求</td></tr>
<tr><td>22. 船员物品申报单</td><td>23. 航海健康申报书</td></tr>
<tr><td colspan="4">24. 船长或其授权代理人签名及日期：
检查机关签注：
* 仅到达时使用</td></tr>
</table>

国际海事组织总申报单（英文）

IMO GENERAL DECLARATION

		☐ Arrival	☐ Departure
1. 1. Name and type of ship		1. 2. IMO NO.	
1. 3. Call sign		2. Port of arrival /departure	
3. Date-time of arrival/ departure		4. Flag State of ship	
5. Name of master		6. Last port of call /Next port of call	

7. Certificate of registry (port ; date ; number)				8. Name and contact details of ship's agent
9. Gross tonnage		10. Net tonnage		

11. Position of the ship in the port (berth or station)		MMSI	

12. Brief particulars of voyage

(previous and subsequent ports of call; underline where remaining cargo will be discharged)

13. Brief description of the cargo

14. Number of crew (incl. master)		15. Number of passengers		16. Remarks
Attached documents (indicate number of copies)				
17. Cargo Declaration		18. Ship's stores Declaration		21. The ship's requirements in terms of waste and residue reception facilities
19. Crew List		20. Passenger List		
22. Crew's Effects Declaration*		23. Maritime Declaration of Health*		

24. Date and signature by master, authorized agent or officer ______________________

For official use ____

* Only on arrival.

3. 货物申报单

货物申报单（中文）

□抵港　　□离港

<table>
<tr><td colspan="2">1. 1. 船名</td><td colspan="2" rowspan="3">2. 申报港</td></tr>
<tr><td colspan="2">1. 2. IMO 编号</td></tr>
<tr><td colspan="2">1. 3. 呼号</td></tr>
<tr><td>3. 船旗国</td><td>4. 船长姓名</td><td colspan="2">5. 装货港/卸货港</td></tr>
<tr><td>6. 标记和编号</td><td>7. 包装种类和数量；货名或 HS 编码（如有）</td><td>8. 毛重</td><td>9. 尺寸</td></tr>
<tr><td></td><td></td><td></td><td></td></tr>
<tr><td></td><td></td><td></td><td></td></tr>
<tr><td></td><td></td><td></td><td></td></tr>
<tr><td></td><td></td><td></td><td></td></tr>
<tr><td></td><td></td><td></td><td></td></tr>
<tr><td></td><td></td><td></td><td></td></tr>
<tr><td></td><td></td><td></td><td></td></tr>
<tr><td></td><td></td><td></td><td></td></tr>
<tr><td></td><td></td><td></td><td></td></tr>
<tr><td></td><td></td><td></td><td></td></tr>
<tr><td></td><td></td><td></td><td></td></tr>
<tr><td></td><td></td><td></td><td></td></tr>
<tr><td></td><td></td><td></td><td></td></tr>
<tr><td></td><td></td><td></td><td></td></tr>
<tr><td></td><td></td><td></td><td></td></tr>
<tr><td></td><td></td><td></td><td></td></tr>
<tr><td></td><td></td><td></td><td></td></tr>
<tr><td></td><td></td><td></td><td></td></tr>
<tr><td></td><td></td><td></td><td></td></tr>
<tr><td colspan="4">10. 船长或其授权代理人签名及日期</td></tr>
</table>

货物申报单（英文）

CARGO DECLARATION

				Arrival		Departure	

1. 1. Name of ship		1. 2. IMO number		1. 3. Call sign	
2. Port where report is made			3. Flag State of ship		
4. Name of master			5. Port of loading / discharge		

6. Marks and Nos.	7. Number and kind of packages；description of goods，or，if available，the HS code	8. Gross weight	9. Measurement

10. Date and signature by master，authorized agent or officer ______________________

4. 船员名单

船员名单

□抵港　　　□离港　　　页数：

<table>
<tr><td>1.1. 船名
1.2. IMO 编号
1.3. 呼号</td><td>2. 抵/离港口</td><td>3. 抵/离日期</td></tr>
<tr><td>4. 船旗国</td><td colspan="2">5. 上一港</td></tr>
</table>

序　号	姓　名	性　别	职　务	国　籍	出生日期	证件种类及号码

船长或其授权代理人签名及日期

5. 旅客名单

旅客名单

□抵港　　□离港　　页数：

<table>
<tr><td>1.1. 船名
1.2. IMO 编号
1.3. 呼号</td><td>2. 抵/离港口</td><td>3. 抵/离日期</td></tr>
<tr><td>4. 船旗国</td><td colspan="2">5. 上一港</td></tr>
</table>

姓　名	性　别	国　籍	出生地点	身份证件类型	身份证件号码	登船港	离船港	是否过境旅客

船长或其授权代理人签名及日期

6. 船舶吨税执照申请书

船舶吨税执照申请书

Application for Tonnage Dues Certificate

按照《中华人民共和国船舶吨税暂行办法》的规定，检同有关证件（包括国籍证书、吨位证书或当地港务机关的证明文件）开具下列事项，请予完纳船舶吨税，并发给船舶吨税执照。

In compliance with the provisions of the Provisional Regulation Governing the Collection of Tonnage Dues of the People's Republic of China, I hereby submit the following particulars together with the relevant documents (including the Certificate of Nationality, the Tonnage Measurement Certificate or supporting documents issued by the Harbor Authorities concerned) with the request for the issue of a Tonnage Dues Certificate upon payment of Tonnage Dues.

1. 船名
   Ship's Name ______________________
2. 船舶类型
   Ship's Description ______________________
3. 国籍
   Nationality ______________________
4. 净吨位
   Net Tonnage ______________________
5. 抵口时间
   Arrival Time ______________________
6. 租用关系
   Charter Relation ______________________
7. 按九十天期或三十天期（由申请人选定一种）
   Tonnage Dues Certificate valid for 90 days / 30 days (As prefered by the applicant)

____

兹声明上列各项申报正确无论承担法律责任　　此　致

中华人民共和国　天津新港　海关

I hereby declare that all the particulars given in this Application are true and correct. I will take the relevant responsibility.

To　　　　Customs of the People's Republic of China

船长：（签名盖章）______________________ 船舶代理（签名盖章）______________________

Ship's captain (signature as applicant) ______________ Ship's agent (signature) ______________

日期　　　年　月　日　　　　日期　　　年　月　日

Date　　　　　　　　　　　　Date

7. 船用物品申报单

船用物品申报单

Ship's Stores Declaration

编号： No.	☐ 抵港 Arrival	☐ 离港 Departure	第　页 Page

1. 船　名 Name of ship	2. 抵/离港口 Port of arrival/departure	3. 抵/离日期 Date of arrival/departure

4. 船　籍 Nationality of ship	5. 驶来港/目的港 Port arrived from/Port of destination

6. 在船人数 Number of persons on board	7. 停留时间 Period of stay	8. 物品存放位置 Place of storage

9. 品　名 Name of article	10. 数　量 Quantity	11. 检查机关签注 For official use

12. 船长或其代理人签名、日期

Date and signature by master, authorized agent or offcer

8. 船员物品申报单

船员物品申报单

Crew's Effects Declaration

第　　页
Page No.

<table>
<tr><td colspan="3">1. 船　名
Name of ship</td><td rowspan="3">2. 应税、禁止或限制物品*
Effects which are dutiable or subject to prohibitions or restrictions*</td><td rowspan="3">7. 签名
Signature</td></tr>
<tr><td colspan="3">3. 船　籍
Nationality of ship</td></tr>
<tr><td>4. 序号
No.</td><td>5. 姓名
Name</td><td>6. 职务
Rank or rating</td></tr>
<tr><td colspan="3"></td><td></td><td></td></tr>
<tr><td colspan="3"></td><td></td><td></td></tr>
<tr><td colspan="3"></td><td></td><td></td></tr>
<tr><td colspan="3"></td><td></td><td></td></tr>
<tr><td colspan="3"></td><td></td><td></td></tr>
<tr><td colspan="3"></td><td></td><td></td></tr>
<tr><td colspan="3"></td><td></td><td></td></tr>
<tr><td colspan="3"></td><td></td><td></td></tr>
<tr><td colspan="3"></td><td></td><td></td></tr>
<tr><td colspan="3"></td><td></td><td></td></tr>
<tr><td colspan="3"></td><td></td><td></td></tr>
<tr><td colspan="3"></td><td></td><td></td></tr>
<tr><td colspan="3"></td><td></td><td></td></tr>
<tr><td colspan="3"></td><td></td><td></td></tr>
<tr><td colspan="3"></td><td></td><td></td></tr>
<tr><td colspan="3"></td><td></td><td></td></tr>
</table>

8. 船长或其代理人签名、日期

* 例：酒、酒精饮料、卷烟、烟草等。

Date and signature by master，authorized agent or officer

* e. g. Wines，Spirits，Cigarettes，Tobacco，etc. .

9. 船舶进境报关单

中华人民共和国海关船舶进境（港）申报单

<table>
<tr><td colspan="2">1.1. 船名及船舶种类</td><td colspan="2"></td><td>1.2. IMO 编号</td><td></td></tr>
<tr><td colspan="2">1.3. 呼号</td><td colspan="2"></td><td>2. 驶离港口</td><td></td></tr>
<tr><td colspan="2">3. 抵达日期及时间</td><td colspan="2"></td><td>4. 船籍国</td><td></td></tr>
<tr><td colspan="2">5. 船长姓名</td><td colspan="2"></td><td>6. 上一港</td><td></td></tr>
<tr><td colspan="6">7. 国籍证书（船籍港，签发日期，编号）：</td></tr>
<tr><td>8. 总吨</td><td></td><td>9. 净吨</td><td></td><td colspan="2" rowspan="2">10. 船舶代理名称和联系方式：</td></tr>
<tr><td colspan="3">11. 船舶在港位置（锚位或泊位）</td><td></td></tr>
<tr><td colspan="6">12. 航次摘要（先后挂靠港口，并在即将卸下留存货物的港口名下画线标注）</td></tr>
<tr><td colspan="6">13. 货物简述</td></tr>
</table>

<table>
<tr><td>14. 船员人数</td><td colspan="3"></td><td>15. 旅客人数</td><td colspan="2"></td><td rowspan="2">21. 吨税有效期：</td></tr>
<tr><td colspan="7">所附单证（标明份数）</td></tr>
<tr><td colspan="2">16. 货物申报单</td><td></td><td colspan="3">17. 船用物品申报单</td><td></td><td rowspan="3">备注：</td></tr>
<tr><td colspan="2">18. 船员名单</td><td></td><td colspan="3">19. 旅客名单</td><td></td></tr>
<tr><td colspan="3">20. 船员物品申报单</td><td colspan="4"></td></tr>
</table>

注："备注"栏需注明进境船舶有无《中华人民共和国禁止进出境物品表》所列禁止进境物品，如"无"填写规范为"×××轮无《中华人民共和国禁止进出境物品表》所列禁止进境物品"，如"有"具体列明物品名称、数量。

船长或其授权代理人签名________

日期 ____年____月____日

10. 船舶出境报关单

中华人民共和国海关船舶出境（港）申报单

<table>
<tr><td colspan="3">1.1. 船名及船舶种类</td><td></td><td>1.2. IMO 编号</td><td></td></tr>
<tr><td colspan="3">1.3. 呼号</td><td></td><td>2. 驶离港口</td><td></td></tr>
<tr><td colspan="3">3. 驶离日期及时间</td><td></td><td>4. 船籍国</td><td></td></tr>
<tr><td colspan="3">5. 船长姓名</td><td></td><td>6. 下一港</td><td></td></tr>
<tr><td colspan="6">7. 国籍证书（船籍港，签发日期，编号）：</td></tr>
<tr><td>8. 总吨</td><td></td><td>9. 净吨</td><td></td><td colspan="2" rowspan="2">10. 船舶代理名称和联系方式：</td></tr>
<tr><td colspan="3">11. 船舶在港位置（锚位或泊位）</td><td></td></tr>
<tr><td colspan="6">12. 航次摘要（先后挂靠港口，并在即将卸下留存货物的港口名下画线标注）</td></tr>
<tr><td colspan="6">13. 货物简述</td></tr>
<tr><td>14. 船员人数</td><td></td><td>15. 旅客人数</td><td></td><td colspan="2" rowspan="2">21. 吨税有效期：</td></tr>
<tr><td colspan="4">所附单证（标明份数）</td></tr>
<tr><td>16. 货物申报单</td><td></td><td>17. 船用物品申报单</td><td></td><td colspan="2" rowspan="3">备注：</td></tr>
<tr><td>18. 船员名单</td><td></td><td>19. 旅客名单</td><td></td></tr>
<tr><td>20. 船员物品申报单</td><td colspan="3"></td></tr>
</table>

注："备注"栏需注明出境船舶有无《中华人民共和国禁止进出境物品表》所列禁止出境物品，如"无"填写规范为"×××轮无《中华人民共和国禁止进出境物品表》所列禁止出境物品"，如"有"具体列明物品名称、数量。

船长或其授权代理人签名________

日期 ____年____月____日

11. 航海健康申报书

中华人民共和国出入境检验检疫

航海健康申报书

MARITIME DECLARTION OF HEALTH

Entry-Exit Inspection and Quarantine of the P. R. of China

抵/离港 Port of Arrival/Departure[1)] ________________ 来自/到 From/To[1)] ________________

抵/离日期及时间 Time and Date of Arrival/Departure[1)] ________________

船名 Name of ship __________ 国籍 Nationality __________ 船长姓名 Name of Captain __________

注册净吨位 Net Tons __________ 载货种类及数量 Description and Quantity of cargo __________

除鼠/免予除鼠证书 Deratting /Deratting Exemption Certificate[1)] ________________

是否有压舱水 Ballast Water □Yes □No 签发港及日期 Port and Date of Issue ________________

船员人数 Number of Crew ________________ 旅客人数 Number of passagers ________________

食物装载港 Port of Provisions Taken __________ 饮水装载港 Port of Water Taken __________

船舶在港期间人员变动情况 Description of any change of crew while in port[2)] ________________

沿途寄港及到达离去日期 Port of Call with Dates of Arrival and Dates of Departure[3)] ________________

健康问题 HEALTH QUESTIONS	回答有或无 ANSWER YES OR NO
1. 船上有无发现鼠疫、霍乱、黄热病等病例或疑似病例？应用附表详细记载。 Has there been on board any case or suspected case of plague, cholera or yellow fever? Give particulars in schedule.	□有 Yes □无 No
2. 船上鼠类曾否发生鼠疫或疑似鼠疫，或曾否发生鼠类反常死亡？ Has plague occurred or been suspected among the rats or mice on	

board, or has there been an abnormality among them? □有 Yes □无 No

3. 除意外伤害外，船上曾否有人死亡？应用附表详细记载。

Has any person died on board otherwise than as a result of accidents? Give particulars in schedule. □有 Yes □无 No

4. 除问题“1”所述外，船上有无流感、疟疾、脊髓灰质炎、登革热、斑疹伤寒、回归热、艾滋病、性病、麻风病、开放性肺结核、精神病病例以及其他传染病或疑似病例？应用附表详细记载。

Has there on board any case or suspected case of influenza, malaria, poliomyelitis, dengue fever, typhus fever, relapsing fever, AIDS, venereal diseases, leprosy, active pulmonary tuberculosis, psychosis, or other infectious discases apart from the statement in question No. 1? Give particulars in schedule. □有 Yes □无 No

5. 船上有无导致感染或使疾病传播之其他情况？

Are you aware of any other condition on board which may lead to infection or the spread of disease? □有 Yes □无 No

6. 船上人员有无健康证书？

Do the person on board possess valid health Certificates for International Traveller?[2)] □有 Yes □无 No

注：如无船医，船长须以下列症状为疑似病例之根据：高热伴有虚弱或连续数日发热或附带淋巴结肿；急性皮疹伴发热或不发热；急性腹泻并有虚弱症状；黄疸并发热。

NOTE: In the absence of a surgeon, the captain should regard the following symptoms as ground for suspecting the existence of disease of an infectious nature: fever accompanied by prostration or persisting for several days, or attended with glandular swelling; any acute skin rash or eruption with or without fever, severe diarrhoea with symptoms of collapse; jaundice accompanied by fever.

兹申明对上列问题的回答（包括附表）尽我所知相信属实无讹。

I hereby declare that the particulars and answers to the questions given in ths declaration of health (including the schedule) are ture and correct to the best of my knowledge and belief.

日期 Date ____________________ 船长签名 Signature of Captain ______________________________

船医附签 Countersignature of ship's surgeon ____________________

如入境船舶自开航已逾四周，仅申报最后四周的情况。

If more than 4 weeks have elapsed since the voyago began, it will suffice to give particulars for the last 4 weeks.

(1) 画去不需要的部分 Cross-out the unnecessary part

(2) 只适用于出境船舶 Only for departure of ship

(3) 只适用于入境船舶 Only for arrival of ship

12. 船舶概况报告单

船舶概况报告单（A）

船舶概况（不适用不填）

船 名		船旗国/船籍港		建造年月		船舶种类	
IMO 编号		总 吨		净 吨		载重吨/标箱	
呼 号		总 长		型 宽		型 深	
龙骨以上最大高度		夏季满载吃水		淡水宽限		主机功率	
初始登记号		保安等级		所有人/经营人			

船舶证书（不适用不填）

证书名称	签发日期	有效期止	最近年检日期	证书名称	签发日期	有效期止	最近年检日期
国籍证书				最低安全配员证书			
国际吨位证书				国际防污底系统证书			
国际载重线证书				散装化学品适装证书			
国际防止油污证书				防止有毒液体污染证书			
货船构造安全证书				油污损害民事责任公约证书			
货船设备安全证书				船公司符合证明			
货船无线电安全证书				安全管理证书			
国际防止空气污染证书				保安证书			
国际防止生活污水污染证书				载明救生设备仅供总人数________人使用			
免除证书				免除内容			

船员适任证书

职　务	证书编号/有效期截止	职　务	证书编号/有效期限
船　长		轮机长	
大　副		大管轮	
二　副		二管轮	
三　副		三管轮	
无线电员		无线电员	

安全检查

是否持有安检报告（PSC/FSC）	是/否	最近一次检查日期/地点		本港是否有复查项目	是/否

______________海事局：兹声明我船证书齐全，处于适航状态，船员配备及货物装载符合要求，申请材料准确无误！

船长签字		日期（DD/MM/YY）	

13. 登陆证申请书

APPLICATION FOR LANDING

THERE ARE ______________ CREW MEMBERS ON BOARD MY SHIP IN THIS VOYAGE. AMONG THEM __________ PERSONS APPLY FOR THE LANDING PERMITS.

HERE BY I WOULD PAY THIS AMOUNT AS SHIP'S ACCOUNT, THROUGH __________________ TO THE FRONTIER DEFENCE INSPECTION ORGANIZATION IN THIS RESPECT.

SHIP'S NAME AND STAMP ________________

CAPTAIN'S SIGANATURE ________________

DATE ________________

14. 航行国际航线船舶出境自查报告表

中华人民共和国

航行国际航线船舶出境自查报告表

PEOPLE'S REPUBLIC OF CHINA

INSPECTION REPORT OF THE SHIPS ON INTERNATIONAL VOYAGES

船　　名 Ship's name		国　　籍 Ship's nationality	
离港时间 Time of departure		所属公司 Ship's owner	
在港泊位 Position of the Ship in the port		货物情况 Description of the cargo	
船员人数 Number of crew	（中籍） (Chinese)	（外籍） (Foreign)	
旅客人数 Number of passengers	（中籍） (Chinese)	（外籍） (Foreign)	
联检时间 Time of inspection		下一港 Next port	

检　查　情　况

Inspection result

船舶负责人签名：

Master signature：

边防检查站核查情况

Immigration inspection result

检查员签名：

Officer signature：

备　　注： Remarks：	此表在办理出境手续时填报，边防检查站收存。 This report when the time of departure to fill in, and the immigration collect.

15. 船舶出口岸手续联系单

船舶出口岸手续联系单

经办单位：　　　　　　　　　　　　　　　　　经办人签名：

<table>
<tr><td rowspan="2">船名</td><td>中文</td><td></td><td>国籍</td><td></td></tr>
<tr><td>英文</td><td></td><td>泊位</td><td></td></tr>
<tr><td>海关签注</td><td colspan="4">经办人签名：　　　　　　年　　月　　日　　时</td></tr>
<tr><td>边防签注</td><td colspan="4">经办人签名：　　　　　　年　　月　　日　　时</td></tr>
<tr><td>检验检疫签注</td><td colspan="4">经办人签名：　　　　　　年　　月　　日　　时</td></tr>
<tr><td>海事签注</td><td colspan="4">经办人签名：　　　　　　年　　月　　日　　时</td></tr>
</table>

16. 进口载货清单

中华人民共和国海关

国际航行船舶进口载货清单

船名及种类：__________

国　　籍：__________

登记吨位：__________　　船长姓名：__________国籍：__________

总吨位：__________　　经理人名称：__________

驶来港：__________　　进口时日：______年______月______日______时______

停泊地点：__________　　吨税执照到期日：______年______月______日

清单送递海关时日(由海关填注)：__________

载货清单号码	提单号码	此行由海关填注	标记及号码	货物件数	包装类型	货物名称	货物重量或体积	舱间部位	收货人	备注

兹声明上列各项正确无讹。此致。

__________海关

日期：______年______月______日　　经理人签印：__________　　船长签印：__________

17. 出口载货清单

中华人民共和国海关

国际航行船舶出口载货清单

船名及种类：________

国　　籍：________

登记吨位：________

总吨位：________

驶往港：________

停泊地点：________

船长姓名：________国籍：________

经理人名称：________

出口时日：____年____月____日____时____

吨税执照到期日：____年____月____日

清单送递海关时日(由海关填注)：________

载货清单号码	提单号码	此行由海关填注	标记及号码	货物件数	包装类型	货物名称	货物重量或体积	舱间部位	收货人	备注

兹声明上列各项正确无讹。此致。

________海关

日期：____年____月____日　　　经理人签印：________　　　船长签印：________

附录二 长期船舶代理协议范本

甲　　方：　　　　　　　　　　　　　　　　　　（委托人）
法定代表人：
法定地址：　　　　　　　　　　　　　　　　　　邮编：
合同编号：
经 办 人：　　　　　　　联系电话：　　　　　　传真：
银行账户：

乙　　方：　　　　　　　　　　　　　　公司　　（代理人）
法定代表人：
法定地址：　　　　　　　　　　　　　　　　　　邮编：
经 办 人：　　　　　　　联系电话：　　　　　　传真：
银行账户：

鉴于：

1. 乙方具有船舶代理资质和丰富的经验；

2. 甲方指定乙方作为其自有和/或租用船舶的班轮代理人。

据此，双方按照公平互利的原则，根据中华人民共和国相关法律法规就以下条款达成一致。

第一条　授权

1.1　根据甲方的委托，乙方作为甲方自有和/或租用船舶的班轮代理人，航线代号：________。

1.2　本合同适用的港口或区域为：________。

第二条　乙方的代理权限

2.1　港口代理

2.1.1　根据当地装卸习惯和条件，安排船舶靠泊、货物的装卸、检验检疫和其他辅助业务。

2.1.2　与港口和其他有关的当局保持紧密的沟通，代表甲方与他们进行联系。

2.1.3　通知收货人有关船舶最新的位置，依据适当背书的提单交付进口货物。

2.1.4　根据甲方的要求，定期向甲方通知船舶的位置、港口税费和其他费用的情况等，签发必要的事实声明。

2.1.5　安排加燃油、加水和其他必需品。

2.1.6 安排船舶修理和检验，处理因为与甲方的船舶碰撞或其他事故产生的单独海损和共同海损的事务。

2.1.7 参加船舶的管理，包括为船员支付工资、签约、船员的住院、医疗等。

2.1.8 处理索赔和在处理共同海损中提供帮助，根据运输合同条款和法律的规定保护甲方的利益。

2.2 签单代理

2.2.1 以甲方的名义准备和签发有关进口的航运单据，包括到达通知、交货命令等。

2.2.2 以甲方的名义准备和签发出口航运单据，包括装船指令、正本提单、装船清单、集装箱清单等。

2.3 财务

2.3.1 代表甲方收取进出口货物运费、附加费和其他费用，并在船舶驶离港口后下个月内按周支付给甲方。

2.3.2 代表甲方支付与船舶操作、货物操作有关的甲方应支付的费用和开支，包括所有小额的费用，包括邮费、交通费、通信费、电报费、电传费、长途电话费、广告费、EDI 费用等。

2.4 甲方的其他特别授权。

第三条 双方的承诺

3.1 甲方承诺

3.1.1 提供一切代理人为完成代理事项而必需的文件资料等。

3.1.2 全面及时地提供有关船期、港口靠泊、航线政策以及影响本合同项下代理事宜的信息。

3.1.3 按照本合同的约定支付有关费用。

3.1.4 承担乙方在代理权限内的行为所产生的任何责任和费用。

3.1.5 在船舶到港前提供乙方有关信息，以便乙方安排代理服务。如甲方在该航次中需要变更乙方的代理权限的，甲方应当另行作出书面指示，否则乙方视为享有本合同约定的全部代理权限。

3.2 乙方承诺

3.2.1 乙方应认真履行代理职责，维护甲方的合法权益。

3.2.2 对因乙方的故意或者重大过失而导致甲方遭受的直接损失和额外发生的费用承担责任，但不包括货物因延迟等原因造成的经济损失以及任何其他在签订本合同时所无法合理预见的损失。

第四条 费用及支付方式

4.1 对于乙方根据第 2.3.2 条代表甲方支付的一切费用，甲方应当在收到乙方账单之日起______个工作日内偿还给乙方。

4.2　乙方的代理费按照附录一的费率价格表确定。乙方应在船舶离港后______个工作日内提出该航次的代理费，甲方应当在收到乙方账单之日起______个工作日内支付代理费给乙方。

第五条　保密条款

5.1　为本合同之目的，秘密信息一词指的是任何涉及或与本合同各方有关的未公开的秘密信息，包括但不限于下列信息中的全部或任何部分：任何合同一方的业务经营、营销渠道、程序、标准、价格及其他财务记录等资料；任何一方为本合同目的而签署的任何合同、协议、备忘录、附录、草案或记录（包括本合同）；本合同一方为本合同之目的而向对方提供的未公开的信息。

5.2　除5.3情形外，本合同一方不得将秘密信息以任何方式泄露给任何第三方，也不得以任何方式向公众、媒体宣布本协议的签订和履行等情况。

5.3　发生以下情况，任何一方均不被视为披露或泄露秘密信息：

5.3.1　所泄露的秘密信息在泄露之前已为公众所知（但以违反本条款方式泄露的除外）。

5.3.2　经合同各方事先书面同意。

5.3.3　为本次交易之目的将秘密信息披露给各自的专业顾问，并要求其承担保密责任。

5.3.4　应政府部门或法律法令的强制性要求而披露，但政府部门的要求必须是以正式书面文件发出的，否则协议一方应当加以拒绝，并不得披露或泄露任何秘密信息。

5.4　本合同各方均应采取必要措施，将其知悉或了解的秘密信息限制在其有关职员、代理人或顾问的范围内，并要求他们严格遵守本条款，不将有关秘密信息泄露于任何第三方。各方均承诺不将从对方取得的秘密信息披露或泄露给其无关的职员。

5.5　任何合同一方如果依据第5.3.4款之规定对外披露秘密信息，应当通知合同对方。

5.6　合同一方违反本条款的规定，应当赔偿合同对方的损失。

5.7　保密条款不因本合同的终止而终止。合同各方对秘密信息承担的保密义务自获得秘密信息之日起算，为期________年。

第六条　不可抗力

6.1　不可抗力事件是指不可预见、不能避免、不能克服的客观情况，包括地震、台风、水灾、火灾及其他自然灾害，战争、暴乱、骚乱、戒严，及其他受影响一方不能控制的客观情况。

6.2　一方因不可抗力事件情况而不能履行本合同义务时，应及时通知另一方不可抗力的情况，出具不可抗力事件的有效依据，并应当采取合理措施尽量减少不可抗力事件的影响，尽可能在最短时间内恢复履行本合同。

6.3 若发生不可抗力事件，任何一方无须对另一方因本合同未能履行或延迟履行而遭受的任何损失承担责任，并且此种未能履行或延迟履行不应视为违反本合同。

6.4 在发生不可抗力事件的情况下，本合同的义务履行期限可随情况的发展相应推迟。如不能履行义务超过________天，履约双方中任何一方因利益得不到保证，有权解除本合同。

第七条 违约责任

7.1 甲方违反本合同第四条的规定延迟支付各项费用的，每延期一天，支付乙方延迟付款额的0.5‰作为逾期付款违约金。

7.2 因乙方故意或者重大过失而导致甲方损失的，乙方应对因此给甲方遭受的直接损失和额外发生的费用承担责任，但不包括因延迟等原因造成的经济损失以及任何其他在签订本合同时所无法合理预见的损失。

第八条 一般性条款

8.1 合同的生效及有效期：本合同经双方有授权的代表签署并互换之日起生效，有效期______年。

8.2 法律适用：本合同的订立、效力、解释、履行、修改、终止及争议的解决，均应适用中华人民共和国法律。

8.3 争议解决

本合同项下发生的任何纠纷或者争议，应提交________法院审理。

或者

本合同项下发生的任何纠纷或者争议，应提交________仲裁委员会，根据该会的仲裁规则进行仲裁。仲裁裁决是终局的，对双方都有约束力。

（注：上述两条款，只能选择一项，请自行决定。）

8.4 合同的修改

8.4.1 因市场的变化和合同双方协作要求，任何一方均可向对方提出修改、变更、补充本合同的请求。

8.4.2 合同的修改、变更、补充应以书面协议方式进行，经双方签字盖章后生效。

8.5 合同完整性：本合同和本合同附录构成本合同各方之间就本协议主要事项达成的完整的合同和谅解，并取代之前一切与此有关的口头、书面或其他形式的建议、声明、保证、协议或承诺。

8.6 合同分割性：如果任何时候本合同中的任何一个条款或该条款的一部分无效、失效、不合法，或在任何方面不可执行或无法履行，本合同其余部分的有效性、合法性、可执行性或履行在任何情况下不应由此受到影响或损害。

8.7　弃权：本合同任何一方未行使本合同项下的任何权利不视为对这些权利的放弃；任何单独或部分行使前述权利的行为，亦不应妨碍将来对这些权利的行使。

8.8　本合同未尽事宜，由合同双方当事人协商一致解决。若不能协商解决时，按照中华人民共和国有关法律法规执行。

8.9　本合同正本一式________份，合同双方各执________份。

甲方：　　　　　　　　　　（签章）　　　　　年　月　日

乙方：　　　　　　　　　　（签章）　　　　　年　月　日

附录三　集装箱租赁合同范本

甲　　方：

乙　　方：

甲乙双方本着平等互利的原则，经协商一致，根据《中华人民共和国合同法》及有关法律法规，就乙方租用甲方集装箱事宜签订本合同。

一、租赁集装箱类型、规格、数量________。

二、租赁方式为灵活租用，各集装箱的租赁期限分别按该箱的实际起租日计至退租日止。

三、租金和租金支付及押金条款

1. 租金：每箱租金为________元/天

2. 租金支付

租金每月支付一次，不满一个月按实际租赁天数计算，甲方应于每个月的5日前向乙方提供上个月的账单。

3. 押金/质押

每个集装箱押金为人民币________整，由乙方电汇至我公司账号，甲方在收到押金后放箱。乙方在退租并结清租金修理费后7天内，甲方退还乙方押金。

四、租赁集装箱交付条款

1. 交接时间：自本合同签订之日起30日内提箱。

2. 交接地：____________

3. 箱况：甲方保证提供完好适货的集装箱（按SEAWORTHY标准）。

4. 提箱费用：乙方在提箱时，应支付给甲方人民币100元/每箱每次。

五、用途

乙方租赁甲方集装箱应用于通常的合理的用途，不得用于从事任何非法活动，否则因此而造成的一切损失和后果均由乙方承担全部责任。

六、集装箱在租赁期间的保养和维修

乙方在租用期内正常使用并妥善维护集装箱。如果集装箱在使用中发生故障，乙方应按集装箱的技术支持手册进行检查后，并予以维修。

七、租赁集装箱还箱条款：

1. 还箱地点为：____________________

2. 还箱时集装箱的质量问题

2.1　甲方应当提前5个工作日通知乙方具体还箱堆场。乙方须安排集装箱退还至指定堆场。

2.2　退箱时由甲方负责检验（按 SEAWORTHY 标准）。若甲方发现集装箱损坏需要修理的，则修理费由乙方来承担。但甲方在修理前应将估价单书面通知乙方，并允许乙方进行检验。如果乙方在收到通知之日起 10 个工作日内未对估价单提出任何异议，则视为乙方同意修理。乙方应在甲方修理完毕之日起 30 天内向甲方支付该修理费。

2.3　还箱费用：乙方在还箱时，应支付给甲方人民币 80 元/每箱每次。

八、租赁集装箱的转租或转借

在租赁期间内，乙方未经甲方同意，不得擅自将集装箱转租或转借给第三人使用（乙方为营业需要供给客户使用除外），也不得变卖或抵押集装箱。

九、违约责任

未经甲方同意，乙方拖欠租金或擅自转租、变卖、抵押租赁集装箱，则甲方有权解除合同，如数收回全部集装箱。乙方应赔偿因此给甲方所造成的损失。

十、争议解决

甲乙双方同意，将基于本协议产生的、或与本协议的生效、履行、终止有关的任何争议，由甲乙双方协商解决；协商不成，任何一方可以向对方所在地海事法院提起诉讼。

十一、本协议第一条所述______个集装箱交接完毕后，相关箱号及交接时间作为本协议的附件，双方盖章后是本协议的有效组成部分。

十二、本合同未尽事宜，按《中华人民共和国合同法》的有关规定，经合同双方共同协商，作出补充规定，该补充规定与本合同具有同等法律效力。

十三、本合同自签订之日起即发生法律效力。本合同一式两份，双方各持一份，具有同等效力。

十四、随附箱号：××××、××××。

甲方：　　　　　　　　（签章）　　　　年　月　日

乙方：　　　　　　　　（签章）　　　　年　月　日

附录四　中华人民共和国交通部港口收费规则（外贸部分）

第一章　总　则

第一条　中华人民共和国港口向航行国际航线的船舶及外贸进出口的货物计收港口费用，均按本规则办理。各港与香港、澳门之间的运输及涉外旅游船舶的港口收费，除另有规定的外，比照本规则办理。

第二条　本规则所订费率，均以人民币元为计费单位。国外付费人以外币按中国人民银行正式兑换率进行清算。国内付费人以人民币进行清算。

第三条　租船合同和运输合同中有关港口费用负担的约定，船方或其代理人应至迟于船舶到港的当天，将有关资料书面送交港口和有关部门，否则向代理人进行清算。船方或其代理人提供的进出口舱单及有关资料有误或需变更的，必须在卸船或装船前书面通知港口和有关部门。

第四条　计费单位和进整办法：

（一）船舶以净吨（无净吨按总吨，也无总吨按载重吨）为计费单位的，不满 1 吨按 1 吨计；以马力（1 马力＝0.735 千瓦）为计费单位的，不满 1 马力按 1 马力计。船舶无净吨、总吨和载重吨，则按 500 吨计收港口费用。

（二）以日为计费单位的，除另有规定的外，按日历日计，不满 1 日按 1 日计；以小时为计费单位的，不满 1 小时按 1 小时计，超过 1 小时的尾数，不满半小时按半小时计，超过半小时的按 1 小时计。

（三）集装箱以箱为计费单位。可折叠的标准空箱，4 只及 4 只以下摞放在一起的，按 1 只相应标准重箱计算。

（四）货物的计费吨分重量吨（W）和体积吨（M）。重量吨为货物的毛重，以 1000 千克为 1 计费吨；体积吨为货物“满尺丈量”的体积，以 1 立方米为 1 计费吨。计费单位为“W/M”的货物，按货物的重量吨和体积吨择大计算。订有换算重量的货物，按“货物重量换算表”的规定计算。

（五）每一提单或装货单每项货物的重量或体积，起码以 1 计费吨计算，超过 1 计费吨的尾数按 0.01 计费吨进整，同一等级的货物相加进整。

（六）每一提单或装货单每项费用的尾数以 1.00 元计算。不足 1.00 元的进整；每一计费单的起码收费额为 10.00 元。

（七）货方或船方应于船舶到港的当天准确提供笨重、危险、轻泡、超长货物的明细资料，否则全部按该提单或装货单货物中最高费率计收费用。

第五条　进出口货物的重量和体积，以提单或装货单所列数量为准。港方对货物的数量可以进行复查。提单或装货单所列数量与复查或抽查数量不符时，以港方与船方、货方或其代理人的复查或抽查数量作为港口计费依据。

第六条 付款人对各种费用除与港方订有协议者外，应当预付或现付，并应在结算当日（法定节假日顺延）一次付清，逾期自结算的次日起按日交付迟付款额5‰的滞纳金。对溢收和短收的各种费用，应在结算后180天内提出退补要求，逾期互不退补。

第七条 船舶到港后，港方根据船方或货方的申请，在中华人民共和国法定节假日以及夜班进行本规则第九、十、十一、十六、十八、十九、二十七、二十九、三十三、三十四、三十五、三十六、三十七、三十八、五十二、五十三、五十四（装卸用防雨设备、防雨罩、靠垫费、围油栏使用费和水费除外）条所列各项作业时，均向申请方计收附加费。节假日、夜班附加费按基本费率的50%计收，节假日的夜班附加费按基本费率的100%计收。夜班每日以8小时计算。节假日及夜班的工班起算时间，由港务管理部门自行公布执行。

第八条 外国通过中华人民共和国港口以下列方式转往其本国或第三国的货物，为国际过境货物：（一）水路转水路；（二）水路转铁路；（三）铁路转水路；（四）水路转公路；（五）公路转水路。

散油、一级危险货物、鲜活、冷冻货物及家禽、牲畜、野生动物，不办理国际过境业务（集装箱货物除外）。

第二章 引航、移泊费

第九条 由引航员引领船舶进港或出港，按下列规定计收引航费：

（一）引航距离在10海里以内的港口，按“航行国际航线船舶港口费率表”中引航费的标准计收；

（二）引航距离超过10海里的港口，除按“航行国际航线船舶港口费率”的标准计收引航费外，其超程部分另按“航行国际航线船舶港口费率表”中移泊费的标准计收超程部分的引航费；

（三）超出各港引水锚地以外的引领，其超出部分的引航费按“航行国际航线船舶港口费率表”中引航费的标准加收30%；

（四）大连、营口、秦皇岛、天津、烟台、青岛、日照、连云港、上海、宁波、厦门、汕头、深圳、广州、湛江、防城、海口、洋浦、八所、三亚港以外的港口，除按本条（一）、（二）的规定计收航费外，另据情况可加收非基本港引航附加费，但最高不超过每净吨0.30元。引航距离由各港务管理部门自行公布，报交通部备案。引航费按第一次进港和最后一次出港各一次分别计收。

第十条 由引航员引领船舶在港内移泊，按“航行国际航线船舶港口费率表”的规定，以次计收移泊费。

第十一条 由引航员引领船舶过闸，按“航行国际航线船舶港口费率表”的规定，以次加收过闸引领费。

第十二条 接送引航员不另收费。

第十三条 由拖轮拖带的船舶，其引航和移泊费按拖轮马力与所拖船舶的净吨相加计算。

第十四条 船舶因引航或移泊使用拖轮时，另按拖轮出租费率计收拖轮使用费。

第十五条 引航和移泊的起码计费吨为500净吨（马力）。

第十六条 因船方原因不能按原定时间起引或应船方要求引航员在船上停留时，按“航行国际航线船舶港口费率表”引航员滞留费的规定计收引航员滞留费。

第十七条 航行国际航线船舶在长江的引航、移船费，按《航行国际航线船舶长江引航、移泊收费办法》办理。

第三章 拖轮费

第十八条 使用港方拖轮时，按“租用船舶、机械、设备和委托其他杂项作业费率表”的规定，以拖轮马力和使用时间，向委托方计收拖轮使用费。

拖轮使用时间为实际作业时间加辅助作业时间，实际作业时间为拖轮抵达作业地点开始作业时起，至作业完毕时止的时间；辅助作业时间为拖轮驶离拖轮基地至作业地点和驶离作业地点返回拖轮基地时止的时间。实际作业时间由委托方签认，按实计算；辅助作业时间实行包干，由各港务管理部门综合测算确定，报交通部备案。

第四章 系、解缆费

第十九条 由港口工人进行船舶系、解缆，按“航行国际航线船舶港口费率表”系、解缆费的规定，以每系缆一次或解缆一次计收系、解缆费。船舶在港口停泊期间，每加系一次缆绳计收一次系缆费。

第五章 停泊费

第二十条 停泊在港口码头、浮筒的船舶，由码头、浮筒的所属部门按“航行国际航线船舶港口费率表”停泊费的规定征收停泊费。

第二十一条 停泊在港口锚地的船舶，由港务管理部门按“航行国际航线船舶港口费率表”停泊费的规定征收停泊费。

第二十二条 船舶在港口码头、浮筒、锚地停泊以24小时为1日，不满24小时按1日计。

第二十三条 停泊在港口码头的下列船舶，由码头的所属部门按“航行国际航线船舶港口费率表”停泊费的规定征收停泊费：

（一）装卸、上下旅客完毕（指办妥交接）4 小时内，因船方原因继续留泊的船舶；

（二）非港方原因造成的等修、检修的船舶（等装、等卸和装卸货物过程中的等修、检修除外）；

（三）加油、加水完毕继续留泊的船舶；

（四）非港口工人装卸的船舶；

（五）国际旅游船舶（长江干线及黑龙江水系涉外旅游船舶除外）。

第二十四条 由于港方原因造成船舶在港内留泊的，免征停泊费。

第二十五条 系靠停泊在港口码头、浮筒的船舶，视同停泊码头、浮筒的船舶征收停泊费。

第二十六条 船舶在同一航次内，多次挂靠我国港口，停泊费在第一港按实征收，以后的挂靠港给予 30%的优惠。

第六章 开、关舱费

第二十七条 由港口工人开、关船舶舱口，不分层次和开、关次数，按“航行国际航线船舶港口费率表”开、关舱费的规定，分别以卸船计收开、关舱费各一次，装船计收开、关舱费各一次。港口工人单独拆、装、移动舱口大梁，视同开、关舱作业，计收开、关舱费。

第二十八条 大型舱口（又称 A、B 舱）中间有纵、横梁的（包括固定纵、横梁和活动纵、横梁），按两个舱口计收开、关舱费。设有大舱口外的小舱口，按 4 折 1 计算，不足 1 个按 1 个大舱口计算。

第二十九条 使用集装箱专用吊具进行全集装箱船开、关舱作业，不分开、关次数，按“航行国际航线船舶港口费率表”开、关舱费的规定，分别以卸船计收开舱费一次，装船计收关舱费一次；只卸不装或只装不卸的，分别计收开、关舱费各一次。

第七章 货物港务费

第三十条 经由港口吞吐的外贸进出口货物和集装箱，按“外贸进出口货物港务费率表”的规定，以进口或出口分别征收一次货物港务费。

第三十一条 经由港口吞吐的外贸进出口货物和集装箱，先由负责维护防波堤、进港航道、锚地等港口公共基础设施的港务管理部门（港务局）按“外贸进出口货物港务费率表”的规定征收货物港务费，然后向码头所属单位（租用单位或使用单位）返回 50%，用于码头及其前沿水域的维护。

第三十二条 凭客票托运的行李，船舶自用的燃物料，木船装货垫缚材料，随包装货物同行的包装备品，随鱼鲜同行的防腐用的冰和盐，随活畜、活禽同行的必要饲料，使馆物品、联合国物品、赠送礼品、展品、样品、国际过境货物，集装箱空箱（商品箱除外），均免征货物港务费。

第八章　装卸费

第三十三条　散杂货在港口装卸船舶，按“外贸进出口货物装卸费率表”的规定计收装卸费。

第三十四条　港方可根据作业需要使用船舶或港口起货机械装卸货物。使用船舶起货机械时，除按“外贸进出口货物装卸费率表”规定的船方起货机械费率计收装卸费外，另按“航行国际航线船舶港口费率表”起货机工力费的规定计收起货机工力费。

第三十五条　申请使用浮吊进行装卸作业的，除按“外贸进出口货物装卸费率表”规定的船方起货机械费率计收装卸费外，另按实际租费向申请方计收浮吊使用费。经港方同意，使用货方或船方自备浮吊进行作业的，按“外贸进出口货物装卸费率表”规定的船方起货机械费率计收装卸费。

第三十六条　包装货物在船上拆包装舱或散装货物在舱内灌包后再出舱，除按包装货物计收装船费或卸船费外，另按“租用船舶、机械、设备和委托其他杂项作业费率表”的规定计收拆包、倒包、灌包、缝包费。

第三十七条　散杂货翻装作业，分舱内翻装和出舱翻装。

舱内翻装，按“租用船舶、机械、设备和委托其他杂项作业费率表”的规定计收工时费。使用港口机械的，另收机械使用费。出舱翻装，按实际作业所发生的费用计收。

第三十八条　采用“滚上滚下”方式装卸货物和车辆时，使用港方动力和工人作业的，按“外贸进出口货物装卸费率表”规定的船方起货机械费率的80%计收装卸费；不使用港方动力，只由港方工人作业的，按“外贸进出口货物装卸费率表”规定的船方起货机械费率的50%计收装卸费；不使用港方动力和工人作业的，按“外贸进出口货物装卸费率表”规定的船方起货机械费率的30%计收装卸费。

第三十九条　集装箱在港口的装卸作业，按“外贸进出口集装箱装卸包干费、国际过境集装箱港口包干费率表”的规定，向船方计收集装箱装卸包干费。

集装箱装卸包干作业包括：

（一）进出口箱：将重箱的一般加固拆除，从船上卸到堆场，分类堆存，从堆场装上货方卡车或送往港方本码头集装箱货运站（仓库），然后将空箱从货方卡车卸到堆场或从港方本码头集装箱货运站（仓库）送回堆场；

（二）出口重箱：将堆场上空箱装上货方卡车或送往港方本码头集装箱货运站（仓库），将重箱从货方卡车卸到堆场或从港方本码头集装箱货运站（仓库）送回堆场，分类堆存，装船并进行一般加固；

（三）进口空箱：将空箱的一般加固拆除，从船上卸到堆场，分类堆存；

（四）出口空箱：将堆场上空箱装到船上，并进行一般加固；

（五）箱体检验、重箱过磅及编制有关单证。

第四十条 集装箱船在非集装箱专用码头装卸集装箱，如船方不提供起舱机械，而由港方提供岸机或浮吊进行装卸时，除按“外贸进出口集装箱装卸包干费、国际过境集装箱港口包干费率表”的规定计收装卸包干费外，另按其相应箱型装卸包干费率的15%加收岸机使用费；使用浮吊的，另收浮吊使用费。

装卸滚装船装运的集装箱，在集装箱专用码头使用船机或船机采用“吊上吊下”方式作业的，或在非集装箱专用码头使用船机采用“吊上吊下”方式作业的，按“外贸进出口集装箱装卸包干费、国际过境集装箱港口包干费率表”的规定计收装卸包干费；在非集装箱专用码头使用岸机采用“吊上吊下”方式作业的，除按“外贸进出口集装箱装卸包干费、国际过境集装箱港口包干费率表”的规定计收装卸包干费外，另按其相应箱型装卸包干费率的15%加收岸机使用费。如同时使用铲车（叉车）等机械在舱内进行辅助作业时，另收机械使用费。

装卸带有底盘车的集装箱，使用港方拖车进行“滚上滚下”方式作业的，按“外贸进出口集装箱装卸包干费、国际过境集装箱港口包干费率表”的规定计收装卸包干费；使用船方拖车进行“滚上滚下”方式作业的，按“外贸进出口集装箱装卸包干费、国际过境集装箱港口包干费率表”规定费率的50%计收装卸包干费。

第四十一条 内支线运输的集装箱在港口的装卸作业，按“外贸进出口集装箱装卸包干费、国际过境集装箱港口包干费率表”的规定费率的90%计收集装箱装卸包干费。

第四十二条 使用驳船进行码头与锚地（或挂靠浮筒）的船舶之间的集装箱装卸作业，除按“外贸进出口集装箱装卸包干费、国际过境集装箱港口包干费率表”的规定计收装卸包干费外，另按实计收装卸驳船费和驳运费。

第四十三条 在集装箱专用码头上装卸集装箱船捎带的散装杂货不具备“滚上滚下”条件者，装卸费按“外贸进出口货物装卸费率表”相应货类的费率加倍计收。

第四十四条 集装箱装卸包干作业范围外的装卸汽车、火车、驳船（不包括拆、加固）按“汽车、火车、驳船的集装箱装卸费及集装箱搬移、翻装费率表”的规定计收装卸费。

第四十五条 集装箱在码头发生搬移，按“汽车、火车、驳船的集装箱装卸费及集装箱搬移、翻装费率表”的规定，以实际发生的搬移次数，向造成集装箱搬移的责任方或需求方计收搬移费。

搬移费适用下列情况：

（一）非港方责任，为翻装集装箱在船边与堆场之间进行的搬移；

（二）为验关、检验、修理、清洗、熏蒸等进行的搬移；

（三）存放港口整箱提运的集装箱超过 10 天后，港方认为必要的搬移；

（四）因船方或货方责任造成的搬移；

（五）应船方或货方要求进行的搬移。

第四十六条 港方按船方或货方要求、或因船方或货方责任造成的船上集装箱翻装，按“汽车、火车、驳船的集装箱装卸费及集装箱搬移、翻装费率表”的规定，以实际发出的翻动次数，向造成集装箱翻装的责任方或要求方计收翻装费。

在非集装箱专用码头进行船上集装箱翻装，如船方不提供起舱机械，而由港方提供岸机或浮吊进行翻装时，除按“汽车、火车、驳船的集装箱装卸费及集装箱搬移、翻装费率表”的规定计收翻装费外，使用岸机的，另按其相应箱型装卸包干费率的15%加收岸机使用费；使用浮吊的，另收浮吊使用费。翻装作业，集装箱需进堆场时，除收取翻装费外，另加收二次搬移费。

第四十七条 集装箱在集装箱货运站（仓库）进行拆，装箱作业，按“租用船舶、机械、设备和委托其他杂项作业费率表”的规定，分别向船方（集装箱货运站交付）或货方（应货方要求进行的）计收拆、装箱包干费。

拆、装箱包干作业包括：

（一）拆箱：拆除箱内货物的一般加固，将货物从箱内取出归垛，然后送到货方汽车上（不包括汽车上的码货堆垛），编制单证及对空箱进行一般性清扫。

（二）装箱：将货物从货方汽车上（不包括汽车上的拆垛）卸到集装箱货运站（仓库）归垛，然后装箱并对箱内货物进行一般加固，编制单证及对空箱进行一般性清扫。

第四十八条 外贸进口货物和集装箱船未卸中途换单后继续运往国内其他港口，或内贸出口货物和集装箱原船未卸中途换单后继续出口国外港口，到达港或起运港分别按“外贸进出口货物装卸费率表”和“外贸进出口集装箱装卸包干费、国际过境集装箱港口包干费率表”的规定计收装卸费和装卸包干费。

第四十九条 空、重集装箱在港口发生干支线中转，由各港根据本港情况自订集装箱中转包干费，报交通部备案。包干范围：自集装箱开始卸船起，至装上船离港止。

第五十条 国际过境散杂货物，按“外贸进出口货物装卸费率表”规定费率的70%计收装卸船费。

第五十一条 国际过境集装箱，按“外贸进出口集装箱装卸包干费、国际过境集装箱港口包干费率表”的规定，向船方计收过境包干费。

包干范围：自集装箱开始卸船（车）起，至装上车（船）离港止。

第九章　工时费

第五十二条 港方派装卸技术指导员在船上指导组成车辆、危险货物、超长货物、笨重货物（钢坯、钢锭除外）的装卸作业，按“租用船舶、机械、设备和委托其他杂项作业费率表”的规定计收装卸技术指导员工时费。

第五十三条　应船方或货方的委托进行下列作业，按“租用船舶、机械、设备和委托其他杂项作业费率表”的规定，以实际作业人数，向申请方计收工时费。

（一）在装卸融化、冻结、凝固等货物时，进行的敲、铲、刨、拉等困难作业；

（二）除本规则另有规定的外，进行捆、拆、加固、铺舱、隔票、集装箱特殊清洗以及其他杂项作业。

上述作业所需材料由委托方供给。使用港口机械的，另收机械使用费。

第十章　其　他

第五十四条　租用港方船舶、机械、设备，船方或货方委托港方工人进行杂项作业，以及由于船方原因造成港方工作人员待时等，均按“租用船舶、机械、设备和委托其他杂项作业费率表”的规定计收费用。

第五十五条　租用码头、浮筒进行供油、供水等作业，由租赁双方协商付费。

第五十六条　通过港区铁路线的集装箱，按“集装箱铁路线使用费、货车取送费率表”的规定计收铁路线使用费。

第五十七条　使用港方机车取送的集装箱，按“集装箱铁路线使用费、货车取送费率表”的规定计收货车取送费。

第五十八条　出口货物或集装箱退关时，按实际发生的作业项目向货方计收费用。

第十一章　附　则

第五十九条　近洋航线船舶在港口作业，其引航费、拖轮费、系解缆费、停泊费和“外贸进出口货物装卸费率表”中笨重货物、组成车辆、危险货物、轻泡货物、冷冻货物、列名外货物的货物装卸费及集装箱装卸包干费，按本规则规定的相应费率加收20%，华南沿海港口（福建、广东、海南省和广西壮族自治区沿海港口）至中国香港、澳门航线除外。

近洋航线是指我国港口至东亚和东南亚各国（地区）港口之间的航线。

第六十条　“满尺丈量”是指按中华人民共和国进出口商品检验局颁布的《进出口商品货载衡量检验规程》进行的丈量。

第六十一条　本规则按“笨重货物”、“一级危险货物”、“二级危险货物”、“轻泡货物”和“超长货物”计收费用。

“笨重货物”是指每件货物的重量满5吨的货物，但可有换算重量的货物，托盘、集装袋、成组货物、10吨以下成捆钢材除外。

“一级危险货物”是指《中华人民共和国交通部水路危险货物运输规则》中规定

的：爆炸品、压缩气体、液化气体、一级易燃液体、一级易燃固体、一级自燃物品、一级遇潮易燃物品、一级氧化剂、有机过氧化物、一级毒害品、感染性物品、放射性物品、一级腐蚀品。

“二级危险货物”是指《中华人民共和国交通部水路危险货物运输规则》中规定的“一级危险货物”以外的危险货物，但石棉、龟粉、棉、麻及其他动物纤维、植物纤维、化学纤维不按危险货物计费。

“轻泡货物”是指每 1 重吨的体积满 4 立方米的货物，但订有换算重量的货物及组成车辆、笨重货物除外。

“超长货物”是指每件货物的长度超过 12 米的货物。

第六十二条 本规则未作规定的，按《中华人民共和国交通部港口收费规则（内贸部分)》的规定办理。

第六十三条 本规则由中华人民共和国交通部负责解释。

第六十四条 本规则自 1997 年 7 月 20 日零时起实行。除船舶港务费外，在此之前的有关规定与本规则相抵触的，以本规则的规定为准。

附录五　国际航行船舶进出中华人民共和国口岸检查办法

第一条　为了加强对国际航行船舶进出中华人民共和国口岸的管理，便利船舶进出口岸，提高口岸效能，制定本办法。

第二条　进出中华人民共和国口岸的国际航行船舶（以下简称船舶）及其所载船员、旅客、货物和其他物品，由本办法第三条规定的机关依照本办法实施检查；但是，法律另有特别规定的，或者国务院另有特别规定的，从其规定。

第三条　中华人民共和国港务监督机构（以下简称港务监督机构）、中华人民共和国海关（以下简称海关）、中华人民共和国边防检查机关（以下简称边防检查机关）、中华人民共和国国境卫生检疫机关（以下简称卫生检疫机关）和中华人民共和国动植物检疫机关（以下简称动植物检疫机关）是负责对船舶进出中华人民共和国口岸实施检查的机关（以下统称检查机关）。

第四条　检查机关依照有关法律、行政法规的规定实施检查并对违法行为进行处理。

港务监督机构负责召集有其他检查机关参加的船舶进出口岸检查联席会议，研究、解决船舶进出口岸检查的有关问题。

第五条　船舶进出中华人民共和国口岸，由船方或其代理人依照本办法有关规定办理进出口岸手续。除本办法第十条第二款、第十一条规定的情形或者其他特殊情形外，检查机关不登船检查。

船方或其代理人办理船舶进出口岸手续时，应当按照检查机关的有关规定准确填写报表，并如实提供有关证件、资料。

第六条　船方或其代理人应当在船舶预计抵达口岸 7 日前（航程不足 7 日的，在驶离上一口岸时），填写“国际航行船舶进口岸申请书”，报请抵达口岸的港务监督机构审批。

拟进入长江水域的船舶，船方或其代理人应当在船舶预计经上海港区 7 日前（航程不足 7 日的，在驶离上一口岸时），填写“国际航行船舶进口岸申请书”，报请抵达口岸的港务监督机构审批。

第七条　船方或其代理人应当在船舶预计抵达口岸 24 小时前（航程不足 24 小时的，在驶离上一口岸时），将抵达时间、停泊地点、靠泊移泊计划及船员、旅客的有关情况报告检查机关。

第八条　船方或其代理人在船舶抵达口岸前未办妥进口岸手续的，须在船舶抵达口岸 24 小时内到检查机关办理进口岸手续。

船舶在口岸停泊时间不足 24 小时的，经检查机关同意，船方或其代理人在办理进口岸手续时，可以同时办理出口岸手续。

第九条 船方或其代理人在船舶抵达口岸前已经办妥进口岸手续的，船舶抵达后即可上下人员、装卸货物和其他物品。

船方或其代理人在船舶抵达口岸前未办妥进口岸手续的，船舶抵达后，除检查机关办理进口岸检查手续的工作人员和引航员外，其他人员不得上下船舶、不得装卸货物和其他物品；船舶进出的上一口岸是中华人民共和国口岸的，船舶抵达后即可上下人员、装卸货物和其他物品，但是应当立即办理进口岸手续。

第十条 卫生检疫机关对船舶实施电讯检疫。持有卫生证书的船舶，其船方或其代理人可以向卫生检疫机关申请电讯检疫。

对来自疫区的船舶，载有检疫传染病染疫人、疑似检疫传染病染疫人、非意外伤害而死亡且死因不明尸体的船舶，未持有卫生证书或者证书过期或者卫生状况不符合要求的船舶，卫生检疫机关应当在锚地实施检疫。

第十一条 动植物检疫机关对来自动植物疫区的船舶和船舶装载的动植物、动植物产品及其他检疫物，可以在锚地实施检疫。

第十二条 船方或其代理人应当在船舶驶离口岸前 4 小时内（船舶在口岸停泊时间不足 4 小时的，在抵达口岸时），到检查机关办理必要的出口岸手续。有关检查机关应当在“船舶出口岸手续联系单”上签注；船方或其代理人持“船舶出口岸手续联系单”和港务监督机构要求的其他证件、资料，到港务监督机构申请领取出口岸许可证。

第十三条 船舶领取出口岸许可证后，情况发生变化或者 24 小时内未能驶离口岸的，船方或其代理人应当报告港务监督机构，由港务监督机构商其他检查机关决定是否重新办理出口岸手续。

第十四条 定航线、定船员并在 24 小时内往返一个或者一个以上航次的船舶，船方或其代理人可以向港务监督机构书面申请办理定期进出口岸手续。受理申请的港务监督机构商其他检查机关审查批准后，签发有效期不超过 7 天的定期出口岸许可证，在许可证有效期内对该船舶免办进口岸手续。

第十五条 检查机关及其工作人员必须秉公执法，恪尽职守，及时实施检查和办理船舶进出口岸的申请。

第十六条 本办法下列用语的含义：

（一）国际航行船舶，是指进出中华人民共和国口岸的外国籍船舶和航行国际航线的中华人民共和国国籍船舶。

（二）口岸，是指国家批准可以进出国际航行船舶的港口。

（三）船方，是指船舶所有人或者经营人。

第十七条 本办法自发布之日起施行。经国务院批准，1961 年 10 月 24 日由交通部、对外贸易部、公安部、卫生部发布的《进出口船舶联合检查通则》同时废止。

附录六 中华人民共和国船员服务管理规定

第一章 总 则

第一条 为加强船员服务管理，规范船员服务行为，维护船员和船员服务机构的合法权益，根据《中华人民共和国劳动合同法》、《中华人民共和国船员条例》等法律、行政法规，制定本规定。

第二条 在中华人民共和国境内提供船员服务，适用本规定。

本规定所称船员服务，是指代理船员办理申请培训、考试、申领证书（包括外国船员证书）等有关手续，代理船员用人单位管理船员事务，为船舶提供配员等相关活动。

第三条 交通运输部主管船员服务工作。中华人民共和国海事局负责统一实施船员服务管理工作。海船船员服务管理工作由交通运输部直属海事管理机构具体负责；内河船舶船员服务管理工作由交通运输部直属海事管理机构、地方海事管理机构具体负责。

第四条 国家鼓励成立船员服务行业协会，规范行业行为，提高行业服务水平，增强行业自律能力。

第二章 船员服务机构资质

第五条 船员服务机构分为内河船舶船员服务机构和海船船员服务机构；海船船员服务机构分为甲级、乙级两类。

内河船舶船员服务机构，是指为内河船舶船员提供船员服务的机构。

甲级海船船员服务机构，是指为国际航行和国内航行海船船员提供各项船员服务的机构。

乙级海船船员服务机构，是指为国内航行海船船员提供船员服务的机构。

第六条 从事内河船舶船员服务业务的机构，应当符合下列条件：

（一）在中华人民共和国境内依法设立的法人；

（二）有不少于 100 平方米的固定办公场所；

（三）有 2 名以上具有内河一等、二等船舶高级船员任职资历的专职管理人员和 2 名以上专职业务人员；

（四）按照中华人民共和国海事局的规定，建立船员服务质量管理制度、人员和资源保障制度、教育培训制度、应急处理制度和服务业务报告制度等内河船舶船员服务管理制度。

第七条 从事甲级海船船员服务业务的机构，应当符合下列条件：

（一）在中华人民共和国境内依法设立的法人；

（二）有不少于300平方米的固定办公场所；

（三）有2名以上具有海船甲类一等高级船员任职资历的专职管理人员和5名以上专职业务人员；

（四）从事乙级海船船员服务业务3年以上，并且最近3年来为国内沿海船舶提供配员500人以上；

（五）按照中华人民共和国海事局的规定，建立船员服务质量管理制度、人员和资源保障制度、教育培训制度、应急处理制度和服务业务报告制度等海船船员服务管理制度。

第八条 从事乙级海船船员服务业务的机构，应当符合下列条件：

（一）在中华人民共和国境内依法设立的法人；

（二）有不少于150平方米的固定办公场所；

（三）有2名以上具有海船甲类、乙类和丙类一等高级船员任职资历的专职管理人员和2名以上专职业务人员；

（四）按照中华人民共和国海事局的规定，建立船员服务质量管理制度、人员和资源保障制度、教育培训制度、应急处理制度和服务业务报告制度等海船船员服务管理制度。

第九条 申请从事船员服务业务的机构，应当提交下列材料：

（一）设立船员服务机构的申请文书；

（二）企业法人营业执照复印件；

（三）专职管理人员的船员适任证书复印件或者相关证明材料；

（四）拟设立机构的人员组成、职责等情况的说明材料；

（五）船员服务相关管理制度文件；

（六）为国内沿海船舶提供配员的证明材料（仅适用甲级海船船员服务机构申请人）；

（七）其他相关证明材料。

申请人在提供企业法人营业执照和专职管理人员的船员适任证书复印件时，应当向海事管理机构出示原件。

第十条 船员服务机构的申请和受理工作应当按照《交通行政许可实施程序规定》的有关要求办理。

第十一条 申请甲级海船船员服务业务，应当向中华人民共和国海事局提出。

申请乙级海船船员服务业务，应当向该机构工商注册地的交通运输部直属海事管理机构提出，该机构工商注册地没有交通运输部直属海事管理机构的，应当向中华人民共和国海事局指定的交通运输部直属海事管理机构提出。

申请内河船舶船员服务业务，应当向该机构工商注册地的交通运输部直属海事管理机构或者地方海事管理机构提出。

海事管理机构应当自受理申请之日起30日内作出批准或者不予批准的决定。予以批准的，发给“船员服务机构许可证”；不予批准的，书面通知申请人并说明理由。

第十二条 “船员服务机构许可证”上应当载明船员服务机构编号、名称、法定代表人姓名、地址、服务范围、有效期以及其他有关事项。“船员服务机构许可证”的有效期为5年。

第十三条 “船员服务机构许可证”记载的事项发生变更的，船员服务机构应当到发证机构办理变更手续。变更服务范围的，应当重新提出申请。

第十四条 “船员服务机构许可证”实施中期核查制度。中期核查应当自“船员服务机构许可证”发证之日起第2周年至第3周年之间进行。

申请“船员服务机构许可证”中期核查，船员服务机构应当提交下列材料：

（一）中期核查申请文书；

（二）船员服务机构的资质符合情况说明材料；

（三）开展船员服务业务的情况说明；

（四）其他证明材料。

中期核查合格的，海事管理机构应当在“船员服务机构许可证”上进行签注；中期核查不合格的，海事管理机构应当责令限期改正。

第十五条 船员服务机构应当在“船员服务机构许可证”届满之日30日以前申请办理“船员服务机构许可证”延续手续。

申请办理“船员服务机构许可证”延续手续，应当提交下列材料：

（一）“船员服务机构许可证”延续申请；

（二）本规定第九条第一款第（二）项至第（五）项、第二款规定的材料。

第十六条 有下列情形之一的，海事管理机构应当办理“船员服务机构许可证”注销手续：

（一）申请注销；

（二）法人依法终止；

（三）“船员服务机构许可证”被依法撤销或者吊销。

第三章 船员服务机构的权利与义务

第十七条 依法与船员签订劳动合同的单位，为船员用人单位。使用未与船员用人单位解除劳动合同船员的单位，为船员用工单位。

船员服务机构向船员用人单位或者船员用工单位提供船员服务，应当签订船舶配员服务协议或者劳务派遣协议。船舶配员服务协议应当明确船员的劳动报酬、工作时间和休息休假、遣返方式和费用、意外伤亡保险和社会保险、违反协议的责任等，并将船舶配员服务协议的内容告知有关船员。劳务派遣协议应当约定被派遣船员岗位和人员数量、派遣期限、劳动报酬、意外伤亡保险和社会保险费以及违反协议的责任等，并将船员劳务派遣协议的内容告知被派遣船员。

船员服务机构为已经与航运公司或者其他单位签订劳动合同的船员提供船舶配员服务的，应当事先经过船员用人单位同意。

船员服务机构提供船舶配员服务，应当督促船员用人单位与船员依法订立劳动合同。船员用人单位未与船员签订劳动合同的，船员服务机构应当终止向船员用人单位提供船员服务。

第十八条　船员服务机构向船员提供船员服务业务，应当与船员签订船员服务协议。

船员服务机构不得为未经船员注册的人员提供船舶配员服务。

船员服务机构不得克扣船员用人单位、船员用工单位按照船舶配员服务协议支付给船员的劳动报酬。

为与船员服务机构签订劳动合同的船员提供船舶配员服务的，船员服务机构为船员用人单位，船员服务机构应当同时履行船员用人单位的责任和义务。

第十九条　船员服务机构提供船员服务，应当遵守国家船员管理、劳动和社会保障的有关规定，履行诚实守信义务。

船员服务机构应当向社会公布服务内容和收费标准，不得重复或者超过标准收取费用。

船员服务机构在提供船舶配员服务时，应当向船员用人单位或者船员用工单位以及有关船员提供全面、真实的信息。不得提供虚假信息，不得损害船员的合法权益。

第二十条　船员服务机构应当为其服务的船员取得法定和约定的劳动和社会保障权利提供相应的支持。

船员发生失踪、死亡或者其他意外伤害的，船员服务机构应当配合船员用人单位做好相应的善后工作。

第二十一条　船员服务机构不得有下列行为：

（一）以欺骗、贿赂、提供虚假材料等非法手段取得“船员服务机构许可证”；

（二）伪造、变造、倒卖、出租、出借“船员服务机构许可证”，或者以其他形式非法转让“船员服务机构许可证”；

（三）超出“船员服务机构许可证”服务范围提供船员服务；

（四）以虚假资历、虚假证明等手段向海事管理机构申请办理船员培训、考试、申领证书等有关业务；

（五）为未取得船员服务机构资质而从事船员服务的机构代办各类船员服务业务；

（六）严重侵害船员的合法权益，或者当所服务船员的合法权益受到严重侵害时不履行法定义务。

第二十二条 境外船员用人单位不得在中华人民共和国境内直接招用中国国籍船员，应当通过符合本规定资质条件的船员服务机构办理。

第二十三条 船员服务机构应当建立船员服务信息档案，记载服务船员在船员服务期间发生的下列事宜，并保持船员服务信息记载的真实、连续和完整：

（一）船上任职资历；

（二）基本安全培训、适任培训和特殊培训情况；

（三）适任状况、安全记录和违章记录；

（四）劳动合同、船员服务协议、船舶配员服务协议。

船员服务机构应当建立船员名册，记载服务船员的姓名、所服务的船公司和船舶的名称、船籍港、所属国家等情况，并定期以书面或者电子方式向海事管理机构备案。

第四章 监督检查

第二十四条 海事管理机构应当建立健全船员服务机构监督检查制度，加强对船员服务机构诚实守信以及保护船员合法权益等情况的监督检查。

第二十五条 海事管理机构应当建立船员服务机构管理档案，记载船员服务机构的名称、地址、法定代表人、服务范围、业务开展情况和遵纪守法情况等。

第二十六条 海事管理机构应当建立船员服务机构名单公布制度，对不依法履行相应职责和承担法律义务、侵害船员合法权益或者不诚实守信的船员服务机构，定期向社会公布。

第二十七条 船员服务机构不再具备规定条件的，由海事管理机构责令限期改正；逾期不改正的，海事管理机构应当撤销相应的船员服务机构许可决定，并依法办理“船员服务机构许可证”的注销手续。

第五章 法律责任

第二十八条 违反本规定，未经批准擅自从事船员服务的，由海事管理机构责令改正，处5万元以上25万元以下罚款；有违法所得的，还应当没收违法所得。

本规定所称“未经批准擅自从事船员服务”，是指下列行为：

（一）未取得“船员服务机构许可证”擅自从事船员服务业务的；

（二）以欺骗、贿赂、提供虚假材料等非法手段取得“船员服务机构许可证”的；

（三）超出“船员服务机构许可证”服务范围提供船员服务的。

第二十九条 违反本规定，船员服务机构未将其招用或者管理的船员的姓名、所服务的船公司和船舶的名称、所属国家等情况定期向海事管理机构备案的，由海事管理机构责令改正，处5000元以上2万元以下罚款。

第三十条 违反本规定，船员服务机构在提供船员服务时，提供虚假信息，欺诈船员的，由海事管理机构责令改正，处3万元以上15万元以下罚款；情节严重的，并给予暂停“船员服务机构许可证”6个月以上2年以下直至吊销“船员服务机构许可证”的处罚。

本规定所称“提供虚假信息，欺诈船员”，是指船员服务机构的下列行为：

（一）未向社会公布服务内容、收费项目和标准的；

（二）重复或者超过标准收取费用，或者在公布的收费项目之外收取费用；

（三）未将船舶配员服务协议的相关内容告知有关船员的；

（四）克扣按照船舶配员服务协议应当支付给船员的劳动报酬的；

（五）有其他欺诈船员行为的。

第三十一条 违反本规定的规定，船员服务机构在船员用人单位未与船员订立劳动合同的情况下，向船员用人单位提供船员的，由海事管理机构责令改正，处5万元以上25万元以下罚款；情节严重的，给予暂停“船员服务机构许可证”6个月以上2年以下直至吊销“船员服务机构许可证”的处罚。

第三十二条 违反本规定的规定，船员服务机构有下列行为之一的，由海事管理机构责令改正，处1万元以上3万元以下罚款：

（一）为未经船员注册的人员提供船舶配员服务，或者未经船员用人单位同意，为尚未解除劳动合同关系的船员提供船舶配员服务；

（二）伪造、变造、倒卖、出租、出借“船员服务机构许可证”，或者以其他形式非法转让“船员服务机构许可证”；

（三）以虚假资历、虚假证明等手段向海事管理机构申请办理船员培训、考试、申领证书等有关业务；

（四）严重侵害船员的合法权益，或者当所服务船员的合法权益受到严重侵害时不履行法定义务。

第三十三条 海事管理机构工作人员有下列情形之一的，依法给予行政处分：

（一）违反规定给予船员服务机构许可；

（二）不依法履行监督检查职责；

（三）不依法实施行政强制或者行政处罚；

（四）滥用职权、玩忽职守的其他行为。

第六章 附 则

第三十四条 为航行于香港特别行政区、澳门特别行政区和台湾地区的船舶提供船员服务的，按照为国际航行船舶提供船员服务管理，应当取得“甲级海船船员服务机构许可证”。

第三十五条 本规定施行前已开展船员服务的机构，符合本规定第七条第（一）至第（三）项、第（五）项规定，并且最近 3 年来为外国籍船舶提供配员 300 人以上的，可以按照本规定申请甲级海船船员服务机构资质。

第三十六条 本规定自 2008 年 10 月 1 日起施行。

附录七　航行国际航线船舶代理费收项目和建议价格

一、按船舶吨位或千瓦计收

	吨位	费率（元）
船舶净吨	每净吨	0.60
拖　　轮	每千瓦	0.60

1. 船舶每登记净吨（或拖轮每千瓦），进出口各收取一次。
2. 最低收费为每航次 2000 元。
3. 科研船、工程船（包括钻井平台）及辅助船舶，除进出口各收一次外，进口一个月后每月加收 1000 元。旅游船和不装卸货物、不上下旅客的船舶，进出口合并一次计收。
4. 船舶净吨代理费包括以下服务项目：

①办理船舶进出港和水域的联检、申报手续、联系安排引航、拖轮、泊位；

②洽办船舶修理、检验、熏舱、洗舱、扫舱；

③联系安排船用燃料、淡水、伙食、物料等的供应；

④代缴船舶吨税，办理船员登记；

⑤向委托方及其他有关方通报船舶动态；

⑥转送船员文件等；

⑦港口使费结算。

二、按装卸货物吨数或箱量计收

1. a）件杂货	1～5000	3.00
	5001～10000（超过 5000 吨部分）	2.80
	10001 以上（超过 10000 吨部分）	2.50
b）超大件等货物	每计费货吨	5.00
2. 干散货	1～30000	1.20
	30001～60000（超过 30000 吨部分）	0.80
	60001－100000（超过 60000 吨部分）	0.50
	100001 以上（超过 100000 吨部分）	0.20

续 表

3. 原油、成品油	1～30000	0.70
	30001～60000（超过 30000 吨部分）	0.40
	60001～100000（超过 60000 吨部分）	0.30
	100001 以上（超过 100000 吨部分）	0.10
4. 液化气、散装液体化学品、沥青	1～10000	3.00
	10001～30000（超过 10000 吨部分）	2.50
	30001 以上（超过 30000 吨部分）	2.00
5. 客船、旅游船	按上下旅客、承载旅游人数每人	16.00
6. 集装箱	a）标准箱以下	
	空箱	30.00
	重箱（20 尺）	70.00
	重箱（40 尺）	90.00
	b）标准箱以上	
	空箱	25.00
	重箱（20 尺）	60.00
	重箱（40 尺）	80.00

1. 货类（含旅客）代理费最低收费为每航次 2000 元。
2. 货物代理费包括以下项目：
   1）办理进出口货物的申报手续，联系安排装卸、理货、公估、衡量、熏蒸、监装、监卸及货物与货舱检验；
   2）办理货物报关、交接、仓储、中转；
   3）缮制单证；
   4）代办货物查询、理赔、短装短卸、溢装溢卸的代理；
   5）代征代缴出口运费税；
   6）危险品申报；
   7）联系收发货人，做好交接货准备。
3. 食用植物油参照原油、成品油类。
4. 超大件等货物由港口认定。

三、代算、代收运费

按运费总额的 0.75％计收此项费用收。

四、其他费用

1. 组织货载、洽订舱位。
2. 办理集装箱管理及提、还箱交接、单证等。
3. 洽办船舶买卖交接。
4. 洽办租船及期租船交接。
5. 洽办海事、海上事故处理。
6. 签发提单。
7. 通信费、交通费、单证费。
8. 洽办船舶修理。
9. 代购和转送船用备件。
10. 代办国际航班、海运客票。
11. 第二委托方代理费。
12. 办理船舶滞期费、速遣费的计算与结算。
13. 监护（保护）代理费。
14. 办理船员调换、遣返、签证的陪同和旅行、游览、就医等。
15. 代办船舶通过琼州海峡申请手续。
16. 舱单申报。
17. 其他。

其他费用所列项目由代理方和委托方按目前实际执行的收费水平双方协商议定价格；各口岸船代企业为共同利益拟商议变更本船代费率的，应报中国船舶代理行业协会备案。

注：（1）上述四种费用按委托方指定服务项目兼收。

（2）以上费率均以人民币为计算单位，按中国银行认收的外币及规定的正式比价进行结算。